梁啓超 著

# 飲冰室合集

專集

第三册

中華書局

# 飲冰室專集之四

## 新民說

目次

# 飲冰室專集之四

## 新民說

### 第一節　敘論

自世界初有人類以迄今日。國於環球上者何啻千萬。問其巋然今存。能在五大洲地圖占一顏色者。幾何乎。曰百十而已矣。此百十國中其能屹然强立有左右世界之力將來可以戰勝於天演界者。幾何乎。曰四五而已矣。夫同是日月。同是山川。同是方趾。同是圓顱。而若者以興。若者以亡。若者以弱。若者以强。則何以故。或曰。是在地利。然今之亞美利加。猶古阿美利加。而盎格魯撒遜英國人種之名也民族何以享其榮。古之羅馬。猶今之羅馬。而拉丁民族何以墜其譽。或曰。是在英雄。然非無亞歷山大。而何以馬基頓今已成灰塵。非無成吉思汗。而何以蒙古幾不保殘喘。嗚呼噫嘻。吾知其由。國也者積民而成。國之有民。猶身之有四肢五臟筋脈血輪也。未有四肢已斷。五臟已瘵。筋脈已傷。血輪已涸。而身猶能存者。則亦未有其民愚陋怯弱渙散混濁。而國猶能立者。故欲其身之長生久視。則攝生之術不可不明。欲其國之安富尊榮。則新民之道不可不講。

### 第二節　論新民爲今日中國第一急務

吾今欲極言新民爲當務之急。其立論之根柢有二。一曰關於內治者。二曰關於外交者。

所謂關於內治者何也。天下之論政術者多矣。動曰某甲誤國。某乙殃民。某之事件。政府之失機。某之制度。官吏之溺職。若是者。吾固不敢謂爲非然也。雖然政府何自成。官吏何自出。斯豈非來自民間者耶。某甲某乙者。非國民之一體耶。久矣夫聚羣盲不能成一離婁。聚羣聾不能成一師曠。聚羣怯不能成一烏獲。以若是之民。得若是之政府官吏。正所謂種瓜得瓜。種豆得豆。其又奚尤。西哲常言。政府之與人民。猶寒暑表之與空氣也。室中之氣候。與針裏之水銀。其度必相均。而絲毫不容假借。國民之文明程度低者。雖得明主賢相以代治之。及其人亡則其政息焉。譬猶嚴冬之際。置表於沸水中。雖其度驟升。水一冷而墜如故矣。國民之文明程度高者。雖偶有暴君汙吏。虔劉一時。而其民力自能補救之而整頓之。譬猶溽暑之時。置表於冰塊上。雖其度忽落。不俄頃則冰消而漲如故矣。然則苟有新民。何患無新制度。無新政府。無新國家。非爾者。則雖今日變一法。明日易一人。東塗西抹。學步效顰。吾未見其能濟也。夫吾國言新法數十年而效不覩者何也。則於新民之道未有留意焉者也。

今草野憂國之士。往往獨居深念。歎息想望曰。安得賢君相。庶拯我乎。吾未知其所謂賢君相者。必如何而始爲及格。雖然若以今日之民德民智民力。吾知雖有賢君相。而亦無以善其後也。夫拿破侖曠世之名將也。苟授以旗綠之惰兵。則不能敵黑蠻。哥侖布航海之大家也。苟乘以朽木之膠船。則不能渡溪沚。彼君相者非能獨治也。勢不得不任疆臣。疆臣不得不任監司。監司不得不任府縣。府縣不得不任吏胥。此諸級中人。但使其賢者半。不肖者半。猶不足以致治。而況乎其百不得一也。今爲此論者。固知泰西政治之美。而欲吾國之效之矣。但推其意。得毋以若彼之政治。皆由其君若相獨力所製造耶。試與一游英美德法之都。觀其人民之自治何如。其人民與政府之關係何如。觀之一省。其治法儼然一國也。觀之一市一村落。其治法儼然一國也。觀之一黨會一公司一學校。其治法儼然一國也。乃至觀之一人。其自治之法。亦儼然治一國也。譬諸鹽有鹹性。積鹽如陵。其鹹愈醲。然剖分此如陵之鹽爲若干石。石爲若干斗。斗爲若干升。升爲若干顆。顆爲若干阿屯。無一不鹹。然後大鹹乃成。摶沙挼粉。而欲以求鹹。雖隆之高於泰岱。猶無當也。故英美各國之民。常不待賢君相而足以致治。其元首則堯舜之垂裳可也。成王之委裘亦可也。其官吏則曹參之醇酒可也。成瑨之坐嘯亦可也。何也。以其有民也。故君相常倚賴國民。國民不倚賴君相。小國且然。況吾中國幅員之廣。尤非一二人之長鞭所能及者耶。

則試以一家譬一國。苟一家之中。子婦弟兄。各有本業。各有技能。忠信篤敬。勤勞進取。家未有不浡然興者。不然者。各委棄其責任。而一望諸家長。家長而不賢。固闔室爲餓殍。藉令賢也。而能蔭庇我者幾何。卽能蔭庇矣。而爲人子弟。累其父兄。使終歲勤動。日夕憂勞。微特於心不安。其毋乃終爲家之累耶。今之動輒責政府望賢君相者。抑何不恕。抑何不智。英人有常言曰。That's your mistake. I couldn't help you 譯意言君誤矣。吾不能助君也。此雖制己主義之鄙言。而實鞭策人自治自助之警句也。故吾雖日望有賢君相。吾尤恐卽有賢君相亦愛我而莫能助也。何也。責望於賢君相者深。則自責望者必淺。而此責人不責己。望人不望己之惡習。卽中國所以不能維新之大原。我責人。人亦責我。我望人。人亦望我。是四萬萬人。遂互消於相責相望之中。而國將誰與立也。新民云者。非新者一人。而新之者又一人也。則在吾民之各自新而已。孟子曰。子力行之。亦以新子之國。自新之謂也。新民之謂也。

所謂關於外交者何也。自十六世紀以來（約三百年前）歐洲所以發達。世界所以進步。皆由民族主義 Nationalism

所磅礴衝激而成民族主義者何。各地同種族同言語同宗敎同習俗之人。相視如同胞。務獨立自治。組織完備之政府。以謀公益而禦他族是也。此主義發達既極。馳至十九世紀之末。（近二三十年）乃更進而爲民族帝國主義。National Imperialism 民族帝國主義者何。其國民之實力充於內而不得不溢於外。於是汲汲焉求擴張權力於他地。以爲我尾閭。其下手也。或以兵力。或以商務。或以工業。或以敎會。而一用政策以指揮調護之是也。近者如俄國之經略西伯利亞土耳其。德國之經略小亞細亞阿非利加。英國之用兵於波亞。美國之縣夏威掠古巴攘非律賓。皆此新主義之潮流。迫之不得不然也。而今也於東方大陸。有最大之國。最腴之壤。最腐敗之政府。最散弱之國民。彼族一旦窺破內情。於是移其所謂民族帝國主義者。如羣蟻之附羶。如萬矢之向的。離然而集注於此一隅。彼俄人之於滿洲。德人之於山東。英人之於揚子江流域。法人之於兩廣。日人之於福建。亦皆此新主義之潮流。迫之不得不然也。

夫所謂民族帝國主義者。與古代之帝國主義迥異。昔者有若亞歷山大。有若查理曼。有若成吉思汗。有若拿破侖。皆嘗抱雄圖。務遠略。欲蹂躪大地。呑幷弱國。雖然。彼則由於一人之雄心。此則由於民族之漲力。彼則爲權威之所役。此則爲時勢之所趨。故彼之侵略。不過一時。所謂暴風疾雨。不崇朝而息矣。此之進取。則在久遠。日擴而日大。日入而日深。吾中國不幸而適當此盤渦之中心點。其將何以待之。曰。彼爲一二人之功名心而來者。吾可以恃一二之英雄以相敵。彼以民族不得已之勢而來者。非合吾民族全體之能力。必無從抵制也。彼以一時之氣燄驟進者。吾可以鼓一時之血勇以相防。彼以久遠之政策漸進者。非立百年宏毅之遠猷。必無從倖存也。不見乎瓶水乎。水僅半器。他水即從而入之。若內力能自充塞本器。而無一隙之可乘。他水未有能入者也。故今日

欲抵當列强之民族帝國主義以挽浩劫而拯生靈惟有我行我民族主義之一策而欲實行民族主義於中國舍新民末由

今天下莫不憂外患矣雖然使外而果能爲患則必非一憂之所能了也夫以民族帝國主義之頑强突進如彼其劇而吾猶商榷於外之果能爲患與否何其愚也吾以爲患之有無不在外而在內夫各國固同用此主義也而俄何以不施諸英英何以不施諸德德何以不施諸美歐美諸國何以不施諸日本亦曰有隙與無隙之分而已人之患瘵者風寒暑溼燥火無一不足以侵之若血氣强盛膚革充盈者冒風雪犯暴暵衝瘴癘凌波濤何有焉不自攝生而怨風雪暴暵波濤瘴癘之無情非直彼不任受而我亦豈以善怨而獲免耶然則爲中國今日計必非恃一時之賢君相而可以弭亂亦非望草野一二英雄崛起而可以圖成必其使吾四萬萬人之民德民智民力皆可與彼相埒則外自不能爲患吾何爲而患之此其功雖非旦夕可就乎然孟子有言七年之病求三年之艾苟爲不蓄終身不得今日舍此一事別無善圖寧復可蹉跎蹉跎更閱數年將有欲求如今日而不可復得者嗚呼我國民可不悚耶可不勗耶

## 第三節　釋新民之義

新民云者非欲吾民盡棄其舊以從人也新之義有二一曰淬厲其所本有而新之二曰採補其所本無而新之二者缺一時乃無功先哲之立教也不外因材而篤與變化氣質之兩途斯卽吾淬厲所固有採補所本無之說也一人如是衆民亦然

凡一國之能立於世界。必有其國民獨具之特質。上自道德法律。下至風俗習慣文學美術。皆有一種獨立之精神。祖父傳之。子孫繼之。然後羣乃結。國乃成。斯實民族主義之根柢源泉也。我同胞能數千年立國於亞洲大陸。必其所具特質。有宏大高尚完美。釐然異於羣族者。吾人所當保存之而勿失墜也。雖然。保之云者。非任其自生自長。而漫曰我保之我保之云爾。譬諸木然。非歲歲有新芽之茁。則其枯可立待。譬諸井然。非息息有新泉之湧。則其涸不移時。夫新芽新泉。豈自外來者耶。舊也而不得不謂之新。惟其日新。正所以全其舊也。濯之拭之。發其光晶。鍛之鍊之。成其體段。培之濬之。厚其本原。繼長增高。日征月邁。國民之精神。於是乎保存。於是乎發達。世或以守舊二字爲一極可厭之名詞。其然。豈其然哉。吾所患不在守舊。而患無眞能守舊者。眞能守舊者何。卽吾所謂淬厲其固有而已。

僅淬厲固有而遂足乎。曰不然。今之世非昔之世。今之人非昔之人。昔者吾中國有部民而無國民。非不能爲國民也。勢使然也。吾國夙巍然屹立於大東。環列皆小蠻夷。與他方大國未一交通。故我民常視其國爲天下。耳目所接觸。腦筋所濡染。聖哲所訓示。祖宗所遺傳。皆使之有可以爲一箇人之資格。有可以爲一家人之資格。有可以爲一鄉一族人之資格。有可以爲天下人之資格。而獨無可以爲一國國民之資格。夫國民之資格。雖未必有以遠優於此數者。而以今日列國並立弱肉强食優勝劣敗之時代。苟缺此資格。則決無以自立於天壤。故今日不欲强吾國則已。欲强吾國。則不可不博考各國民族所以自立之道。彙擇其長者而取之。以補我之所未及。今論者於政治學術技藝。皆莫不知取人長以補我短矣。而不知民德民智民力。實爲政治學術技藝之大原。不取於此而取於彼。棄其本而摹其末。是何異見他樹之蓊鬱。而欲移其枝以接我槁幹。見他井之汩湧。而欲汲其流以實我習源也。故採補所本無以新我民之道。不可不深長思也。

世界上萬事之現象。不外兩大主義。一曰保守。二曰進取。人之運用此兩主義者。或偏取甲。或偏取乙。或兩者並起而相衝突。或兩者並存而相調和。偏取其一。未有能立者也。有衝突則必有調和。衝突者調和之先驅也。善調和者。斯爲偉大國民。盎格魯撒遜人種是也。譬之蹞步。以一足立。以一足行。譬之拾物。以一手握。以一手取。故吾所謂新民者。必非如心醉西風者流。蔑棄吾數千年之道德學術風俗。以求伍於他人。亦非如墨守故紙者流。謂僅抱此數千年之道德學術風俗。遂足以立於大地也。

## 第四節　就優勝劣敗之理以證新民之結果而論及取法之所宜

在民族主義立國之今日。民弱者國弱。民强者國强。殆如影之隨形。響之應聲。有絲毫不容假借者。今請將地球民族之大勢。列爲一表。而論其所以迭代消長之由。

民族
- (一)黑色民族
- (二)紅色民族
- (三)棕色民族
- (四)黃色民族
- (五)白色民族……
  - (甲)拉丁民族　(Latin)　法葡班諸國
  - (乙)斯拉夫民族(Slavonians)俄奧諸國
  - (丙)條頓民族　(Teutons)　英德荷諸國
    - (子)日耳曼民族德國
    - (丑)盎格魯撒遜民族(Anglo Saxon)英美兩國

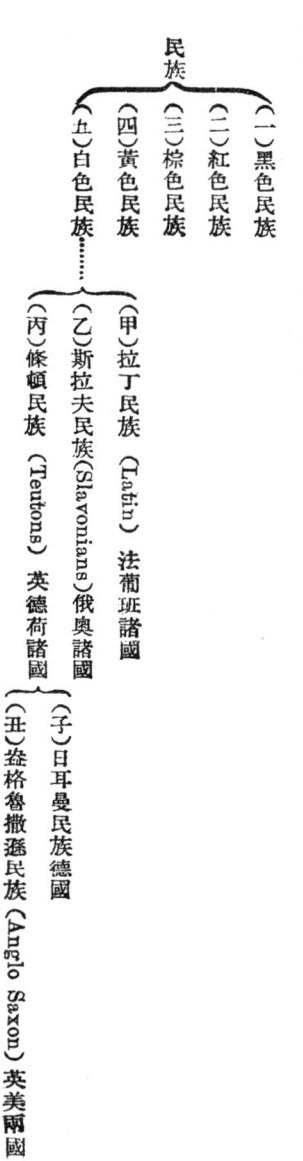

凡地球民族之大別五閣其最有勢力於今世者誰乎白色種人是也白色民族之重要者三（白種不止此三派條頓亦不止彼二派此不過舉其要者耳此文非考據種族不必鰓鰓也）其最有勢力於今世者誰乎條頓人是也條頓民族之重要者二其最有勢力於今世者誰乎盎格魯撒遜人是也當其始溝分而居不相雜廁也則無論若何之民族皆可以休養生息於其部分之內然天演物競之公例既驅人類使不得不接觸不交通不爭競一旦接觸交通爭競而一起一仆之數乃立見不覩於鬭蟀者乎百蟀各處一籠各自雄也幷而一之一日而死十六七兩日而死十八九三日而所餘者僅一二焉矣所餘之一二必其最强者也然則稍不强者殆而已矣黑紅棕之人與白人相遇如湯沃雪瞬即消滅夫人而知矣今黄人與之遇又著著失敗矣若夫觀白人之自競也彼斯拉夫民族常爲阿士曼黎之專制政府與盧馬納及哈善士卜之條頓人王家所軛縛至今罕能自伸拉丁民族雖當中世時代曾臻全盛及其與條頓人相遇遂不可支自羅馬解紐以來今日歐洲之建國無一不自條頓人之手而成如皮士噶人之於西班牙士埃威人之於葡萄牙郎拔人之於意大利佛蘭克人之於法蘭西比利時盎格魯撒遜人之於英吉利士康的拿比亞人之於丹麥瑞典那威日耳曼人之於德意志荷蘭瑞士奥大利凡此皆現代各國之主動力也而一皆自條頓人發之成之是條頓人不啻全世界動力之主人翁也而格頓人之中又以盎格魯撒遜人爲主中之主强中之强今日地球陸地四分之一以上彼其占領人類四分之一以上受其統制而勢力範圍之布於五洲各地者且日進而未有已焉今試就百年來各國用語之人數變遷列爲一表而知盎格魯民族之進步有令人驚絶者

## 用語比數表

| 一八〇一年 | 用各國語人數 | 百分比較 |
|---|---|---|
| 法語 | 三一、四五〇千 | 一九・四 |
| 俄語 | 三〇、七七〇 | 一九・〇 |
| 德語 | 三〇、三二〇 | 一八・七 |
| 西班語 | 二六、一九〇 | 一六・二 |
| 英語 | 二〇、五二〇 | 一二・七 |
| 意語 | 一五、〇七〇 | 九・三 |
| 葡語 | 七、四八〇 | 四・七 |

| 一八九〇年 | 用各國語人數 | 百分比較 |
|---|---|---|
| 英語 | 一一一、一〇〇千 | 二七・七 |
| 德語 | 七五、二〇〇 | 一八・八 |
| 俄語 | 七五、〇九〇 | 一八・七 |
| 法語 | 五一、二〇〇 | 一二・七 |
| 班語 | 四二、八〇〇 | 一〇・七 |
| 意語 | 三三、〇〇〇 | 八・三 |
| 葡語 | 一三、〇〇〇 | 三・二 |

由兩表比較之。則此九十年間。英語之位置。由第五躍至第一。由二千〇五十二萬。躍至一萬一千一百萬。由百分之十二有奇。躍至百分之二十七有奇。駸駸然遂有呑全球括四海之勢。盎格魯撒遜人之氣燄。誰能禦之。由此觀之。則今日世界上最優勝之民族。可以知矣。五色人相比較。白人最優。以白人相比較。條頓人最優。以條頓人相比較。盎格魯撒遜人最優。此非吾趨勢利之言也。天演界無可逃避之公例實如是也。使日耳曼人能自新以優勝於盎格魯撒遜。則他日能代之以興。亦未可知。使斯拉夫人拉丁人能自新以優勝於條頓人。使黃人能自新以優勝於白人。則其他日之結果亦然。要之現在之地位。則其優劣之數。實如上所云云矣。然則吾所謂博考民族所以自立之道。彙擇其長而取之以補我所未及者。援取法乎上之例。不可不求諸白人。不可不求諸白人中之條頓人。不可不求諸條頓人中之盎格魯撒遜人。

白人之優於他種人者何也。他種人好靜。白種人好動。他種人狃於和平。白種人不辭競爭。他種人保守。白種人進取。以故他種人只能發生文明。白種人則能傳播文明。發生文明者恃天然也。傳播文明者恃人事也。試觀泰西文明動力之中心點。由安息埃及而希臘。由希臘而羅馬。由羅馬而大西洋沿岸諸國。而偏於大陸。而飛渡磅礴於亞美利加。今則回顧而報本於東方焉。其機未嘗一日停。其勇猛果敢活潑宏偉之氣。比諸印度人何如。比諸中國人何如。其他小國更不必論矣。然則白種人所以雄飛於全球者。非天幸也。其民族之優勝使然也。

條頓人之優於他白人者何也。條頓人政治能力甚強。非他族所能及也。如彼希臘人及斯拉夫人。雖能立地方自治之制。而不能擴充之。其能力全集注於此最小之公共團體。而位於此團體之上者。有國家之機關。位於此團體之下者。有個人之權利。皆非彼等所能及也。以故其所生之結果有三缺點。人民之權利不完。一也。團體與團體之間。不相聯屬。二也。無防禦外敵之力。三也。故希臘人一躓於羅馬。再躓於土耳其。三躓於條頓人。數千年不見天日。而斯拉夫人今猶呻吟於專制慾暴政體之下。而未有已也。至如迦特民族(羅馬一統前之部兒人及今之愛爾蘭人與蘇格蘭之高地人皆屬於此族)雖其勇敢之氣。冠絕一時。而政治思想更薄弱。故惟知崇拜一二膂力之英雄。而國民不能獨立團結。雖能建無數之小軍國。而無統一之之道。能創大宗教。而不能成大國家。至於拉丁人。則遠優於彼等矣。能建偉大之羅馬帝國。統一歐陸。能製完備之羅馬民法。垂型千年。雖然。其思想太大。而不能實施。動欲統制宇內。而地方自治之制被破壞焉。個人權利被蹂躪焉。務張國力而不養人格。故及羅馬之末葉。而拉丁之腐敗卑劣。聞天下。雖及今日。而其沿襲之舊質。猶不能除。好虛榮。少沈實。時則傾於保守。抱陳腐而不肯稍變。時則馳於急激。變之不以次第。若法蘭西人。其代表也。百年之內。變政體者六。易憲法者十四。至今名爲民主。而地方自治與個人權利。毫不能擴充。此拉丁人所以日蹙於天演之劇場也。若夫條頓人。則其始在日耳曼森林中爲一種蠻族時。其個人强立自由之氣概。傳諸子孫而不失。而又經羅馬文化之薰習鍛鍊。兩者和合。遂能成一特性之民族。而組織民族的國家。National state 創代議制度。使人民皆得參預政權。集人民之意以爲公意。合人民之權以爲國權。又能定團體與個人之權限。定中央政府與地方自治之權限。各不相侵。民族全體得應於時變。以滋長發達。故條頓人今遂優於天下。非天幸也。其民族之優勝使然也。

盎格魯撒遜人之尤優於他條頓人者何也。其獨立自助之風最盛。自其幼年在家庭在學校。父母師長皆不以附庸待之。使其練習世務。稍長而可以自立。不倚賴他人。其守紀律循秩序之念最厚。其常識 Common sense 最富。常不肯爲無謀之躁妄舉動。其權利之思想最强。視權利爲第二之生命。絲毫不肯放過。其體力最壯。能冒萬險。其性質最堅忍。百折不回。其人以實業爲主。不尙虛榮。人皆務有職業。不問高下。而坐食之官吏政客。常不爲世所重。其保守之性質亦最多。而常能因時勢。鑒外羣。以發揮光大其固有之本性。以此之故。故能以區區北極三孤島。而孳殖其種於北亞美利加澳大利亞兩大陸。揚其國旗於日所出入處。鞏其權力於五洲四海衝要咽喉之地。而天下莫之能敵也。盎格魯撒遜人所以定霸於十九世紀。非天幸也。其民族之優勝使然也。

然則吾之所當取法者可知已。觀彼族之所以衰所以弱。此族之所以興所以强。而一自省焉。吾國民之性質。其與彼召衰召弱者異同若何。與此致興致强者異同若何。其大體之缺陷在何處。其細故之薄弱在何處。一一勘之。一一鑒之。一一改之。一一補之。於是乎新國民可以成。今請舉吾國民所當自新之大綱小目。條分縷析。於次節詳論之。

## 第五節　論公德

我國民所最缺者。公德其一端也。公德者何。人羣之所以爲羣。國家之所以爲國。賴此德焉以成立者也。人也者。善羣之動物也。（此西儒亞里士多德之言）人而不羣。禽獸奚擇。而非徒空言高論曰羣之羣之。而遂能有功者也。必有一物焉貫注而聯絡之。然後羣之實乃舉。若此者謂之公德。

道德之本體一而已。但其發表於外。則公私之名立焉。人人獨善其身者謂之私德。人人相善其羣者謂之公德。二者皆人生所不可缺之具也。無私德則不能立。合無量數卑汚虛僞殘忍愚懦之人。無以爲國也。無公德則不能團。雖有無量數束身自好廉謹良愿之人。仍無以爲國也。吾中國道德之發達。不可謂不早。雖然。偏於私德。而公德殆闕如。試觀論語孟子諸書。吾國民之木鐸。而道德所從出者也。其中所教。私德居十之九。而公德不及其一焉。如臯陶謨之九德。洪範之三德。論語所謂溫良恭儉讓。所謂克己復禮。所謂忠信篤敬。所謂寡尤寡悔。所謂剛毅木訥。所謂知命知言。大學所謂知止愼獨戒欺求慊。中庸所謂好學力行知恥。所謂戒愼恐懼。所謂致曲。孟子所謂存心養性。所謂反身強恕。凡此之類。關於私德者。發揮幾無餘蘊。於養成私人（私人者對於公人而言。謂一個人不與他人交涉之時也）之資格。庶乎備矣。雖然。僅有私人之資格。遂足爲完全人格乎。是固不能。今試以中國舊倫理。與泰西新倫理相比較。舊倫理之分類。曰君臣。曰父子。曰兄弟。曰夫婦。曰朋友。新倫理之分類。曰家族倫理。曰社會（卽人羣）倫理。曰國家倫理。舊倫理所重者。則一私人對於一私人之事也。（一私人之獨善其身。固屬於私德之範圍。卽一私人與他私人交涉之道義。仍屬於私德之範圍也。此可以法律上公法私法之範圍證明之）新倫理所重者。則一私人對於一團體之事也。（以新倫理之分類。歸納舊倫理。則關於家族倫理者三。父子也。兄弟也。夫婦也。關於社會倫理者一朋友也關於國家倫理者一君臣也然朋友一倫決不足以盡社會倫理君臣一倫尤不足以盡國家倫理何也凡人對於社會之義務決不徒在相知之朋友而已即絕跡不與人交者仍於社會上有不可不盡之責任至國家者尤非君臣所能專有若僅言君臣之義則使以禮事以忠全屬兩個私人感恩效力之事耳於大體無關也將所謂逸民不事王侯者豈不在此倫範圍之外乎夫人必備此三倫理之義務然後人格乃成若中國之五倫則惟於家族倫理稍爲完整至社會國家倫理不備滋多此缺憾之必當補者也皆由重私德輕公德所生之結果也 夫一私人之所以自處與一私人之對於他私人其間必貴有道德者存此奚待言雖然此道德之一部分而非其全體也全體者合公私而兼善之者也

私德公德本並行不悖者也然提倡之者既有所偏其末流或遂至相妨若微生畝譏孔子以爲佞公孫丑疑孟子以好辯此外道淺學之徒其不知公德不待言矣而大聖達哲亦往往不免吾今固不欲摭拾古人片言隻語有爲而發者擿之以相訴病要之吾中國數千年來束身寡過主義實爲德育之中心點範圍既日縮日小其間有言論行事出此範圍外欲爲本羣本國之公利公益有所盡力者彼曲士賤儒動輒援不在其位不謀其政等偏義以非笑之擠排之謬種流傳習非勝是而國民益不復知公德爲何物今夫人之生息於一羣也安享其本羣之權利即有當盡於其本羣之義務苟不爾者則直爲羣之蠹而已彼持束身寡過主義者以爲吾雖無益於羣亦無害於羣庸詎知無益之即爲害乎何則羣有以益我而我無以益羣是我逋羣之負而不償也夫一私人與他私人交涉而逋其所應償之負於私德必爲罪矣謂其害之將及於他人也而逋羣負者乃反得冒善人之名何也使一羣之人皆相率而逋焉彼一羣之血本能有幾何而此無窮之債客日夜蠹蝕之而瓜分之有消耗無增補何可長也然則其羣必爲逋負者所拽倒與私人之受累者同一結果此理勢之所必然矣今吾中國所以日即衰落者豈有他哉束身寡過之善士太多享權利而不盡義務人人視其所負於羣者如無有焉人雖多曾不能爲羣之利而反爲羣之累夫安得不日蹙也

父母之於子也。生之育之保之敎之。故爲子者有報父母恩之義務。人人盡此義務。則子愈多者。父母愈順。家族愈昌。反是則爲家之索矣。故子而逋父母之負者。謂之不孝。此私德上第一大義。盡人能知者也。羣之於人也。國家之於國民也。其恩與父母同。蓋無羣無國。則吾性命財產無所託。智慧能力無所附。而此身將不可以一日立於天地。故報羣報國之義務。有血氣者所同具也。苟放棄此責任者。無論其私德上爲善人爲惡人。而皆爲羣與國之蟊賊。譬諸家有十子。或披剃出家。或博弈飲酒。雖一則求道。一則無賴。其善惡之性質迥殊。要之不顧父母之養。爲名敎罪人則一也。明乎此義。則凡獨善其身以自足者。實與不孝同科。案公德以審判之。雖謂其對於本羣而犯大逆不道之罪。亦不爲過。

某說部寓言。有官吏死而冥王案治其罪者。其魂曰。吾無罪。吾作官甚廉。冥王曰。立木偶於庭。並水不飲。不更勝君乎。於廉之外一無所聞。是即君之罪也。遂炮烙之。欲以束身寡過爲獨一無二之善德者。不自知其已陷於此律而不容赦也。近世官箴。最膾炙人口者三字。曰淸愼勤。夫淸愼勤豈非私德之高尙者耶。雖然。彼官吏者受一羣之委託而治事者也。既有本身對於羣之義務。復有對於委託者之義務。曾是淸愼勤三字。遂足以塞此兩重責任乎。此皆由知有私德。不知有公德。故政治之不進。國華之日替。皆此之由。彼官吏之立於公人地位者且然。而民間一私人更無論也。我國民中無一人視國事如己事者。皆公德之大義未有發明故也。

且論者亦知道德所由起乎。道德之立。所以利羣也。故因其羣文野之差等。而其所適宜之道德。亦往往不同。而要之以能固其羣善其羣進其羣者爲歸。夫英國憲法。以侵犯君主者爲大逆不道。（各國君主皆然）法國憲法。以謀立君主者爲大逆不道。美國憲法。乃至以妄立貴爵名號者爲大逆不道。（凡違憲者皆大逆不道也）其道德之外形相反如此。至其精神則一也。一者何。曰爲一羣之公益而已。乃至古代野蠻之人。或以婦女公有爲道德。一羣中之婦女爲一羣中之男子所公有物無婚姻之制也古代斯巴達尙不脫此風或以奴隸非人爲道德。視奴隸不以人類古賢柏拉圖阿里士多德皆不以爲非南北美戰爭以前歐美人尙不以此事爲惡德也而今世哲學家。猶不能謂其非道德。蓋以彼當時之情狀。所以利羣者。惟此爲宜也。然則道德之精神。未有不自一羣之利益而生者。苟反於此精神。雖至善者。時或變爲至惡矣。如自由之制在今日爲至美然移之於野蠻未開之羣則爲至惡專制之治在古代爲至美然移之於文明開化之羣則爲至惡是其例證也是故公德者。諸國之源也。有益於羣者爲善。無益於羣者爲惡。無益而有害者爲大惡無害亦無益者爲小惡此理放諸四海而準。俟諸百世而不惑者也。至其道德之外形。則隨其羣之進步以爲比例差。羣之文野不同。則其所以爲利益者不同。而其所以爲道德者亦自不同。德也者。非一成而不變者也。吾此言頗駭俗但所言者德之條理非德之本原其本原固亘萬古而無變者也讀者幸勿誤會本原惟何亦曰利羣而已非數千年前之古人所能立一定格式以範圍天下萬世者也。私德之條目變遷較少公德之條目變遷尤多然則吾輩生於此羣。生於此羣之今日。宜縱觀宇內之大勢。靜察吾族之所宜。而發明一種新道德。以求所以固吾羣善吾羣進吾羣之道。未可以前王先哲所罕言者。遂以自畫而不敢進也。知有公德。而新道德出焉矣。而新民出焉矣。今世士夫談維新者諸事皆敢言新惟不敢言新道德此由學界之奴性未去愛羣愛國愛眞理之心未誠也蓋以爲道德者日月經天江河行地自無始以來不增不減先聖昔賢盡揭其奧以詔後人安有所謂新焉舊焉者殊不知道德之爲物由於天然者半由於人事者亦半有發達有進步一循天演之大例前哲不生於今日安能制定悉合今日之道德使孔孟復起其不能不有所損益也亦明矣今日正當過渡時代青黃不接前哲深微之義或湮沒而未彰而流俗相傳簡單之道德勢不足以範圍今後之人心且將有厭其陳腐而一切吐棄之者吐棄陳腐猶可言也若並道德而吐棄則橫流之禍曷其有極今此後之禍已見端矣老師宿儒或憂之劬劬焉欲持宋元之餘論以遏其流豈知優勝劣敗固無可逃捧坏土以塞孟津沃杯水以救薪火雖竭吾才豈有當焉苟不及今急急斟酌古今中外發明一種新道德者而提倡之吾恐今後智育愈盛則德育愈衰泰西物質文明盡輸入中國而四萬萬人且相率而爲禽獸也嗚呼道德革命之論吾知必爲舉國之所詬病顧吾特恨吾才之不逮耳若夫與一世之流俗人挑戰決鬬吾所不懼吾所不辭世有以熱誠之心愛羣愛國愛眞理者乎吾願爲之執鞭以研究此問題也

公德之大目的。既在利羣。而萬千條理。卽由是生焉。本論以後各子目。殆皆可以利羣二字爲綱以

一貫之者也。故本節但論公德之急務。而實行此公德之方法。則別著於下方。

## 第六節　論國家思想

人羣之初級也。有部民而無國民。由部民而進爲國民。此文野所由分也。部民與國民之異安在。曰羣族而居。自成風俗者。謂之部民。有國家思想。能自布政治者。謂之國民。天下未有無國民而可以成國者也。

國家思想者何。一曰對於一身而知有國家。二曰對於朝廷而知有國家。三曰對於外族而知有國家。四曰對於世界而知有國家。

所謂對於一身而知有國家者何也。人之所以貴於他物者。以其能羣耳。使以一身孑然孤立於大地。則飛不如禽。走不如獸。人類翦滅亦既久矣。故自其內界言之。則太平之時。通功易事。分業相助。必非能以一身而備百工也。自其外界言之。則急難之際。羣策羣力。捍城禦侮。尤非能以一身而保七尺也。於是乎國家起焉。國家之立。由於不得已也。卽人人自知僅恃一身之不可。而別求彼我相團結相補助相捍救相利益之道也。而欲使其團結永不散。補助永不虧。捍救永不誤。利益永不窮。則必人人焉知吾一身之上。更有大而要者存。每發一慮。出一言。治一事。必常注意於其所謂一身以上者。此兼愛主義也。雖然。卽謂之爲我主義。亦無不可。蓋非利羣則不能利己。天下之公例也。苟不爾。則團體終不可得成。而人道或幾乎息矣。此爲國家思想之第一義。

所謂對於朝廷而知有國家者何也。國家如一公司。朝廷則公司之事務所。而握朝廷之權者。則事務所之總辦也。國家如一村市。朝廷則村市之會館。而握朝廷之權者。則會館之值理也。夫事務所爲公司而立乎。抑公司爲事務所而立乎。會館爲村市而設乎。抑村市爲會館而設乎。不待辨而知矣。兩者性質不同。而其大小輕重。自不可以相越。故法王路易第十四「朕卽國家也」一語。至今以爲大逆不道。歐美五尺童子。聞之莫不唾罵焉。以吾中國人之眼觀之。或以爲無足怪乎。雖然。譬之有一公司。公司之總辦。而曰我卽公司。有一村市之値理。而曰我卽村市。試思公司之股東。村市之居民。能受之否耶。夫國之不可以無朝廷。固也。故常推愛國之心以愛及朝廷。是亦愛人及屋。愛屋及烏之意云爾。若夫以烏爲屋也。以屋爲人也。以愛屋愛烏爲卽愛人也。浸假愛烏而忘其屋。愛屋而忘其人也。欲不謂之病狂。不可得也。故有國家思想者。亦常愛朝廷。而愛朝廷者。未必皆有國家思想。朝廷由正式而成立者。則朝廷爲國家之代表。愛朝廷卽所以愛國家也。朝廷不以正式而成立者。則朝廷爲國家之蟊賊。正朝廷乃所以愛國家也。此爲國家思想之第二義。

所謂對於外族而知有國家者何也。國家者對外之名詞也。使世界而僅有一國。則國家之名不能成立。故身與身相並而有我身。家與家相接而有我家。國與國相峙而有我國。人類自千萬年以前。分孳各地。各自發達。自言語風俗。以至思想法制。形質異。精神異。而有不得不自國其國者焉。循物競天擇之公例。則人與人不能不衝突。國與國不能不衝突。國家之名。立之以應他羣者也。故眞愛國者。雖有外國之神聖大哲。而必不願服從於其主權之下。寧使全國之人流血粉身靡有孑遺。而必不肯以絲毫之權利讓於他族。蓋非是則其所以爲國之具。先亡也。譬之一家。雖復室如懸磬。亦未有願他人入此室處者。知有我故。是故我存。此爲國家思想第三義。

所謂對於世界而知有國家者何也。宗教家之論。動言天國。言大同。言一切衆生。所謂博愛主義。世界主義。抑豈不至德而深仁也哉。雖然。此等主義。其脫離理想界而入於現實界也。果可期乎。此其事或待至萬數千年後。吾不敢知。若今日將安取之。夫競爭者文明之母也。競爭一日停。則文明之進步立止。由一人之競爭而爲一家。由一家而爲一鄉族。由一鄉族而爲一國。一國者團體之最大圈。而競爭之最高潮也。若曰並國界而破之。無論其事之不可成。卽成矣。而競爭絕。毋乃文明亦與之俱絕乎。況人之性非能終無競爭者也。然則大同以後。不轉瞬而必復以他事起競爭於天國中。而彼時則已返爲部民之競爭。而非復國民之競爭。是率天下人而復歸於野蠻也。今世學者。非不知此主義之爲美也。然以其爲心界之美。而非歷史上之美。故定案以國家爲最上之團體。而不以世界爲最上之團體。蓋有由也。然則言博愛者。殺其一身之私以愛一家可也。殺其一家之私以愛一鄉族可也。殺其一身一家一鄉族之私以愛一國可也。國也者。私愛之本位。而博愛之極點。不及焉者野蠻也。過焉者亦野蠻也。何也。其爲部民而非國民一也。此爲國家思想第四義。

耗矣哀哉。吾中國人之無國家思想也。其下焉者。惟一身一家之榮瘁是問。其上焉者。則高談哲理以乖實用也。其不肖者。且以他族爲虎。而自爲其倀。其賢者。亦僅以堯跖爲主。而自爲其狗也。以言乎第一義。則今日四萬萬人中。其眼光能及於一身以上者幾人。攘而往。熙而來。苟有可以謀目前錙銖之私利者。雖賣盡全國之同胞以圖之所弗辭也。其所謂第一等人者。則獨善其身鄉黨自好者流也。是卽吾所謂逋辠負而不償者也。夫獨善之與私惡。其所以自立者雖不同。要其足以召國家之衰亡一也。以言乎第二義。則吾中國相傳天經地義。曰忠曰孝尚矣。雖然。言忠國則其義完。言忠君則其義偏。何也。忠孝二德。人格最要之件也。二者缺一。時曰非人。使忠而僅以施諸君也。則天下之爲君主者。豈不絕其盡忠之路。生而抱不具人格之缺憾耶。則如今日美法等國之民。無君可忠者。豈不永見屛於此德之外。而不復得列於人類耶。顧吾見夫爲君主者與爲民主國之國民者。其應盡之忠德。更有甚焉者也。人非父母無自生。非國家無自存。孝於親。忠於國。皆報恩之大義。而非爲一姓之家奴走狗者所能冒也。而吾中國人以忠之一字爲主僕交涉之專名。何其傎也。君之當忠更甚於民何也民之忠也僅在報國之一義務耳君之忠也又兼有不負付託之義務安在其忠德之可以已耶夫孝者子所對於父母之責任也然爲人父者何嘗可以缺孝德。父不可不孝而君顧可以不忠乎僅言忠君者吾見其不能自完其說也以言乎第三義。則吾國歷史彌天之大辱。而非復吾所忍言矣。計自漢末以迄今日。凡一千七百餘年間。我中國全土爲他族所占領者。三百五十八年。其黃河以北。乃至七百五十九年。今列其種族及時代爲表如左。

| 國名 | 國祖 | 種族 | 都 | 今地 | 興起年代（西歷） | 滅亡年代（西歷） |
|---|---|---|---|---|---|---|
| 漢 | 劉淵 | 匈奴 | 平陽 | 山西平陽府 | 三〇四年 | 三二九年 |
| 成 | 李雄 | 巴氏 | 成都 | 四川成都府 | 三〔〕四年 | 三四七年 |
| 後趙 | 石勒 | 羯 | 鄴 | 直隸順德府 | 三一八年 | 三五一年 |
| 燕 | 慕容皝 | 鮮卑 | 鄴 | 直隸順德府 | 三三七年 | 三七〇年 |
| 代 | 拓跋猗盧 | 鮮卑 | 盛樂 | 山西大同府 | 三〇九年 | 三七六年 |
| 秦 | 苻健 | 氐 | 長安 | 陝西西安府 | 三五一年 | 三九四年 |
| 後燕 | 慕容垂 | 鮮卑 | 中山 | 直隸定州 | 三八三年 | 四〇八年 |
| 後秦 | 姚萇 | 羌 | 長安 | 直隸定州 | 三八四年 | 四一七年 |
| 西燕 | 慕容沖 | 鮮卑 | 長子 | 山西潞州府 | 三八四年 | 三九四年 |
| 西秦 | 乞伏乾歸 | 鮮卑 | 苑川 | 甘肅鞏昌府 | 三八五年 | 四三一年 |
| 後涼 | 呂光 | 氐 | 姑藏 | 甘肅涼州府 | 三八六年 | 四〇三年 |

| | | | | | | |
|---|---|---|---|---|---|---|
| 南燕 | 慕容德 | 鮮卑 | 廣固 | 山東青州府 | 三九八年 | 四一〇年 |
| 南涼 | 禿髮傉檀 | 鮮卑 | 廉川 | 甘肅西寧府 | 四〇二年 | 四一四年 |
| 北涼 | 沮渠蒙遜 | 匈奴 | 張掖 | 甘肅甘州府 | 四〇二年 | 四三九年 |
| 大夏 | 赫連勃勃 | 匈奴 | 統萬 | 甘肅寧夏府 | 四〇七年 | 四三一年 |
| 後魏 | 拓跋珪 | 鮮卑 | 平城 | 山西大同府 | 三八六年 | 五六四年 |
| 契丹 | | 五代時燕雲十六州 | | | | |
| 金 | 完顏阿骨打 | 女眞 | 汴 | 河南開封府 | 一一二六年 | 一二三四年 |
| 元 | 成吉思 | 蒙古 | 北京 | 直隸順天府 | 一二七七年 | 一三六七年 |
| …… | …… | …… | …… | …… | …… | …… |

嗚呼。以黃帝神明華胄所世襲之公產業。而爲人紾而奪之者。屢見不一見。而所謂黃帝子孫者。迎壺漿若崩厥角。紆青紫臣妾驕人。其自嚙同類以爲之盡力者。又不知幾何人也。陳白沙崖山弔古詩有云『鐫功奇石張宏範。不是胡兒是漢兒。』嗟夫嗟夫。晉宋以來之漢兒。其豐功偉烈與張宏範後先輝映者。何啻千百。白沙先生。無乃所見不廣乎。國家思想之銷亡。至是而極。以言乎第四義。則中國儒者。動曰平天下治天下。其尤高尙者。如江都繁露之篇。橫渠西銘之作。視國家爲眇小之一物。而不屑厝意。究其極也。所謂國家以上之一大團體。豈嘗因此等微妙之空言。而有所補益。而國家則滋益衰矣。若是乎吾中國人之果無國家思想也。危乎痛哉。吾中國人之無國家思想。竟如是其甚也。

吾推其所以然之故。厥有二端。一曰知有天下而不知有國家。二曰知有一己而不知有國家。其誤認國家爲天下也。復有二因。第一由於地理者。歐洲地形山河綺錯。華離破碎。其勢自趨於分立。中國地形。平原磅礴。阸塞交通。其勢自趨於統一。故自秦以後。二千餘年中間惟三國南北朝三百年間稍爲分裂。自餘則皆四海一家。即偶有割據。亦不旋踵而合并也。環其外者。雖有無數蠻族。然其幅員其戶口其文物。無一足及中國。若葱嶺以外。雖有波斯印度希臘羅馬諸文明國。然彼此不相接不相知。故中國之視其國如天下。非妄自尊大也。地理使然也。夫國也者。以對待而成。中國人國家思想發達所以較難於歐洲者。勢也。第二由於學說者。戰國以前。地理之勢未合。羣雄角立。而國家主義亦最盛。顧其敝也。爭地爭城。殺人盈野。塗炭之禍。未知所極。有道之士。愁然憂之。矯枉過正。以救末流。孔子作春秋。務破國界。歸於一王。以文致太平。孟子謂天下惡乎定。定於一。其餘先秦諸子。如墨翟宋牼老聃關尹之流。雖其哲理各自不同。至言及政術。則莫不以統一諸國爲第一要義。蓋救當時之敝。不得不如是也。人心之厭分爭已甚。遂有嬴政劉邦諸梟雄。接踵而起。前此書生之坐論。忽變爲帝者之實行。中央集權之勢。遂以大定。帝者猶慮其未固也。乃更燔百家之言。錮方術之士。而務剌取前哲緒論之有利於己者。特表章之。以陶冶一世。於是國家主義遂絕。其絕也。未始不由孔墨諸哲消息於其間也。雖然。是固不可以爲先哲咎。彼其時固當然。而扶東倒西。又人類之弱點。而不能避者也。佛以說法度衆生。而法執者（謂執泥於法也）即由法生惑焉。後人狃一統而忘愛國。又豈先聖之志也。且人與人相處。而不能無彼我之界者。天性然矣。國界既破。而鄉族界身家界反日益甚。是去十數之大國。而復生出百數千數無量數之小國。馴至四萬萬人爲四萬萬國焉。此實吾中國二千年來之性狀也。惟不知有國也。故其視朝廷。不以爲國民之代表。而以爲天帝之代表。彼朝廷之屢易而不動其心也。非恝也。蒼天死而黃天立。白帝殺而赤帝來。於我下界凡民有何與也。稟受於地理者既若彼。熏習於學說者又若此。我國人之無國家思想也。又何怪焉。又何怪焉。

雖然。知有天下而不知有國家。此不過一時之謬見。其時變。則其謬亦可自去。彼謬之由地理而起者。今則全球交通。列强比鄰。閉關一統之勢破。而安知殷憂之不足以相啓也。謬之由學說而起者。今則新學輸入。古義調和。通變宜民之論昌。而安知王霸之不可以一途也。所最難變者。則知有一己而不知有國家之弊。深中於人心也。夫獨善其身。鄉黨自好者。畏國事之爲己累而逃之也。家奴走狗於一姓而自詡爲忠者。爲一己之爵祿也。勢利所趨之若蟻。而更自造一種道德以飾其醜而美其名也。不然。則二千年來與中國交通者。雖無文明大國。而四面野蠻。亦何嘗非國耶。謂其盡不知有對待之國。又烏可也。然試觀劉淵石勒以來。各種人之入主中夏。曾有一焉無漢人以爲之佐命元勳者乎。昔嵇紹生於魏。晉人篡其君而戮其父。紹覥顏事兩重不共戴天之仇敵。且爲之死。而自以爲忠。後世盲史家亦或以忠許之焉。吾甚惜乎至完美至高尚之忠德。將爲此輩汚衊以盡也。無他。知有己而已。有能富我者。吾願爲之吮癰。有能貴我者。吾願爲之叩頭。其來歷如何。豈必問也。若此者。其所以受病。全非由地理學說之影響。地理學說雖萬變。而奴隸根性終不可得變。嗚呼。吾獨奈之何哉。吾獨奈之何哉。不見乎聯軍入北京。而順民之旗。戶戶高懸。德政之傘。署銜千百。嗚呼痛哉。吾語及此。無眥可裂。無髮可豎。吾惟膽戰。吾惟肉麻。忠云忠云。忠於勢云爾。忠於利云爾。不知來視諸往。他日全地球勢利中心點之所在。是即四萬萬忠臣中心點之所在也。而特不知國於此焉者之誰與立也。

嗚呼。吾不欲多言矣。吾非敢望我同胞將所懷抱之利己主義。剗除淨盡。吾惟望其擴充此主義。鞏固此主義。求如何而後能眞利己。如何而後能保己之利使永不失。則非養成國家思想不能爲功也。同胞乎。同胞乎。勿謂廣土之足恃。羅馬帝國全盛時其幅員不讓我今日也。勿謂民衆之足恃。印度之士人固二百餘兆也。勿謂文明之足恃。昔希臘之雅典。當其爲獨立國也。聲明文物甲天下。及其服從他族。萎靡不振以至於澌亡。而吾國當胡元時代。士大夫皆習蒙古文（廿二史劄記言之甚詳）而文學幾於中絕也。惟茲國家吾儕父母兮。無父何怙無母何恃兮。煢煢凄凄。誰憐取兮。時運一去。吾其已兮。思之思之兮。及今其猶未沫兮。

## 第七節　論進取冒險

天下無中立之事。不猛進。斯倒退矣。人生與憂患俱來。苟畏難。斯落險矣。吾見夫今日天下萬國中其退步之速。與險象之劇者。莫吾中國若也。吾爲此懼。

歐洲民族所以優强於中國者。原因非一。而其富於進取冒險之精神。殆其尤要者也。今勿徵諸遠。請言其近者。當羅馬解紐以後。歐洲人滿爲憂。紛競不可終日。時則有一窶人子。孑身萬里。四度航海。舟人失望。眲怒之極。欲殺之而飲其血。而顧勇撓不屈。有進無退。卒覓得亞美利加。爲生靈開出一新世界者。則西班牙之哥侖布士Columbus其人也。當羅馬教皇威力達於極點。各國君主。俯伏肘下。時則有一介僧侶（天主教之教士不娶妻故日本假佛教僧字以名之）（今從其號）悍然揭九十六條檄文於大府。鳴舊教之罪惡。倡新說以號召天下。教皇率百數十王侯開法會拘而訊之。使更前說。而顧從容對簿。侃侃抗言。不屈不撓。卒能開信教自由之端緒。爲人類進幸福者。則日耳曼之馬丁路得 Martin Luther 其人也。扁舟繞地球一周。淩重濤冒萬死。三年乃還。卒開通太平洋航路。爲兩半球鑿交通之孔道者則葡萄牙之麥志倫 Magellan 其人也隻身探險於亞非利加內地越萬里之撒哈拉沙漠與瘴氣戰與土蠻戰與猛獸戰數十年如一日卒使全非開通爲白人殖民地則英國之立溫斯敦 Livingstone 其人也十六七世紀間新舊教之爭正烈日耳曼勦滅新教徒殆無遺類時則有波羅的海岸一蕞爾國奮其螳臂爲人類請命爲上帝復仇卒以萬六千之精兵橫行歐陸拯民塗炭犧牲一身而不悔者則瑞典王亞多法士 Adolphus 其人也俄羅斯經蒙古蹂躪之後元氣新復積弱蠻陋無足比數時則有以萬乘之尊微服外游雜伍傭作學其文明技術傳與其民使其國爲今日世界第一雄國駸駸乎有囊括宇內之觀者則俄皇大彼得 Peter the Great 其人也英國自額里查白（英女皇名）以後積勝而驕立憲美政漸以墜地時則有一窮壤牧夫攘臂以擧義旗與國會軍血戰八年卒俘獨夫重興民政使北海三島爲文明政體之祖國國旗輝於大地者則英吉利之克林威爾 Cromwell 其人也美受英軛租稅煩重人權蹂躪民不聊生時則有一窮谷佚農叩自由之鐘揭獨立之旗毫無憑藉以抗大敵卒能建雄邦於新世界今日幾爲廿世紀地球之主人翁者則美總統華盛頓 Washington 其人也法國大革命後風潮迅激大陸震慴擧國不寧時則有一小軍隊中一小將校奮其功名心征埃及征意大利席捲全歐建大帝國猘率四十萬貔貅臨强俄逐北千里雖敗而其氣不挫則法皇拿破侖 Napoleon 其人也荷爲班屬宗教壓制虐政憔悴緹騎徧國時則有一亡命志士集勁旅於日耳曼歸圖恢復血戰三十七年卒復國權身斃於鉏麑之手而不悔者則荷蘭之維廉額們 William Egmont 其人也美國當數十年前奴政盛行人道滅絕南北異趣國幾分裂時則有一舟人之子以正理爲甲胄以民義爲戈矛斷然排俗情與義戰犧牲少數以活多數草芥一身以獻國民卒能實行平等博愛之理想定國憲以爲天下法則美總統林

肯 Lincoln 其人也。羅馬云亡。遺烈久沫。寄息他族。奴畜禽視。時則有弱冠翩翩一少年。投祕密結社。傾僞政府。不能得志。遁竄異域。專務青年教育。喚起國魂。卒能使其國成獨立統一之功。列於世界第一等國者。則意大利之瑪志尼 Mazzini 其人也。若此者。不過聊舉數賢以爲例耳。其他豪傑之類此者。比肩接踵於歷史。臚其事實。則五車不能容。即算其姓名。亦更僕不能盡。於戲。何其盛哉。後世讀史者。挹其芬。汲其流。崇拜而歌舞之。而不知其當時道天下所不敢道。爲天下所不敢爲。其精神有江河學海不到不止之形。其氣魄有破釜沈舟一瞑不視之概。其徇其主義也。有天上地下惟我獨尊之觀。其向其前途也。有鞠躬盡瘁死而後已之志。其成也。涸腦精以買歷史之光榮。其敗也。迸鮮血以贖國民之沈孽。嗚呼。曷克有此。曰惟進取故。曰惟冒險故。

進取冒險之性質何物乎。吾無以名之。名之曰浩然之氣。孟子釋浩然之氣曰。其爲氣也。配義與道。無是。餒也。又曰。是集義所生者。非義襲而取之也。行有不慊於心。則餒矣。故此性質者。人有之則生。無之則死。國有之則存。無之則亡。而所以養成之發現之者。其根柢甚深厚。而非器性薄弱之人所能假借。試推其所原。有四端焉。

一曰生於希望。『亞歷山大之親征波斯也。瀕行。舉其子女玉帛。悉分予諸臣。無一餘者。諸臣曰。然則王更何有乎。王曰。吾有一焉。曰希望。』甚哉。希望之於人。如此其偉大而有力也。凡人生莫不有兩世界。其在空間者。曰實跡界。曰理想界。其在時間者。曰現在界。曰未來界。實跡與現在。屬於行爲。理想與未來。屬於希望。而現在所行之實跡。即爲前此所懷理想之發表。而現在所懷之理想。又爲將來所行實跡之券符。然則實跡者理想之子孫。未來者現在之父母也。故人類所以勝於禽獸。文明人所以勝於野蠻。惟其有希望。故有理想。故有未來。故希望愈大。則其進取冒險之心愈雄。越王勾踐之栖會稽。以薪爲蓐。以膽爲糧。彼其心未嘗一日忘沼吳也。摩西率頑冥險躁之猶太人民彷徨於亞剌伯沙漠四十餘年彼蓋日有一葡萄滋熟蜜乳芬郁之迦南樂土來往於其胸中也王陽明詩云人人有路透長安坦坦平平一直看豈惟吳會豈惟迦南蓋丈夫之所以立於世者莫不有第二之世界以爲其歸宿之一故鄉各懷希望以奔於無極之長途此世運所以日進步也以此希望故其於現在界於實跡界不惜絞其腦滴其汗胼胝其手足甚乃獻其血蛻其骸豈徒然哉其將有所易也西哲有言『上帝語衆生曰汝所欲之物吾悉畀汝但汝當納其代價』進取冒險者希望之代價也彼禽獸與野蠻人飢則求食飽則嬉焉知有今日而不知有明日人之所以爲人文明之所以爲文明亦曰知明日而已惟明日能繫我於無極而三日焉而五日焉而七日焉而一旬焉而一月焉而一年焉而十年焉而百年焉而千萬年焉而億兆京垓無量數不可思議年焉皆明日之積也保守今日故進取之念消媮安今日故冒險之氣亡若此者是棄其所以爲人之具而自儕於羣動也吾乃知進取冒險之不可以已如此其甚也

二曰生於熱誠吾讀史記李將軍列傳至『廣出獵見草中石以爲虎射之中石沒羽視之石也因復更射之終不能復入石矣』未嘗不歎人生之能力無一定界限無一定程度而惟以其熱誠之界限程度爲比例差其動機也希微其結果也殊絕而深知夫天下古今之英雄豪傑孝子烈婦忠臣義士以至熱心之宗教家政治家美術家探險家所以能爲驚天地泣鬼神之事業震宇宙而昭蘇之者其所得皆有由也西儒姚哥氏有言『婦人弱也而爲母則强』夫弱婦何以能爲强母唯其愛兒至誠之一念則雖平日嬌不勝衣情如小鳥而以其兒之故可以獨往獨來於千山萬壑中虎狼吼咻魍魎出沒而無所於恐無所於避大矣哉熱誠之愛之能易人度也朱壽昌之棄官行乞跋涉風雪愛其親也豫讓之漆身爲厲被髮爲奴愛其君也諸葛武侯之扶病出師洒一掬

之淚於五丈原頭而不辭者。愛知己也。克林威爾冒弑君之大不韙。且兩度解散國會。受專制之嫌而無憚者。愛國民也。林肯不顧國內之分裂。不恤戰爭之塗炭。而毅然布放奴令於南美者。愛公理也。十六七世紀之間。新教徒抵抗教皇者二百餘年。死者以千數百萬計。而未嘗悔者。愛上帝愛自由也。十九世紀革命風潮徧於全歐。擲無量數之頭顱血肉。前者仆而後者繼。亦以其民之愛國而自愛也。彼男女之相悅。則固常背父母犯輿論。千回百折以相從矣。甚者乃相爲死矣。夫人情孰不愛生而惡死。顧其所愛有甚於生者。故或可以得生而不用也。戰國策言有攫金於齊市者。士官拘而鞫之。其人曰。吾攫金時。只見金。不見人。彼夫英雄豪傑孝子烈婦忠臣義士。以至熱心之宗教家政治家美術家探險家。當其徇其主義。赴其目的。何一非見金不見人之類也。若是者。莫之爲而爲。莫之致而至。豈惟不見有人。並不見有我焉。無以名之。名之曰『烟士披里純』Inspiration『烟士披里純』者。熱誠最高潮之一點。而感動人驅迫人使上於冒險進取之途者也。而此熱誠又不惟於所愛者有之。乃至哀之極。怒之極。危險之極。亦常爲驅發熱誠之導線。處火宅者。弱女能運千鈞之笥。臨敵陣者。疲馬亦作突圍之想。故曰不搏不躍。不激不行。可愛者而不知愛。可哀者而不知哀。可怒者而不知怒。可危者而不知危。此所謂無人性也。吾乃知進取冒險之不可以已如此其甚也。

三曰生於智慧。凡人之有所畏縮也。必其於事理見之未明者也。孩童婦嫗最畏鬼。暮夜則不敢出也。蠻野民族最畏禨祥龜筮。不從則不敢動作也。日食彗見則恐懼潛藏也。禮拜五日不宜出行也。十三人不敢共膳也。(二者皆西俗)此皆知有所蔽而行遂有所怯也。灘石錯落。河流激湍。非習水性者不敢渡焉。大雪漫野。坑谷皆盈。非識地勢者不敢凌焉。見之不審。則其氣先餒。餒則進取之精神萎地矣。故王陽明以知行合一爲教義。誠得其本也。哥侖布之敢於航大西洋而西也。蓋深信地圖之理。而知彼岸必有極樂世界也。格蘭斯頓之堅持愛爾蘭自治案也。蓋深信民族主義自由平等主義。知非此而英愛不能相安也。猛虎躡於後。則越澗穿林如平地。大火燎於棟。則飛簷走壁如轉蓬。知虎與火之能殺人而不得不冒次險以避最險也。若乳嬰之子。不知虎之暴而火之烈。則嬉然安之而已。故進取冒險之精神。又常以其見地之淺深高下為比例差。欲養氣者必先積智。非虛言也。而不然者為教宗之奴隸。為先哲之奴隸。為習俗之奴隸。為居上位有權勢者之奴隸。乃至自為其心之奴隸。其心又為四支百體之奴隸。重重縛軛。奄奄就死。無復生人之趣矣。吾乃知進取冒險之不可以已如此其甚也。

四曰生於膽力。拿破侖曰『「難」之一字。惟愚人所用字典為有之耳』。又曰『「不能」二字。非佛蘭西人所用也』。訥爾遜曰『吾未見所謂可畏者。吾不識「畏」之為何物也』。（訥爾遜英國名將即掃蕩拿破倫海軍者也當五歲時常獨游山野遇迅雷風烈入夜不歸其家遣人覓得之則危坐於山巔一破屋也其祖母責之曰嘻異哉何物怪童此可怖之現象竟不能驅汝歸家耶訥則答曰Fear？I never saw Fear I do not know what it is！即此文是也譯為華言不能得其精神於萬一）嗚呼。至今讀此言。神氣猶為之王焉。豈偉人之根器固非吾輩所能企乎。抑自有之而自不用也。拿破侖所歷至難之境正多。訥爾遜所遇可畏之端亦不少。而拿訥若行所無事者。無他。其氣先足以勝之也。佛說三界惟心。萬法唯識。吾以為不能焉。以為可畏焉。斯不能矣。斯可畏矣。吾以為能焉。以為無畏焉。斯亦能矣。斯亦無畏矣。此其理真非鈍根衆生之所能悟也。雖然。猶有二義焉。凡人之有疾病者。雖復齒痛鼻眩之微末。而其日之精神志氣。輒為之萎縮。蓋氣力與體魄。常相依而為用者也。此一說也。又莊敬日強。安惰日偷。生理之大經也。曾文正曰『身體強弱。卻不宜過於愛惜。精神愈用則愈出。陽氣愈提則愈盛。若存一愛惜精神的意思。將前將卻。奄奄無氣。決難成事』。此又一說也。若是乎體魄之不可不自壯。而膽力亦未嘗不可以養成也。若拿破侖若訥爾遯。若曾國藩皆進取冒險之豪傑。永爲後輩型者也。曾文正最講踏實地步謹愼小心然其中自有冒險之精神細讀全集自能見之吾乃知進取冒險之不可以已如此其甚也。

危乎微哉。吾中國人無進取冒險之性質。自昔已然。而今日每況愈下也。曰知足不辱。知止不殆。曰知白守黑。知雄守雌。曰不爲物先。不爲物後。曰未嘗先人而常隨人。此老氏之讕言。不待論矣。而所稱誦法孔子者。又往往遺其大體。摭其偏言。取其「狷」主義而棄其「狂」主義。取其「勿」主義而棄其「爲」主義。勿主義者懲忿窒慾之學也如非禮勿視四句等義是爲主義者開物成務之學也如天下有道某不與易等義是取其「坤」主義而棄其「乾」主義。地道妻道臣道此坤主義也自強不息此乾主義也取其「命」主義而棄其「力」主義。列子有力命篇論語稱子罕言命又稱子不語力其實力命兩者皆孔子所常言知命之訓力行之教昭昭然矣其所稱道者。曰樂則行之。憂則違之也。曰無多言多言多患。無多事多事多敗也。曰危邦不入。亂邦不居也。曰孝子不登高不臨深也。夫此諸義。亦何嘗非孔門所傳述。然言非一端。義各有當。孔子曷嘗以此義盡律天下哉。而末俗承流。取便利己。遂蒙老馬以孔皮。易尼鄒以聃莒。於是進取冒險之精神。澌滅以盡。試觀一部十七史之列傳。求所謂如哥侖布立溫斯敦者有諸乎。曰無有也。求所謂如馬丁路得林肯者有諸乎。曰無有也。求所謂如克林威爾華盛頓者有諸乎。曰無有也。藉有一二。則將爲一世之所戮辱而非笑者也。不曰好大喜功。則曰亡身及親也。積之數千年浸之億萬輩而霸者復陽芟之而陰鋤之。務使一國之人。鬼脈陰陰。病質奄奄。女性纖纖。暮色沈沈。嗚呼。一國之大。有女德而無男德。有病者而無健者。有暮氣而無朝氣。甚者乃至有鬼道而無人道。恫哉恫哉。吾不知國之何以立也。君夢如何。我憂孔多。撫絃慷慨。爲少年進步之歌。歌曰。

Never look behind, boys,

  When you're on the way;
Time enough for that,boys,
  On Some future day.
Though the way be long, boys,
  Face it with a will;
Never stop to look behind
  When climbing up a hill.
First be sure you're right, boys,
  Then with courage strong
Strap your pack upon your back;
  And tramp, tramp along.
When you're near the top, boys,
  Of the rugged way,
Do not think your work is done,
  But climb, climb away,
Success is at the top, boys,

Waiting there until
Patient, plodding, plucky boys,
Have mounted up the hill.

## 第八節　論權利思想

人人對於人而有當盡之責任。人人對於我而有當盡之責任。對人而不盡責任者。謂之間接以害羣。對我而不盡責任者。謂之直接以害羣。何也。對人而不盡責任。譬之則殺人也。對我而不盡責任。譬之則自殺也。一人自殺。則羣中少一人。舉一羣之人而皆自殺。則不啻其羣之自殺也。

我對我之責任奈何。天生物而賦之以自捍自保之良能。此有血氣者之公例也。而人之所以貴於萬物者。則以其不徒有『形而下』之生存。而更有『形而上』之生存。形而上之生存。其條件不一端。而權利其最要也。故禽獸以保生命爲對我獨一無二之責任。而號稱人類者。則以保生命保權利兩者相倚。然後此責任乃完。苟不爾者。則忽喪其所以爲人之資格。而與禽獸立於同等之地位。故羅馬法視奴隸與禽獸等。於論理上誠得其當也。以論理學二段法演之其式如下無權利者禽獸也奴隸者無權利者也故奴隸卽禽獸也　故形而下之自殺。所殺者不過一人。形而上之自殺。則舉全社會而禽獸之。且禽獸其苗裔以至於無窮。吾故曰直接以害羣也。嗚呼。吾一不解吾中國人之甘於自殺者何其多也。

權利何自生。曰生於强。彼獅虎之對於羣獸也。酋長國王之對百姓也。貴族之對平民也。男子之對女子也。大羣之對於小羣也雄國之對於孱國也皆常占優等絕對之權利非獅虎酋長等之暴惡也人人欲伸張己之權利而無所厭天性然也是故權利之爲物必有甲焉先放棄之然後有乙焉能侵入之人人務自强以自保吾權此實固其羣善其羣之不二法門也古代希臘有供養正義之神者其造像也左手握衡右手提劍衡所以權權利之輕重劍所以護權利之實行有劍無衡是豺狼也有衡無劍則權利者亦空言而卒歸於無效德儒伊耶陵 Jhering 所著權利競爭論（原名爲 Der Kampfums Recht 英譯爲 Battle Right 伊氏爲私法學大儒生於一八一八年卒於一八九二年此書乃其被聘於奧國維也納大學爲教授時所著也在本國重版九回他國文繙譯者二十一種其書之價值可知矣去年譯書彙編同人曾以我國文繙譯之僅成第一章而其下闕如余亟欲續成之以此書藥治中國人尤爲對病也本論要領大率取材伊氏之作故述其崖略如此）云『權利之目的在平和而達此目的之方法則不離戰鬭有相侵者則必相拒侵者無已時故拒者亦無盡期質而言之則權利之生涯競爭而已』又曰『權利者不斷之勤勞也勤勞一弛而權利卽歸於滅亡』若是乎權利之爲物其所以得之與所以保之者如此其不易也

藉欲得之藉欲保之則權利思想實爲之原夫人之有四肢五臟也是形而下生存之要件也使內而或肝或肺外而或指或趾其有一不適者孰不感苦痛而急思療治之夫肢臟之苦痛是卽其身內機關失和之徵也是卽其機關有被侵焉之徵也而療治者卽所以防禦此侵害以自保也形而上者之侵害亦有然有權利思想者一遇侵壓則其苦痛之感情直刺焉激焉動機一撥而不能自制亟亟焉謀抵抗之以復其本來夫肢臟受侵害而不覺苦痛者必其痲木不仁者也權利受侵害而不覺苦痛則又奚擇焉故無權利思想者雖謂之痲木不仁可也

權利思想之强弱實爲其人品格之所關彼夫爲臧獲者雖以窮卑極恥之事廷辱之其受也泰然若在高尚之

武士。則雖擲頭顱以抗雪其名譽。所不辭矣。爲穿窬者。雖以至醜極垢之名過毀之。其居也恬然。若在純潔之商人。則雖傾萬金以表白其信用。所不辭矣。何也。當其受侵受壓受誣也。其精神上無形之苦痛直感覺而不能自已。彼誤解權利之眞相者。以爲是不過於形骸上物質上之利益。斷斷計較焉。嘻。鄙哉。其爲淺丈夫之言也。譬諸我有是物而橫奪於人。被奪者奮然抗爭於法廷。彼其所爭之目的。非在此物也。在此物之主權也。故常有訴訟之先。聲言他日訟直所得之利益。悉以充慈善事業之用者。苟其志而在利也。則此胡爲者。故此等之訴訟。可謂之道德上問題。而不可謂算學上之問題。苟爲算學上之問題。則必先持籌而計之曰。吾訴訟費之所損。可以償訟直之所得乎。能償則爲之。不能則已之。此鄙夫之行也。夫此等計算者。對於無意識之損害。可以用之。譬如墜物於淵。欲傭人而索之。因預算其物值與傭值之相償。是理之當然也。其目的在得物之利益也。爭權利則不然。其目的非在得物之利益也。故權利與利益。其性質正相反對。貪目前之苟安。計錙銖之小費者。其勢必至視權利如弁髦。此正人格高下垢淨所由分也。

昔藺相如叱秦王曰。臣頭與璧俱碎。以趙之大。何區區一璧。是愛。使其愛璧。則碎之胡爲者。乃知璧可毀。身可殺。敵可犯。國可危。而其不可屈者。別有在焉。噫。此所謂權利者也。伊耶陵又言曰。『英國人之游歷歐洲大陸者。或偶遇旅館輿夫有無理之需索。輒毅然斥之。斥之不聽。或爭議不決者。往往寧延遲行期數日數旬。所耗旅費視所爭之數增至十倍。亦所不恤焉。無識者莫不笑其大愚。而豈知此人所爭之數喜林。（英國貨幣名。一喜林約當墨銀半圓。）實所以使堂堂英吉利國屹然獨立於世界之要具也。蓋權利思想之豐富。權利感情之敏銳。即英人所以立國之大原也。今試舉一奧大利人。（伊氏著書教授於奧大利。故以此鞭策奧人。）與此英人地位同財力同者相比較。其遇此等事。則所以處置者何如。必曰。此區區者。豈値以之自苦而滋事也。直擲金拂衣而去耳。而烏知夫此英人所拒奥人所擲數片喜林之中。有一絕大之關係隱伏焉。卽兩國數百年來政治上之發達。社會上之變遷。皆消息乎其間也。』嗚呼。伊氏之言。可謂博深而切明矣。吾國人試一自反吾儕之權利思想。視英人奥人誰似也。

論者或疑此事爲微末而不足道乎。請言其大者。譬有兩國於此。甲國用無理之手段。以奪乙國磽确不毛之地一方里。此被害國者。將默而息乎。抑奮起而爭爭之。不得而繼以戰乎。戰役一起。則國帑可以竭。民財可以盡。數十萬之壯丁。可以一朝暴骨於原野之中。帝王之瓊樓玉宇。窶民之篳門圭竇。可以同成一燼。馴至宗社可以屋。國祀可以滅。其所損與一方里地之比較。何啻什伯千萬。就其得之。亦不過一方里石田耳。若以算學上兩兩相衡。彼戰焉者。可不謂大愚哉。而豈知一方里被奪而不敢問者。則十里亦奪。百里亦奪。千里亦奪。其勢不至以全國委於他人而不止也。而此避競爭貪安逸之主義。卽使其國喪其所以立國之原也。故夫受數喜林之欺騙屈辱而默然忍容者。則亦可以對於本身死刑之宣告自署名而不辭者也。被奪一方里之地而不發憤者。則亦可以舉其父母之邦之全圖獻賣於他人。而不以動其心者也。此其左證豈在遠。反觀我國。而使我慚悚無地矣。

盎格魯撒遜人不待言矣。條頓人不待言矣。歐洲之白種人不待言矣。試就近比照之於日本。日本當四十年前。美國一軍艦始到。不過一測量其海岸耳。而舉國無論爲官爲士爲農爲工爲商爲僧爲俗。莫不瞋目切齒。攘臂扼腕。風起水涌。遂以奏尊攘之功。成維新之業。而我中國以其時燔圓明園。定南京條約。割香港。開五口。試問我國民之感情何如也。當八年前。俄德法三國逼日本還遼。不過以其所奪人者歸原主耳。而舉國無論爲官爲士爲農爲工爲商爲僧爲俗。莫不瞋目切齒攘臂扼腕。風起水涌。汲汲焉擴張軍備。臥薪嘗胆。至今不忘。而我中國以其時割膠州旅順等六七軍港。定各國勢力範圍。寖假而聯軍入京。燕薊塗炭。試問我國民之感情何如也。彼其智寧不知曰。此我之權利也。但其有權利而不識有之之爲尊榮。失權利而不知失之之爲苦痛。一言蔽之曰。無權利思想而已。

吾中國先哲之教曰。寬柔以教。不報無道。曰犯而不校。曰以德報怨。以直報怨。此自前人有爲而發之言。在盛德君子偶一行之。雖有足令人起敬者。而末俗承流。遂藉以文其怠惰恇怯之劣根性。而誤盡天下。如所謂百忍成金。所謂唾面自乾。豈非世俗傳爲佳話者耶。夫人而至於唾面自乾。天下之頑鈍無恥。孰過是焉。今乃欲舉全國人而惟此之爲務。是率全國人而爲無骨無血無氣之怪物。吾不知如何而可也。中國數千年來。誤此見解。習非成是。並爲一談。使勇者日卽於銷磨。怯者反有所藉口。遇勢力之强於己者。始而讓之。繼而畏之。終而媚之。弱者愈弱。强者愈强。奴隸之性。日深一日。對一人如是。對團體亦然。對本國如是。對外國亦然。以是而立於生存競爭最劇最烈之場。吾不知如何而可也。

大抵中國善言仁。而泰西善言義。仁者人也。我利人。人亦利我。是所重者常在人也。義者我也。我不害人。而亦不許人之害我。是所重者常在我也。此二德果孰爲至乎。在千萬年後大同太平之世界。吾不敢言。若在今日。則義也者。誠救時之至德要道哉。夫出吾仁以仁人者。雖非侵人自由。而待仁於人者。則是放棄自由也。仁焉者多。則待仁於人者亦必多。其弊可以使人格日趨於卑下。歐西百年前以施濟貧民爲政府之責任。而貧民日以多。後悟此理。釐而裁之。而民反殷富焉。君子愛人以德。不聞以姑息。故使人各能自立而不倚賴他人者。上也。若曰。吾舉天下人而仁之。毋乃降斯人使下己一等乎。若是乎仁政者。非政體之至焉者也。吾中國人惟日望仁政於其君上也。故遇仁焉者。則爲之嬰兒。遇不仁焉者。則爲之魚肉。古今仁君少而暴君多。故吾民自數千年來祖宗之遺傳。卽以受人魚肉爲天經地義。而權利二字之識想。斷絕於吾人腦質中者固已久矣。

楊朱曰『人人不損一毫。人人不利天下。天下治矣。』吾疇昔最深惡痛恨其言。由今思之。蓋亦有所見焉矣。其所謂人人不利天下。固公德之蟊賊。其所謂人人不損一毫。抑亦權利之保障也。（列子楊朱篇記楊朱之徒孟孫陽與墨徒禽滑釐問答之言云「孟孫陽曰。有侵若肌膚獲萬金者。爲之乎。曰爲之。孟孫陽曰。有斷若一節得一國。子爲之乎。禽子默然。有間。孟孫陽曰。一毛微於肌膚。肌膚微於一節省矣。然則積一毛以成肌膚。積肌膚以成一節。一毛固一體萬分中之一物。奈何輕之乎。」此語與前所引英人爭數喜林之事及爲一方里地而構兵之事正同一理。蓋哲學開派一大師之言。其持論必有所根據。非徒放誕縱樂而已。不然。其言何以能盈天下而與儒墨鼎足爲三也。然則楊朱一者實主張權利之哲學家。而亦中國救時一良方也。不過其論有雜駁焉者耳。）夫人雖至鄙吝。至不肖。亦何至愛及一毫而齗齗焉爭之者。非爭此一毫。爭夫人之損我一毫所有權也。（所有權卽主權）是推權利思想充類至義之盡者也。一部分之權利。合之卽爲全體之權利。一私人之權利思想。積之卽爲一國家之權利思想。故欲養成此思想。必自個人始。人人皆不肯損一毫。則亦誰復敢攖他人之鋒。而損其一毫者。故曰天下治矣。非虛言也。（西哲名言曰。人人自由而以他人之自由爲界。實卽人人不損一毫之義也。不過其語有完有不完者耳。）雖然。楊朱非能解權利之眞相者也。彼知權利當保守而勿失。而不知權利以進取而始生。放佚也。娛樂也。任運也。厭世也。皆殺權利之劊子手也。而楊朱日昌言之。以是求權利。則何異飲鴆以祈永年也。此吾中國所以雖盛行楊學。而惟熏染其人人不利天下之流毒。而不能實行其人人不損一毫之理想也。權利思想薄弱使然也。

權利思想者。非徒我對於我應盡之義務而已。實亦一私人對於一公羣應盡之義務也。譬之兩陣交綏。同隊之人。皆賭生命以當公敵。而一人獨貪安逸。避競爭。曳兵而走焉。此人之犧牲其名譽。不待言矣。而試思此人何以能幸保首領。且其禍仍未延及於全羣者。毋亦恃同隊之人。有代己而抗敵者耳。使全軍將卒皆與此怯夫同流。

望風爭逃。則此怯夫與其羣。非悉爲敵所屠而同歸於盡不止也。彼一私人自拋棄其權利者。與此逃亡之弱卒何擇也。不寧惟是。權利者常受外界之侵害而無已時者也。故亦必常出內力之抵抗而無已時。然後權利始成立。抵抗力厚薄。卽爲權利强弱比例差。試更以前喻明之。夫以千人之隊。則其間一卒之去就。微末亦甚矣。然使百人乃至數百人脫隊而逃。則其結果如何。其所餘不逃之卒。必不可不加數倍之苦戰。代此逃者而荷其負擔。雖復忠勇義烈。而其力亦有所不逮矣。是何異逃者親摣不逃者之胸而刺以刃也。夫權利之競爭。亦若是則已耳。爲國民者協力各盡其分內競爭之責任。則侵壓自不得行。設有苟免倖脫而避其衝者。是不啻對於國民全體而爲叛逆也。何也。是使公敵增其力。而跳梁暴肆之所由行也。彼淺見者以爲一私人之放棄權利。不過其本身之受虧被害。而影響不及於他人。何其傎也。

權利競爭之不已。而確立之保障之者。厥恃法律。故有權利思想者。必以爭立法權爲第一要義。凡一羣之有法律。無論爲良爲惡。而皆由操立法權之人制定之以自護其權利者也。强於權利思想之國民。其法律必屢屢變更。而日進於善。蓋其始由少數之人。出其强權以自利。其後由多數之人。復出其强權相抵制。而亦以自利。（余所著飲冰室自由書論强權一條參觀）權利思想愈發達。則人人務爲强者。强與强相遇。權與權相衡。於是平和善美之新法律乃成。雖然。當新法律與舊法律相嬗之際。常爲最劇最慘之競爭。蓋一新法律出。則前此之憑藉舊法律以享特別之權利者。必受異常之侵害。故倡議制新法律者。不啻對於舊有權力之人而下宣戰書也。夫是以動力與反動力相搏。而大爭起焉。此實生物天演之公例也。當此時也。新權利新法律之能成就與否。全視乎抗戰者之力之强弱以爲斷。而道理之優劣不與焉。而此過渡時代。則倚舊者與倡新者。皆不可不受大損害。試一讀歐美諸國法律發達史。如立憲政廢奴隸釋傭農勞力自由信教自由等諸大法律。何一不自血風肉雨中薰浴而來。使倡之者有所媮有所憚有所姑息而稍稍遷就於其間乎。則此退一步。彼進一步。而所謂新權利者。亦必終歸於滅亡而已。吾中國人數千年來不識權利之爲何狀。亦未始不由迂儒煦煦之說階之厲也。質而言之。則權利之誕生。與人類之誕生略同。分娩拆副之苦痛。勢所不免。惟其得之也艱。故其護之也力。遂使國民與權利之間。其愛情一如母子之關係。母之生子也。實自以其性命爲孤注。故其愛有非他人他事所能易者也。權利之不經艱苦而得者。如飛鴻之遺雛。猛鷙狡狐。時或得而攫之。若慈母懷中之愛兒。雖千百狐鷙。豈能褫也。故權利之薰浴於血風肉雨而來者。既得之後。而永不可復失焉。謂余不信。請觀日本人民擁護憲法之能力。與英美人民之能力相比較。其强弱之率何如矣。若是乎專言仁政者。果不足以語於立國之道。而人民之望仁政以得一支半節之權利者。實含有亡國民之根性明也。

夫專言仁政。猶且不可。而虐政更何論焉。大抵人生之有權利思想也。天賦之良知良能也。而其或强或弱或隱伏或澌亡至不齊者何也。則常緣其國家之歷史政治之浸潤以爲差。孟子牛山之喻。先我言之矣。非無萌蘖。牛羊又從而牧之。是以若彼濯濯也。歷覽東西古今亡國之史乘。其始非無一二抵抗暴制以求自由者。一鋤之。三四鋤之。漸萎廢。漸衰頽。漸銷鑠。久之而猛烈沈醲之權利思想。愈制而愈馴。愈沖而愈淡。乃至回復之望絕。而受羈受軛。以爲固然。積之數十年數百年。每下愈況。而常至澌亡。此固由其人民能力之薄弱。而政府之罪。又烏可逭也。夫此等政府。豈嘗有一焉能嗣續其命脈以存於今日者。卽有一二。亦不過風燭殘年。旦夕待死而已。政府以此道殺人。毋乃適爲自殺之利刃乎。政府之自殺。已作之而已受之。其又奚尤。顧所最痛者。其禍乃延及於國家全體而不能救也。國民者一私人之所結集也。國權者一私人之權利所團成也。故欲求國民之思想之感覺之行爲。舍其分子之各私人之思想感覺行爲而終不可得見。其民强者謂之强國。其民弱者謂之弱國。其民富者謂之富國。其民貧者謂之貧國。其民有權者謂之有權國。其民無恥者謂之無恥國。夫至以無恥國三字成一名詞。而猶欲其國之立於天地。有是理耶。有是理耶。其能受閹宦差役之婪索一錢而安之者。必其能受外國之割一省而亦安之者也。其能現奴顏婢膝昏暮乞憐於權貴之間者。必其能懸順民之旗簞食壺漿以迎他族之師者也。譬之器然。其完固者無論何物不能滲也。苟有穴焉。有罅焉。我能滲之。他人亦能滲之。夫安知乎虐政所從入之門。乃卽外寇所從入之門也。挑鄰婦而利其從我。及爲我婦。則欲其爲我詈人。安可得也。乎昔之待其民也。鞭之撻之。敲之削之。戮之辱之。積千數百年霸者之餘威。以震蕩摧鋤天下之廉恥。既殄既獮。既夷。一旦敵國之艨艟麕集於海疆。寇仇之貔貅迫臨於城下。而後欲藉人民之力以捍衛是而綱維是。是何異不胎而求子。蒸沙而求飯也。嗟夫嗟夫。前車之覆者。不知幾何矣。而獨不解丁茲陽九者。曾一自審焉否也。

重爲言曰。國家譬猶樹也。權利思想譬猶根也。其根既撥。雖復幹植崔嵬。華葉蓊鬱。而必歸於槁亡。遇疾風橫雨。則摧落更速焉。卽不爾。而旱暵之所暴炙。其萎黄彫敝。亦須時耳。國民無權利思想者。以之當外患。則槁木遇風雨之類也。卽外患不來。亦遇旱暵之類。吾見夫全地球千五兆生靈中。除印度非洲南洋之黑蠻外。其權利思想之薄弱。未有吾國人若者也。孟子有言。逸居而無教。則近於禽獸。若取羅馬法之法理而以論理解釋之。則豈惟近法而已。一國之大。而僅有四萬萬禽獸居焉。天下之可恥。孰過是也。我同胞其恥之乎。爲政治家者。以勿摧壓權利思想爲第一義。爲教育家者。以養成權利思想爲第一義。爲一私人者。無論士焉農焉工焉商焉男焉女焉。

各以自堅持權利思想爲第一義。國民不能得權利於政府也。則爭之。政府見國民之爭權利也。則讓之。欲使吾國之國權與他國之國權平等。必先使吾國中人人固有之權皆平等。必先使吾國民在我國所享之權利與他國民在彼國所享之權利相平等。若是者國庶有瘳。若是者國庶有瘳。

## 第九節　論自由

『不自由毋寧死』斯語也。實十八九兩世紀中。歐美諸國民所以立國之本原也。自由之義。適用於今日之中國乎。曰。自由者天下之公理。人生之要具。無往而不適用者也。雖然。有眞自由。有僞自由。有全自由。有偏自由。有文明之自由。有野蠻之自由。今日自由云自由云之語。已漸成青年輩之口頭禪矣。新民子曰。我國民如欲永享完全文明眞自由之福也。不可不先知自由之爲物果何如矣。請論自由。

自由者。奴隸之對待也。綜觀歐美自由發達史。其所爭者不出四端。一曰政治上之自由。二曰宗教上之自由。三曰民族上之自由。四曰生計上之自由。（即日本所謂經濟上自由）政治上之自由者。人民對於政府而保其自由也。宗教上之自由者。教徒對於教會而保其自由也。民族上之自由者。本國對於外國而保其自由也。生計上之自由者。資本家與勞力者相互而保其自由也。而政治上之自由。復分爲三。一曰平民對於貴族而保其自由。二曰國民全體對於政府而保其自由。三曰殖民地對於母國而保其自由是也。自由之徵諸實行者。不外是矣。

以此精神。其所造出之結果。厥有六端。（一）四民平等問題。凡一國之中。無論何人。不許有特權。（特別之權利與齊民異者）是平民對於貴族所爭得之自由也。（二）參政權問題。凡生息於一國中者。苟及歲而即有公民之資格。可以參與一國政事。是國民全體對於政府所爭得之自由也。(三)屬地自治問題。凡人民自殖於他土者。得任意自建政府。與其在本國時所享之權利相等。是殖民地對於母國所爭得之自由也。(四)信仰問題。人民欲信何教。悉由自擇。政府不得以國教束縛干涉之。是教徒對於教會所爭得之自由也。(五)民族建國問題。一國之人。聚族而居。自立自治。不許他國若他族握其主權。並不許干涉其毫末之內治。侵奪其尺寸之土地。是本國人對於外國所爭得之自由也。(六)工羣問題(日本謂之勞働問題或社會問題)凡勞力者自食其力。地主與資本家。不得以奴隸畜之。是貧民對於素封者所爭得之自由也。試通覽近世三四百年之史記。其智者敝口舌於廟堂。其勇者塗肝腦於原野。前者仆。後者興。屢敗而不悔。弗獲而不措者。其所爭豈不以此數端耶。其所得豈不在此數端耶。試一述其崖略。

昔在希臘羅馬之初政。凡百設施。謀及庶人。共和自治之制。發達蓋古。然希臘純然貴族政體。所謂公民者。不過國民中一小部分。而其餘農工商及奴隸。非能一視也。羅馬所謂公民。不過其都會中之拉丁民族。而其攻取所得之屬地。非能一視也。故政治上之自由。雖遠濫觴於希臘。然貴族之對平民也。母國之對屬地也。本國人之對外國也。地主之對勞力者也。其種種侵奪自由之弊。亦自古然矣。及耶穌教興。羅馬帝國立。而宗教專制政治專制。乃大起。中世之始。蠻族猖披。文化蹂躪。不待言矣。及其末也。則羅馬皇帝與羅馬教皇。分司全歐人民之軀殼靈魂兩界。生息於肘下。而不能自拔。故中世史者。實泰西之黑暗時代也。及十四五世紀以來。馬丁路得興。一抉舊教藩籬。思想自由之門開。而新天地始出現矣。爾後二三百年中。列國或內爭。或外伐。原野饜肉。谿谷塡血。天日慘淡。神鬼蒼黃。皆爲此一事而已。此爲爭宗教自由時代。及十七世紀。格林威爾起於英。十八世紀。華盛頓興於美。未幾而法國大革命起。狂風怒潮。震撼全歐。列國繼之。靈澥水湧。遂使地中海以西。亙於太平洋東岸。無一不爲立憲之國。加拿大澳洲諸殖民地。無一不爲自治之政。直至今日。而其機未止。此爲爭政治自由時代。自十六世紀。荷蘭人求脫西班牙之軛。奮戰四十餘年。其後諸國踵興。至十九世紀。而民族主義磅礴於大地。伊大利匈加利之於奧大利。愛爾蘭之於英倫。波蘭之於俄普奧三國。巴幹半島諸國之於土耳其。以至現今波亞之於英。菲律賓之於美。所以死亡相踵而不悔者。皆曰非我種族。不得有我主權而已。雖其所向之目的。或達或不達。而其精神一也。此爲爭民族自由時代。民族自由與否。大半原於政治。故此二者其界限常相混。前世紀十九以來。美國布禁奴之令。俄國廢農傭之制。生計界大受影響。而廿卅年來。同盟罷工之事。所在紛起。工廠條例。陸續發布。自今以往。此問題遂將爲全地球第一大案。此爲爭生計自由時代。凡此諸端。皆泰西四百年來改革進步之大端。而其所欲以去者。亦十之八九矣。噫嘻。是遵何道哉。皆『不自由毋寧死』之一語。聳動之。鼓舞之。出諸壞而升諸霄。生其死而肉其骨也。於戲。璀璨哉自由之花。於戲。莊嚴哉自由之神。

今將近世史中爭自由之大事。列一年表如下。

| | | |
|---|---|---|
| 一五三二年 | 舊教徒與新教徒結條約許信教自由 | 宗教上之自由 |
| 一五二四年 | 瑞士信新教諸市府始聯合行共和政 | 同 |
| 一五三六年 | 丁抹國會始定新教爲國教 | 同 |
| 一五七〇年 | 法國內訌暫熄新教徒始自由 | 同 |
| 一五九八年 | 法國許新教徒以參政權 | 同 |
| 一六四八年 | 荷蘭與西班牙積四十年苦戰始得自立 | 民族上之自由亦因宗教 |
| 一六一八至一六四八年 | 西班牙佛蘭西瑞典日耳曼丁抹等國連兵不止卒定新舊教同享平等權利 | 宗教上之自由 |

一六四九年　英民弑其王查理士第一行共和政……政治上之自由
一七七六年　北美合衆國布告獨立……同（殖民地之關繫）
一七八九年　法國大革命起……同（貴族平民之關繫）
一八二二年　墨西哥獨立……同（殖民地之關繫）
（一八一九至一八一三年）　南美洲諸國獨立……同
一八三二年　英國改正選舉法……同
一八三三年　英國布禁奴令於殖民地……生計上之自由
一八四八年　法國第二次革命……政治上之自由
同　年　奧國維也納革命起……同
同　年　匈加利始立新政府次年奧匈開戰……民族上之自由
同　年　意大利革命起……同
同　年　日耳曼謀統一不成……同
同　年　意大利瑞士丁抹荷蘭發布憲法……政治上之自由
一八六一年　俄國解放隸農……生計上之自由
一八六三年　希臘脫土耳其自立……民族上之自由
同　年　波蘭人拒俄亂起……同
同　年　美國因禁奴事南北相爭……同
一八六七年　北德意志聯邦成……民族上與政治上之自由
一八七〇年　法國第三次革命……政治上之自由
一八七一年　意大利統一功成……民族上與政治上之自由
（一八七五至一八七八年）　土耳其所屬門的內哥塞爾維亞赫斯戈偉訥等國皆起倡獨立……民族上與宗教上之自由

| | | |
|---|---|---|
| 一八八一年 | 俄皇亞歷山大第二將布憲法旋爲虛無黨所弑 | 政治上之自由 |
| 一八八二年 | 美國大同盟罷工起此後各國有之歲歲不絕 | 生計上之自由 |
| 一八八九年 | 巴西獨立行共和政 | 政治上之自由（殖民地之關係） |
| 一八九三年 | 英國布愛爾蘭自治案 | 民族上之自由 |
| 一八九九年 | 菲立賓與美國戰 | 同 |
| 同　年 | 波亞與英國戰 | 同 |
| 一九〇一年 | 澳洲自治聯邦成 | 政治上之自由 |

由此觀之。數百年來世界之大事。何一非以自由二字爲之原動力者耶。彼民之求此自由也。其時不同。其國不同。其所需之種類不同。故其所來者亦往往不同。要其用諸實事而非虛談。施諸公敵而非私利一也。試以前所列之六大問題。覆按諸中國。其第一條四民平等問題。中國無有也。以吾自戰國以來。卽廢世卿之制。而階級陋習。早已消滅也。其第三條屬地自治問題。中國無有也。以其無殖民地於境外也。其第四條信仰問題。中國更無有也。以吾國非宗教國。數千年無教爭也。其第六條工羣問題。他日或有之。而今則尚無有也。以其生計界尚沈滯。而競爭不劇烈也。然則今日吾中國所最急者。惟第二之參政問題。與第四之民族建國問題而已。此二者事本同源。苟得其乙。則甲不求而自來。苟得其甲。則乙雖弗獲。猶無害也。若是夫吾儕之所謂自由。與其所以求自由之道。可以見矣。

自由之界說曰。人人自由。而以不侵人之自由爲界。夫旣不許侵人自由。則其不自由亦甚矣。而顧謂此爲自由之極則者何也。自由云者。團體之自由。非個人之自由也。野蠻時代。個人之自由勝。而團體之自由亡。文明時代團體之自由强。而個人之自由減。斯二者蓋有一定之比例。而分毫不容忒者焉。使其以個人之自由爲自由也。則天下享自由之福者。宜莫今日之中國人若也。紳士武斷於鄉曲。受魚肉者莫能抗也。駔商逋債而不償。受欺騙者莫能責也。夫人人皆可以爲紳士。人人皆可以爲駔商。則人人之自由亦甚矣。不寧惟是。首善之區。而男婦以官道爲圊牏。何其自由也。市邑之間。而老稚以鴉片爲菽粟。何其自由也。若在文明國。輕則罰鍰。重則輸城旦矣。諸類此者。若悉數之。則更十僕而不能盡。由是言之。中國人自由乎。他國人自由乎。顧識者揭櫫自由之國。不於此而於彼者何也。野蠻自由。正文明自由之蟊賊也。文明自由者。自由於法律之下。其一舉一動。如機器之節腠。其一進一退。如軍隊之步武。自野蠻人視之。則以爲天下之不自由莫此甚也。夫其所以必若是者何也。天下未有內不自整。而能與外爲競者。外界之競爭無已時。則內界之所以團其競爭之具者。亦無已時。使濫用其自由。而侵他人之自由焉。而侵團體之自由焉。則其羣固已不克自立。而將爲他羣之奴隸。夫復何自由之能幾也。故眞自由者必能服從。服從者何。服法律也。法律者。我所制定之。以保護我自由。而亦以箝束我自由者也。彼英人是已。天下民族中最富於服從性質者。莫如英人。其最享自由幸福者。亦莫如英人。夫安知乎服從之卽爲自由母也。嗟夫。今世少年。莫不囂囂言自由矣。其言之者。固自謂有文明思想矣。曾不審夫泰西之所謂自由者。在前此之諸大問題。無一役非爲團體公益計。而決非一私人之放恣桀驁者所可託以藏身也。今不用之向上以求憲法。不用之排外以伸國權。而徒耳食一二學說之半面。取便私圖。破壞公德。自返於野蠻之野蠻。有規語之者。猶敢覗然抗說曰。「吾自由。吾自由。」吾甚懼乎自由二字。不徒爲專制黨之口實。而實爲中國前途之公敵也。

「愛」主義者，天下之良主義也。有人於此，汲汲務愛己，而曰我實行愛主義可乎。「利」主義者，天下之良主義也。有人於此，孳孳務利己，而曰我實行利主義可乎。「樂」主義者，亦天下之良主義也。有人於此，媞媞務樂己，而曰我實行樂主義可乎。故凡古賢今哲之標一宗旨以易天下者，皆非爲一私人計也。身與羣校，羣大身小，詘身伸羣，人治之大經也。當其二者不兼之際，往往不愛己、不利己、不樂己，以達其愛羣、利羣、樂羣之實者有焉矣。佛言我不入地獄，誰入地獄。佛之說法，豈非欲使衆生脫離地獄者耶，而其下手必自親入地獄始。若是乎有志之士，其必悴其形焉，困衡其心焉，終身自棲息於不自由之天地，然後能舉其所愛之羣與國而自由之也明矣。今世之言自由者，不務所以進其羣其國於自由之道，而惟於薄物細故日用飲食，斷斷然主張一己之自由，是何異簞豆見色，而曰我通功利派之哲學；飲博無賴，而曰我循快樂派之倫理也。戰國策言有學儒三年，歸而名其母者，吾見夫誤解自由之義者，有類於是焉矣。

然則自由之義，竟不可行於個人乎。曰：惡，是何言。團體自由者，個人自由之積也。人不能離團體而自生存，團體不保其自由，則將有他團焉，自外而侵之、壓之、奪之，則個人之自由更何有也。譬之一身，任口之自由也，不擇物而食焉，大病浸起，而口所固有之自由亦失矣；任手之自由也，持梃而殺人焉，大罰浸至，而手所固有之自由亦失矣。故夫一飲一食一舉一動，而皆若節制之師者，正百體所以各永保其自由之道也。此猶其與他人他體相交涉者，吾請更言一身自由之事。

一身自由云者，我之自由也。雖然，人莫不有兩我焉：其一，與衆生對待之我，昂昂七尺立於人間者是也；其二，則與七尺對待之我，瑩瑩一點存於靈臺者是也。孟子曰：物交物則引之而已矣。物者，我之對待也。上物指衆生，下物指七尺（即耳目之官），要之皆物而非我也。我者何，心之官是已先立乎其大者則其小者不能奪也惟我爲大而兩界之物皆小也小不奪大則自由之極軌焉矣是故人之奴隸我不足畏也。而莫痛於自奴隸於人。自奴隸於人猶不足畏也。而莫慘於我奴隸於我。莊子曰。哀莫大於心死。而身死次之。吾亦曰。辱莫大於心奴。而身奴斯爲末矣。夫人强迫我以爲奴隸者。吾不樂焉。可以一旦起而脫其絆也。十九世紀各國之民變是也。以身奴隸於人者。他人或觸於慈祥焉。或迫於正義焉。猶可以出我水火而蘇之也。美國之放黑奴是也。獨至心中之奴隸。其成立也。非由他力之所得加。其解脫也。亦非由他力之所得助。如蠶在繭。著著自縛。如膏在釜。日日自煎。若有欲求眞自由者乎。其必自除心中之奴隸始。

吾請言心奴隸之種類。而次論所以除之之道。

一曰勿爲古人之奴隸也。古聖賢也。古豪傑也。皆嘗有大功德於一羣。我輩愛而敬之。宜也。雖然。古人自古人。我自我。彼古人之所以能爲聖賢爲豪傑者。豈不以其能自有我乎哉。使不爾者。則有先聖無後聖。有一傑無再傑矣。譬諸孔子誦法堯舜。我輩誦法孔子。曾亦思孔子所以能爲孔子。彼蓋有立於堯舜之外者也。使孔子而爲堯舜之奴隸。則百世後必無復有孔子者存也。聞者駭吾言乎。盍思乎世運者進而愈上。人智者濬而愈瑩。雖有大哲。亦不過說法以匡一時之弊。規當世之利。而決不足以範圍千百萬年以後之人也。泰西之有景教也。其在中古。曷嘗不爲一世文明之中心點。逮夫末流。束縛馳驟。不勝其敝矣。非有路得、倍根、笛卡兒、康德、達爾文、彌勒、赫胥黎、諸賢起而附益之匡救之。夫彼中安得有今日也。中國不然。於古人之言論行事。非惟辨難之辭不敢出於口。抑且懷疑之念不敢萌於心。夫心固我有也。聽一言受一義而曰我思之。我思之若者我信之。若者我疑之。夫豈有刑戮之在其後也。然而舉世之人莫敢出此。吾無以譬之。譬之義和團。義和團法師之被髮仗劍踽步念念有詞也。聽者苟一用其思索焉。則其中自必有可疑者存。而信之者竟徧數省。是必其有所懾焉。而不敢涉他想者矣。否則有所假焉。自欺欺人以逞其狐威者矣。要之爲奴隸於義和團一也。吾爲此譬。非敢以古人比義和團也。要之四書六經之義理。其非一一可以適於今日之用。則雖臨我以刀鋸鼎鑊。吾猶敢斷言而不憚也。而世之委身以嫁古人。爲之薦枕席而奉箕帚者。吾不知其與彼義和團之信徒。果何擇也。我有耳目。我物我格。我有心思。我理我窮。高高山頂立。深深海底行。其於古人也。吾時而師之。時而友之。時而敵之。無容心焉。以公理爲衡而已。自由何如也。

二曰勿爲世俗之奴隸也。甚矣人性之弱也。城中好高髻。四方高一尺。城中好廣袖。四方全幅帛。古人夫既謠之矣。然曰鄉愚無知。猶可言也。至所謂士君子者。殆又甚焉。當晚明時。舉國言心學。全學界皆野狐矣。當乾嘉間。舉國言考證。全學界皆蠹魚矣。然曰歲月漸遷。猶可言也。至如近數年來。丁戊之間。舉國慕西學若羶。己庚之間。舉國避西學若厲。今則厲又爲羶矣。夫同一人也。同一學也。而數年間可以變異若此。無他。俯仰隨人。不自由耳。吾見有爲猴戲者。跳焉則羣猴跳。擲焉則羣猴擲。舞焉則羣猴舞。笑焉則羣猴笑。鬨焉則羣猴鬨。怒焉則羣猴罵。諺曰。一犬吠影。百犬吠聲。悲哉。人秉天地清淑之氣以生。所以異於羣動者安在乎。胡自汚衊以與猴犬爲倫也。夫能鑄造新時代者上也。即不能。而不爲舊時代所吞噬所汩沈。抑其次也。狂瀾滔滔。一柱屹立。醉鄉夢夢。靈臺昭然。丈夫之事也。自由何如也。

三曰勿爲境遇之奴隸也。人以一身立於物競界。凡境遇之圍繞吾旁者。皆日夜與吾相爲鬭而未嘗息者也。故戰境遇而勝之者則立。不戰而爲境遇所壓者則亡。若是者。亦名曰天行之奴隸。天行之虐。逞於一羣者有然。逞於一人者亦有然。謀國者而安於境遇也。則美利堅可無獨立之戰。匈加利可無自治之師。日耳曼意大利可以長此華離破碎爲虎狼奧之附庸也。使謀身者而安於境遇也。則賤族之的士禮立（英前宰相與格蘭斯頓齊名者本猶太人猶太人在英視爲最賤之族）何敢望挫俄之偉勳。蛋兒之林肯（前美國大統領漁人子也少極貧）何敢企放奴之大業。而西鄉隆盛當以患難易節。瑪志尼當以竄謫灰心也。吾見今日所謂識時之彥者。開口輒曰陽九之厄。劫灰之運。天亡中國。無可如何。其所以自處者。非貧賤而移。則富貴而淫。其最上者遇威武而亦屈也。一事之挫跌。一時之潦倒。而前此權奇磊落不可一世之概。銷磨盡矣。咄此區區者果何物。而顧使之操縱我心如轉蓬哉。善夫墨子非命之言也。曰『執有命者。是覆天下之義。而說百姓之誶也。』天下善言命者。莫中國人若。而一國之人奄奄待死矣。有力不庸。而惟命是從。然則人也者。亦天行之芻狗而已。自動之機器而已。曾無一毫自主之權。可以達己之所志。則人之生也奚爲哉。奚樂哉。英儒赫胥黎曰『今者欲治道之有功。非與天爭勝焉不可也。固將沈毅用壯。見大丈夫之鋒穎。彊立不反。可爭可取而不可降。所遇善固將寶而維之。所遇不善。亦無懂焉。』陸象山曰『利害毀譽稱譏苦樂。名曰八風。八風不動。入三摩地。』邵堯夫之詩曰『卷舒一代興亡手。出入千重雲水身。』眇茲境遇。曾不足以損豪傑之一脚指。而豈將入其笠也。自由何如也。

四曰。勿爲情慾之奴隸。人之喪其心也。豈由他人哉。孟子曰『嚮爲身死而不受。今爲宮室之美妻妾之奉所識窮乏者得我而爲之。是亦不可以已乎。』夫誠可以已。而能已之者。百無一焉。甚矣情慾之毒人深也。古人有言。心爲形役。形而爲役。猶可瘉也。心而爲役。將奈之何。心役於他。猶可拔也。心役於形。將奈之何。形無一日而不與心爲緣。則將終其生趦趄瑟縮於六根六塵之下。而自由權之萌蘗俱斷矣。吾常見有少年嶽嶽犖犖之士。志願才氣。皆可以開拓千古。推倒一時。乃閱數年而餒焉。更閱數年而益餒焉。無他。凡有過人之才者。必有過人之欲。有過人之才。有過人之欲。而無過人之道德心以自主之。則其才正爲其欲之奴隸。曾幾何時。而銷磨盡矣。故夫泰西近數百年。其演出驚天動地之大事業者。往往在有宗教思想之人。夫迷信於宗教而爲之奴隸。固非足貴。然其藉此以克制情慾。使吾心不爲頑軀濁殼之所困。然後有以獨往獨來。其得力固不可誣也。日本維新之役。其倡之成之者。非有得於王學。卽有得於禪宗。其在中國近世。勳名赫赫在人耳目者。莫如曾文正。試一讀其全集。觀其困知勉行。厲志克己之功何如。天下固未有無所養而能定大艱成大業者。不然日日恣言曰吾自由吾自由。而實爲五賊佛典亦以五賊名五官所驅遣。勞苦奔走以藉之兵而齎其糧耳。吾不知所謂自由者何在也。孔子曰。克己復禮爲仁。己者對於衆生稱爲己。亦卽對於本心而稱爲物者也。所克者己。而克之者又一己。以己克己。謂之自勝。自勝之謂强。自勝焉强焉。其自由何如也。吁自由之義。泰西古今哲人。著書數十萬言剖析之。猶不能盡也。淺學如余。而欲以區區片言單語發明之。烏知其可。雖然。精義大理。當世學者。旣略有述焉。吾故就團體自由個人自由兩義。刺取其淺近直捷者。演之以獻於我學界。世有愛自由者乎。其愼勿毒自由以毒天下也。

## 第十節　論自治

治者何。不亂之謂。亂者何。不治之謂。此訓詁其誰不能解。雖然。吾有味乎其言。吾有惕乎其言。

行其庭。草樹淩亂然。入其室。器物狼藉然。若是者。雖未見其閫牆誶帚。吾知其家之必不治。不治斯謂亂家。過其野有闐於墟者而莫之或解適其邑有溲於途者而莫之或禁若是者雖未見其干戈疾癘吾知其國之必不治不治斯謂亂國飲食起居無定時手足眉眼無定容言語舉動無定規若是者雖未見其失德敗行吾知其人之必不治不治斯謂亂人

天下事亂固不可久也已不能治則必有他力焉起而代治之者不自治則治於人勢所不可逃也人之能治禽獸也成人之能治小兒也文明人之能治野蠻也皆其無自治力使然也人而無自治力則禽獸也非人也藉曰人矣而小兒也非成人也藉曰成人矣野蠻之成人非文明之成人也

今天下最龐大最壯活之民族莫如盎格魯撒遜人彼嘗自誇曰使吾英國民百人與他國民百人同時徙居於一地不十年後而英國之百人粲然成一獨立國他國之百人渾然如一盤散沙受轄治於英人矣又曰彼半開（在文野之間者謂之半開）野蠻之國土雖其土著之民數百千萬吾英族但有一二人足跡蹈其地不數十年即爲英藩矣吾徵諸實事吾信其所誇之不誣不見夫北美一洲南洋羣島其始本爲西班牙荷蘭人所開闢而今之享其利者皆盎格魯撒遜族乎不見今日之印度英人居者不及萬而使二萬萬之印人戢戢如羣羊乎不見中國十八行省中英人官商教士統計來者不過四千人而徧布要隘儼若敵國乎其所以如是者何也世界中最富於自治力之民族未有盎格魯撒遜人若者也

書曰節性惟日其邁荀子曰人之性惡也其善者僞也節者何制裁之義也僞者何人爲之義也（僞從人從爲楊注云矯其本性也謂凡非天性而人作爲之者也）故夫人之性質萬有不齊駁雜而無紀苟順是焉則將橫溢亂動相觸相閡而不可以相羣於是不可不以人爲之力設法律而制裁之然此法律者非由外鑠也非有一人首出制之以律羣生也蓋發於人

人心中良知所同然。以爲必如是乃適於人道。乃足保我自由而亦不侵人自由。故不待勸勉。不待逼迫。而能自置於規矩繩墨之間。若是者謂之自治。自治之極者。其身如一機器然。一生所志之事業。若何而預備。若何而創始。若何而實行。皆自定之。一日之行事。某時操業。某時治事。某時接人。某時食。某時息。某時游。皆自定之。稟氣之習慣。嗜欲之薰染。苟覺爲害吾事業。戕吾德性者。克而治之。不少假借。一言一動。一顰一笑。皆常若有金科玉律以爲之範圍。一人如是。人人如是。於是乎成爲羣之自治。羣之自治之極者。舉其羣如一軍隊然。進則齊進。止則齊止。一羣之公律。罔不守。一羣之公益。罔不趨。一羣之公責。罔不盡。如是之人。如是之羣。而不能自強立於世界者。吾未之聞也。不如是焉。而能自強立於世界者。吾未之聞也。

或曰。機器者無精神之物也。軍隊者專制之體也。子乃以比於是者爲美德。何也。且中國風俗。他事或不如人。至於規行矩步。繩尺束縛。正中國人受用最慣受病最深之處。數千年來。霸者絜之。儒者坊之。人奄奄無生氣久矣。而子猶欲揚其毒以毒將來。不亦甚乎。應之曰。不然。機器死物也。而有主其動力者。古哲曰。天君泰然。百體從令。夫能使其一身之起居動作如機器者。正其天君活潑自由之極者也。軍隊之形式專制也。而有其精神焉。一羣如一軍隊。其軍隊之將帥。則羣中人人之良心所結成的法律是也。故制則制矣。而不可謂之專。以其法律者出自衆人。非出自一人。是人人爲軍隊中之小卒。實無異人人爲軍隊中之主帥也。故夫自治云者。與彼霸者之所束縛。儒者之所矜持。固有異焉矣。何也。彼則治於人。而此則自治也。且中國人何規矩繩尺之與有。人人言奉法。然國家有憲令。官吏且勿守。無論民氓也。人人言尊教。然聖賢有條訓。士夫且勿遵。無論雜流也。堯典曰。天敍有典。天秩有禮。秩敍者。一羣所以團治之大原也。今試觀我中國朝野上下。其所謂秩敍者。安在乎。望其官府。則魑魅罔兩所出沒。黑闇詭僻。無復人道也。察其民間。則盜賊之藪。貪詐之府。與野蠻時代未立政府者。無以異也。何以故。以不能自治故。不能自治而待治於人。未能眞能治焉者也。

然則吾人今日所當務者可知矣。一曰求一身之自治。凡古來能成大事者。必其自勝之力甚强者也。泰西人不必論。古人不必論。請言最近者。曾文正自其少年有吸菸及晏起之病。後發心戒之。初常倔强不能自克。而文正視之如大敵。必拔其根株而後已焉。彼其後此能殲十餘年盤踞金陵之巨憝。正與其前此能殲十數年盤踞血氣之積習。同一精神也。胡文忠在軍。每日必讀通鑑十葉。曾文正在軍。每日必塡日記數條。讀書數葉。圍棋一局。李文忠在軍。每日晨起。必臨蘭亭百字。終身以爲常。自流俗人觀之。豈不以爲區區小節。無關大體乎。而不知制之有節。行之有恆。實爲人身品格第一大事。善觀人者。必於此覘道力焉。□□□論陳蕃云。蕃不能掃除一室。而欲廓清天下。吾知其無能爲矣。（此語適忘爲誰氏之言讀者諸君如能記憶望順敎我著者附識）雖似過刻之言。實則中正之論也。泰西通例。凡來復日必休息。每日八點鐘始治事。十二點而小憩。一點復治事。四五點而畢憩。舉國上自君相官吏。下至販夫屠卒。莫不皆然。作則舉國皆作。息則舉國皆息。是豈所謂如軍隊如機器者耶。於文經緯整列曰理。條段錯紊曰亂。誠以中西人之日用起居相比較。其一理一亂。相去何如矣。毋曰薄物細故。夫豈知今日之泰西。其能整然秩然。舉立憲之美政者。皆自此來也。孟德斯鳩云。『法律者。無終食之間而可離者也。凡人類文野之別。以其有法律無法律爲差。於一國亦然。於一身亦然。』今吾中國四萬萬人。皆無法律之人也。羣四萬萬無法律之人而能立國。吾未之前聞。然則豈待與西人相遇於硝雲彈雨之中。而後知其勝敗之數也。

一曰求一羣之自治。國有憲法。國民之自治也。州郡鄉市有議會。地方之自治也。凡善良之政體。未有不從自治來也。一人之自治其身。數人或十數人之自治其家。數百數千人之自治其鄉其市。數萬乃至數十萬數百萬數千萬數萬萬人之自治其國。雖其自治之範圍廣狹不同。其精神則一也。一者何。一於法律而已。管子曰。鄉與朝爭治。又曰。朝不合衆。鄉分治也。西人言政者。謂莫要於國內小國。國內小國者。一省一府一州一縣一鄉一市一公司一學校。莫不儼然具有一國之形。省府州縣鄉市公司學校者。不過國家之縮圖。而國家者。不過省府州縣鄉市公司學校之放大影片也。故於其小焉者能自治。則其大焉者舉而措之矣。不然者。則不得不仰治於人。仰治於人。則人之撫我也聽之。人之虐我也亦聽之。同族之豪强者據而專也聽之。異族之橫暴者紾而奪也亦聽之。如是則人之所以爲人之具。其塗地矣。抑彼西人之所以得此者何也。曰有制裁有秩序有法律以爲自治之精神也。眞能自治者。他人欲干涉焉而不可得。不能自治者。他人欲無干涉焉而亦不可得也。此其事固有絲毫不容假借者。我國民仰治於人數千年矣。幾以此爲天賦之義務。而莫敢萌他想。曾亦思本身之樂利。豈旁觀者所能代謀。而當今之時局。又豈散漫者可以收拾也。

抑今士大夫言民權。言自由。言平等。言立憲。言議會。言分治者。亦漸有其人矣。而吾民將來能享民權自由平等之福與否。能行立憲議會分治之制與否。一視其自治力之大小强弱定不定以爲差。吾民乎吾民乎。勿以此爲細碎。勿以此爲迂腐。勿徒以之責望諸團體。而先以之責望諸個人。吾試先舉吾身而自治焉。試合身與身爲一小羣而自治焉。更合羣與羣爲一大羣而自治焉。更合大羣與大羣爲一更大之羣而自治焉。則一完全高尙之自由國。平等國。獨立國。自主國出焉矣。而不然者。則自亂而已矣。自治與自亂。事不兩存。勢不中立。二者必居一於是。惟我國民自讼之。惟我國民自擇之。

## 第十一節　論進步（一名論中國羣治不進之原因）

泰西某說部。載有西人初航中國者。聞羅針盤之術之傳自中國也。又聞中國二千年前卽有之也。默忖此物入泰西。不過數紀。而改良如彼其屢。效用如彼其廣。則夫母國數千年之所增長更當何若。登岸後不遑他事。先入市購一具。乃問其所謂最新式者。則與歷史讀本中所載十二世紀時亞剌伯人傳來之羅盤圖。無累黍之異。其人乃廢然而返云。此雖諷刺之寓言。實則描寫中國羣治濡滯之狀。談言微中矣。

吾昔讀黃公度日本國志。好之。以爲據此可以盡知東瀛新國之情狀矣。入都見日使矢野龍谿。偶論及之。龍谿曰。是無異據明史以言今日中國之時局也。余怫然。叩其說。龍谿曰。黃書成於明治十四年。我國自維新以來。每十年間之進步。雖前此百年不如也。然則二十年前之書。非明史之類如何。吾當時猶疑其言。東游以來。證以所見。良信。斯密亞丹原富稱元代時有意大利人瑪可波羅游支那。歸而著書。述其國情。以較今人游記。殆無少異。吾以爲豈惟瑪氏之作。卽史記漢書二千年舊籍。其所記載與今日相去能幾何哉。夫同在東亞之地。同爲黃族之民。而何以一進一不進。霄壤若此。

中國人動言郅治之世在古昔。而近世則爲澆末。爲叔季。此其義與泰西哲學家進化之論最相反。雖然。非讕言也。中國之現狀實然也。試觀戰國時代學術蠭起。或明哲理。我闡技術。而後此則無有也。兩漢時代治具粲然。宰相有責任。地方有鄉官。而後此則無有也。自餘百端。類此者不可枚舉。夫進化者天地之公例也。譬之流水。性必就下。譬之拋物。勢必向心。苟非有他人焉。從而搏之。有他物焉。從而吸之。則未有易其故常者。然則吾中國之反於彼進化之大例。而演出此凝滯之現象者。殆必有故。求得其故而討論焉。發明焉。則知病而藥於是乎在矣。論者必曰。由於保守性質之太强也。是固然也。雖然。吾國中人保守性質何以獨强。是亦一未解決之問題也。且英國人以善保守聞於天下。而萬國進步之速。殆莫英若。又安見夫保守之必爲羣害也。吾思之吾重思之。其原因之由於天然者有二。由於人事者有三。

一曰大一統而競爭絶也。競爭爲進化之母。此義殆既成鐵案矣。泰西當希臘列國之時。政學皆稱極盛。洎羅馬分裂。散爲諸國。復成近世之治。以迄於今。皆競爭之明效也。夫列國並立。不競爭則無以自存。其所競者非徒在國家也。而兼在個人。非徒在强力也。而尤在德智。分途並趨。人自爲戰。而進化遂沛然莫之能禦。故夫一國有新式鎗礮出。則他國棄其舊者恐後焉。非是不足以操勝於疆場也。一廠有新式機器出。則他廠亦棄其舊者恐後焉。非是不足以求贏於闤闠也。惟其然也。故不徒恥下人。而常求上人。昨日乙優於甲。今日丙駕於乙。明日甲還勝丙。互相傲。互相妒。互相師。如賽馬然。如鬭走然。如競漕然。有橫於前。則後焉者自不敢不勉。有躡於後。則前焉者亦不敢卽安。此實進步之原動力所由生也。中國惟春秋戰國數百年間。分立之運最久。而羣治之進。實以彼時爲極點。自秦以後。一統局成。而爲退化之狀者。千餘年於今矣。豈有他哉。競爭力銷乏使然也。

二曰環蠻族而交通難也。凡一社會與他社會相接觸。則必產出新現象。而文明遂進一步。上古之希臘殖民。近世之十字軍東征。皆其成例也。然則統一非必爲進步之障也。使統一之於內。而交通之於外。則其飛躍或有更速者也。中國環列皆小蠻夷。其文明程度無一不下我數等。一與相遇。如湯沃雪。縱橫四顧。常覺有上天下地唯我獨尊之概。始而自信。繼而自大。終而自畫。至於自畫。而進步之途絶矣。不寧惟是。所謂諸蠻族者。常以其牛羊之力水草之性來破壞我文明於是所以抵抗之者莫急於保守我所固有中原文獻漢官威儀實我黃族數千年來戰勝羣裔之精神也夫外之既無可師法以爲損益之資內之復不可不兢兢保持以爲自守之具則其長此終古也亦宜

以上由於天然者

三曰言文分而人智局也文字爲發明道器第一要件其繁簡難易常與民族文明程度之高下爲比例差列國文字皆起於衍形及其進也則變而衍聲夫人類之語言遞相差異經千數百年後而必大遠於其朔者勢使然也故衍聲之國言文常可以相合衍形之國言文必日以相離社會之變遷日繁其新現象新名詞必日出或從積累而得或從交換而來故數千年前一鄉一國之文字必不能舉數千年後萬流匯沓羣族紛拏時代之名物意境而盡載之盡描之此無可如何者也言文合則言增而文與之俱增一新名物新意境出而即有一新文字以應之新新相引而日進焉言文分則言日增而文不增或受其新者而不能解或解矣而不能達故雖有方新之機亦不得不窒其爲害一也言文合則但能通今文者已可得普通之智識其古文之學（如泰西之希臘羅馬文字）待諸專門名家者之討求而已故能操語者卽能讀書而人生必需之常識可以普及言文分則非多讀古書通古義不足以語於學問故近數百年來學者往往瘁畢生精力於說文爾雅之學無餘裕以從事於實用夫亦有不得不然者也其爲害二也且言文合而主衍聲者識其二三十之字母通其連綴之法則望文而可得其音聞音而可解其義言文分而主衍形者則蒼頡篇三千字斯爲字母者三千說文九千字斯爲字母者九千康熙字典四萬字斯爲字母者四萬夫學二三十之字母與學三千九千四萬之字母其難易相去何如故泰西日本婦孺可以

操筆札。車夫可以讀新聞。而吾中國或有就學十年。而冬烘之頭腦如故也。其爲害三也。夫羣治之進。非一人所能爲也。相摩而遷善。相引而彌長。得一二之特識者。不如得百千萬億之常識者。其力逾大。而效逾彰也。我國民既不得不疲精力以學難學之文字。學成者固不及什一。卽成矣。而猶於當世應用之新事物新學理。多所隔閡。此性靈之濬發所以不銳。而思想之傳播所以獨遲也。

四曰專制久而民性漓也。天生人而賦之以權利。且賦之以擴充此權利之智識。保護此權利之能力。故聽民之自由焉。自治焉。則羣治必蒸蒸日上。有桎梏之戕賊之者。始焉窒其生機。繼焉失其本性。而人道乃幾乎息矣。故當野蠻時代。團體未固。人智未完。有一二豪傑起而代其責任。其勞羣之利也。過是以往。久假不歸。則利豈足以償其弊哉。譬之一家一廛之中。家長之待其子弟。廛主之待其伴傭。皆各還其權利而不相侵。自能各勉其義務而不相佚。如是而不浡焉以興。吾未之聞也。不然者。役之如奴隸。防之如盜賊。則彼亦以奴隸盜賊自居。有可以自逸。可以自利者。雖犧牲其家其廛之公益以爲之。所不辭也。如是而不萎焉以衰。吾未之聞也。故夫中國羣治不進。由人民不顧公益使然也。人民不顧公益。由自居於奴隸盜賊使然也。其自居於奴隸盜賊。由霸者私天下爲一姓之產。而奴隸盜賊吾民使然也。善夫立憲國之政黨政治也。彼其黨人固非必皆秉公心稟公德也。固未嘗不自爲私名私利計也。雖然。專制國之求勢利者。則媚於一人。立憲國之求勢利者。則媚於庶人。媚一也。而民益之進不進。於此判焉。政黨之治。凡國必有兩黨以上。其一在朝。其他在野。在野黨欲傾在朝黨而代之也。於是自布其政策。以掊擊在朝黨之政策。曰使吾黨得政。則吾所施設者如是如是。某事爲民除公害。某事爲民增公益。民悅之也。而得占多數於議院。而果與前此之在朝黨易位。則不得不實行其所布之政策。以副民望而保大權。而羣治進一級焉矣。前此之在朝黨既幡而在野。欲恢復其已失之權力也。又不得不勤察民隱。悉心布畫求更新更美之政策而布之曰。彼黨之所謂除公害增公益者。猶未盡也。使吾黨而再爲之。則將如是如是。然後國家之前途愈益向上。民悅之也。而復占多數於議院。復與代興之在朝黨易位。而亦不得不實行其所布之政策。以副民望而保大權。而羣治又進一級焉矣。如是相競相軋相增相長。以至無窮。其競愈烈者。則其進愈速。歐美各國政治遷移之大勢。大率由此也。是故無論其爲公也。卽爲私焉。而其有造於國民固已大矣。若夫專制之國。雖有一二聖君賢相。徇公廢私。爲國民全體謀利益。而一國之大。鞭長難及。其澤之眞能徧逮者。固已希矣。就令能之。而所謂聖君賢相者。曠百世不一遇。而桓靈京檜。項背相望於歷史。故中國常語稱一治一亂。又曰治日少而亂日多。豈無萌櫱。其奈此連番之狂風橫雨何哉。進也以寸。而退也以尺。進也以一。而退也以十。所以歷千百年而每下愈況也。

五曰學說隘而思想窒也。凡一國之進步。必以學術思想爲之母。而風俗政治皆其子孫也。中國惟戰國時代。九流雜興。道術最廣。自有史以來。黃族之名譽。未有盛於彼時者也。秦漢而還。孔教統一。夫孔教之良。固也。雖然。必强一國人之思想。使出於一途。其害於進化也莫大。自漢武表章六藝。罷黜百家。凡非在六藝之科者。絶勿進。爾後束縛馳驟。日獲一日。虎皮羊質。霸者假之以爲護符。社鼠城狐。賤儒緣之以謀口腹。變本加厲。而全國之思想界銷沈極矣。敍歐洲史者。莫不以中世史爲黑闇時代。夫中世史則羅馬教權最盛之時也。舉全歐人民。其軀殼界則糜爛於專制君主之暴威。其靈魂界則匍伏於專制教主之縛軛。故非惟不進。而以較希臘羅馬之盛時。已一落千丈强矣。今試讀吾中國秦漢以後之歷史。其視歐洲中世史何如。吾不敢怨孔教。而不得不深惡痛絶夫緣飾孔教利用孔教誣罔孔教者之自賊而賊國民也。

以上由於人事者。

夫天然之障非人力所能爲也。而世界風潮之所簸蕩所衝激。已能使吾國一變其數千年來之舊狀。進步乎進步乎。當在今日矣。雖然所變者外界也。非內界也。內界不變。雖日烘動之鞭策之於外。其進無由。天下事無無果之因。亦無無因之果。我輩積數千年之惡因。以受惡果於今日。有志世道者。其勿遽責後此之果。而先改良今日之因而已。

新民子曰。吾不欲復作門面語。吾請以古今萬國求進步者獨一無二不可逃避之公例。正告我國民。其例維何。曰破壞而已。

不祥哉破壞之事也。不仁哉破壞之言也。古今萬國之仁人志士。苟非有所萬不得已。豈其好爲俶詭涼薄。憤世嫉俗。快一時之意氣。以事此事而言此言哉。蓋當夫破壞之運之相迫也。破壞亦破壞。不破壞亦破壞。破壞既終不可免。早一日則受一日之福。遲一日則重一日之害。早破壞者。其所破壞可以較少。而所保全者自多。遲破壞者。其所破壞不得不益甚。而所保全者彌寡。用人力以破壞者。爲有意識之破壞。則隨破壞隨建設。一度破壞。而可以永絕第二次破壞之根。故將來之樂利。可以償目前之苦痛而有餘。聽自然而破壞者。爲無意識之破壞。則有破壞無建設。一度破壞之不已而至於再。再度不已而至於三。如是者可以歷數百年千年。而國與民交受其病。至於魚爛而自亡。嗚呼痛矣哉破壞。嗚呼難矣哉不破壞。

聞者疑吾言乎。吾請與讀中外之歷史。中古以前之世界。一膿血世界也。英國號稱近世文明先進國。自一千六百六十年以後。至今二百餘年無破壞。其所以然者。實自長期國會之一度大破壞來也。使其憚破壞。則安知乎後此之英國。不爲十八世紀末之法蘭西也。美國自一千八百六十五年以後。至今五十餘年無破壞。其所以然者。實自抗英獨立放奴戰爭之兩度大破壞來也。使其憚破壞。則安知乎後此之美國。不爲今日之祕魯智利委內瑞辣亞爾然丁也。歐洲大陸列國。自一千八百七十年以後。至今三十餘年無破壞。其所以然者。實自法國大革命以來綿亙七八十年空前絕後之大破壞來也。使其憚破壞。則安知乎今日之日耳曼意大利不爲波蘭。今日之匈加利及巴幹半島諸國。不爲印度。今日之奧大利不爲埃及。今日之法蘭西。不爲疇昔之羅馬也。日本自明治元年以後。至今三十餘年無破壞。其所以然者。實自勤王討幕廢藩置縣之一度大破壞來也。使其憚破壞。則安知乎今日之日本。不爲朝鮮也。夫吾所謂二百年來五十年來三十年來無破壞云者。不過斷自今日言之耳。其實則此諸國者。自今以往。雖數百年千年無破壞。吾所敢斷言也。何也。凡破壞必有破壞之根原。孟德斯鳩曰『專制之國。其君相動曰輯和萬民。實則國中常隱然含有擾亂之種子。是苟安也。非輯和也。』故擾亂之種子不除。則蟬聯往復之破壞。終不可得免。而此諸國者。實以人力之一度大破壞。取此種子芟薙蘊崇之。絕其本根而勿使能殖也。故夫諸國者。自今以往。苟其有金革流血之事。則亦惟以國權之故。構兵於域外。容或有之耳。若夫國內相鬩糜爛鼎沸之慘劇。吾敢決其永絕而與天地長久也。今我國所號稱識時俊傑。莫不豔羨乎彼諸國者。其羣治之光華美滿也。如彼其人民之和親康樂也。如彼其政府之安富尊榮也。如彼而烏知乎皆由前此之仁人志士。揮破壞之淚。絞破壞之腦。敝破壞之舌。禿破壞之筆。瀝破壞之血。塡破壞之屍。以易之者也。嗚呼快矣哉破壞。嗚呼仁矣哉破壞。

此猶僅就政治一端言之耳。實則人羣中一切事事物物。大而宗教學術思想人心風俗。小而文藝技術名物。何一不經過破壞之階級以上於進步之途也。故路得破壞舊宗教而新宗教乃興。倍根笛卡兒破壞舊哲學而新哲學乃興。斯密破壞舊生計學而新生計學乃興。盧梭破壞舊政治學而新政治學乃興。孟德斯鳩破壞舊法律學而新法律學乃興。歌白尼破壞舊曆學而新曆學乃興。推諸凡百諸學。莫不皆然。而路得倍根笛卡兒斯密盧梭孟德斯鳩歌白尼之後。復有破壞路得倍根笛卡兒斯密盧梭孟德斯鳩歌白尼者。其破壞者復有踵起而破壞之者。隨破壞。隨建設。甲乙相引。而進化之運。乃遞衍於無窮。凡以鐵以血而行破壞者破壞一次則傷元氣一次故眞能破壞者則一度之後不復再見矣以腦以舌而行破壞者雖屢摧棄舊觀只受其利而不蒙其害故破壞之事無窮進步之事亦無窮　又如機器興而手民之利益不得不破壞。輪船興而帆檣之利益不得不破壞。鐵路電車興而車馬之利益不得不破壞。公司興而小資本家之利益不得不破壞。『托辣士特』Trust興而尋常小公司之利益不得不破壞。當其過渡迭代之頃。非不釀婦歎童號之慘。極棼亂杌隉之觀也。及建設之新局既定。食其利者乃在國家。乃在天下。乃在百年。而前此蒙破壞之損害者。亦往往於直接間接上得意外之新益。善夫西人之恆言曰。『求文明者。非徒須償其價值而已。而又須忍其苦痛。』夫全國國民之生計。爲根本上不輕搖動者。而當夫破壞之運之相代乎前也。猶且不能恤小害以擲大利。而況於害有百而利無一者耶。故夫歐洲各國自宗教改革後。而教會教士之利益被破壞也。自民立議會後。而暴君豪族之利益被破壞也。英國改正選舉法千八百三十二年而舊選舉區之特別利益被破壞也。美國布禁奴會千八百六十五年而南部素封家之利益被破壞也。此與吾中國之廢八股而八股家之利益破壞。革胥吏而胥吏之利益破壞。改官制而官場之利益破壞。其事正相等。彼其所謂利者。乃偏毗於最少數人之私利。而實則陷溺大多數人之公敵也。諺有之『

一家哭何如一路哭』於此而猶曰不破壞不破壞。吾謂其無人心矣。夫中國今日之事。何一非蠢大多數人而陷溺之者耶。而八股胥吏官制其小焉者也。

欲行遠者不可不棄其故步。欲登高者不可不離其初級。若終日沾滯呆立於一地。而徒望遠而歆。仰高而羨。吾知其終無濟也。若此者其在毫無阻力之時。毫無阻力之地。而進步之公例固既當如是矣。若夫有阻之者。則鑿榛莽以闢之。烈山澤而焚之。固非得已。苟不爾則雖欲進而無其路也。諺曰。蝮蛇在手。壯士斷腕。此語至矣。不觀乎善醫者乎。腸胃癥結。非投以劇烈吐瀉之劑。而決不能治也。瘡癰腫毒。非施以割剖洗滌之功。而決不能療也。若是者所謂破壞也。苟其憚之。而日日進參苓以謀滋補。塗珠珀以求消毒。病未有不日增而月劇者也。夫其所以不敢下吐瀉者。慮其耗虧耳。所以不敢施割剖者。畏其苦痛耳。而豈知不吐瀉而後此耗虧將益多。不割剖而後此之苦痛將益劇。循是以往。非至死亡不止。夫孰與忍片刻而保百年。苦一部而養全體也。且等是耗虧也。等是苦痛也。早治一日。則其創夷必較輕。緩治一日。則其創夷必較重。此又理之至淺而易見者也。而謀國者乃昧焉。此吾之所不解也。大抵今日談維新者有兩種。其下焉者。則拾牙慧。蒙虎皮。借此以為階進之路。西學一八股也。洋務一苞苴也。游歷一暮夜也。若是者固不足道矣。其上焉者。則固嘗悴其容焉。焦其心焉。規規然思所以長國家而興樂利者。至叩其術。最初則外交也。練兵也。購械也。製械也。稍進焉則商務也。開礦也。鐵路也。進而至於最近則練將也。警察也。敎育也。此犖犖諸大端者。是非當今文明國所最要不可缺之事耶。雖然枝枝節節而行焉。步步趨趨而摹仿焉。其遂可以進於文明乎。其遂可以置國家於不敗之地乎。吾知其必不能也。何也。披綺羅於嫫母。只增其醜。施金鞍於駑駘。祇重其負。刻山龍於朽木。祇毆其腐。築高樓於鬆壤。祇速其傾。未有能濟者也。

今勿一一具論。請專言教育。夫一國之有公共教育也。所以養成將來之國民也。而今之言教育者何如。各省紛紛設學堂矣。而學堂之總辦提調。大率皆最工於鑽營奔競能仰承長吏鼻息之候補人員也。學堂之教員。大率皆八股名家弋竊甲第武斷鄉曲之鉅紳也。其學生之往就學也。亦不過曰此時世妝耳。此終南徑耳。與其從事於閉房退院之詩云子曰。何如從事於當時得令之ＡＢＣＤ。考選入校。則張紅然爆以示寵榮。（吾粵近考取大學堂學生者皆如是）資派遊學。則苞苴請託以求中選。若此者。皆今日教育事業開宗明義第一章。而將來為一國教育之源泉者也。試問循此以往。其所養成之人物。可以成一國國民之資格乎。可以任為將來一國之主人翁乎。可以立於今日民族主義競爭之潮渦乎。吾有以知其必不能也。不能。則有教育如無教育。而於中國前途何救也。請更徵諸商務。生計界之競爭。是今日地球上一最大問題也。各國所以亡我者在此。我國之所以爭自存者亦當在此。商務之當整頓。夫人而知矣。雖然。振興商務。不可不保護本國工商業之權利。欲保護權利。不可不頒定商法。僅一商法不足以獨立也。則不可不頒定各種法律以相輔。有法而不行。與無法等。則不可不定司法官之權限。立法而不善。弊更甚於無法。則不可不定立法權之所屬。壞法者而無所懲。法旋立而旋廢。則不可不定行法官之責任。推其極也。非制憲法開議會立責任政府。而商務終不可得興。今之言商務者。漫然曰吾興之吾興之而已。吾不知其所以興之者持何術也。夫就一二端言之。既已如是矣。推諸凡百。莫不皆然。吾故有以知今日所謂新法者之必無效也。何也。不破壞之建設。未有能建設者也。夫今之朝野上下。所以汲汲然崇拜新法者。豈不以非如是則國將危亡乎哉。而新法之無救於危亡也若此。有國家之責任者當何擇矣。

然則救危亡求進步之道將奈何。曰必取數千年橫暴混濁之政體。破碎而齏粉之。使數千萬如虎如狼如蝗如蛸如蜮如蛆之官吏。失其社鼠城狐之憑藉。然後能滌盪腸胃以上於進步之途也。必取數千年腐敗柔媚之學說。廓清而辭闢之。使數百萬如蠹魚如鸚鵡如水母如畜犬之學子。毋得搖筆弄舌舞文嚼字爲民賊之後援。然後能一新耳目以行進步之實也。而其所以達此目的之方法有二。一曰無血之破壞。二曰有血之破壞。無血之破壞者。如日本之類是也。有血之破壞者。如法國之類是也。中國如能爲無血之破壞乎。吾馨香而祝之。中國如不得不爲有血之破壞乎。吾衰絰而哀之。雖然。哀則哀矣。然欲使吾於此二者之外。而別求一可以救國之途。吾苦無以爲對也。嗚呼吾中國而果能行第一義也。則今日其行之矣。而竟不能。則吾所謂第二義者。遂終不可免。嗚呼吾又安忍言哉。嗚呼吾又安忍不言哉。

吾讀宗教改革之歷史。見夫二百年干戈雲擾。全歐無寧宇。吾未嘗不頞蹙。吾讀一千七百八十九年之歷史。見夫殺人如麻。一日死者以十數萬計。吾未嘗不股慄。雖然。吾思之。吾重思之。國中如無破壞之種子。則亦已耳。苟其有之。夫安可得避。中國數千年以來歷史。以天然之破壞相終始者也。遠者勿具論。請言百年以來之事。乾隆中葉。山東有所謂教匪者王倫之徒起。三十九年平。同時有甘肅馬明心之亂。據河州蘭州。四十六年平。五十一年。臺灣林爽文起。諸將出征皆不有功。歷二年。（五十二年）有福康安海蘭察督師乃平。而安南之役又起。五十三年乃平。廓爾喀又內犯。五十九年乃平。而五十八年。詔天下大索白蓮教首領不獲。官吏以搜捕教匪爲名。恣行暴虐。亂機滿天下。五十九年。貴州苗族之亂遂作。嘉慶元年。白蓮教遂大起於湖北。蔓延河南四川陝西甘肅。而四川之徐天德王三槐等。又各擁衆數萬起事。至七年乃平。八年。浙江海盜蔡牽又起。九年與粵之朱濆合。十三年乃平。十四年。粵之鄭乙又起。十五年乃平。同年天理教徒李文成又起。十八年乃平。不數年而回部之亂又起。凡歷十餘年至道光十一年乃平。同時湖南之趙金龍又起。十二年平。天下彫敝之旣極。始稍蘇息。而鴉片戰役又起矣。道光十九年。英艦始入廣東。二十年。旋逼乍浦犯寧波。廿一年。取舟山廈門定海寧波乍浦。遂攻吳淞下鎭江。廿二年。結南京條約乃平。而兩廣之伏莽已徧地出沒無寧歲。至咸豐元年洪楊遂乘之而起。蹂躪天下之半。而咸豐七年。復有英人入廣東擄總督之事。九年復有英法聯軍犯北京之事。而洪氏據金陵凡十二年。至同治二年始平。而捻黨猶逼京畿。危在一髮。七年始平。而回部苗疆之亂猶未已。復血刃者數載。及其全平。已光緒三年矣。自同治九年天津教案起。爾後民教之鬨連緜不絕。光緒八年。遂有法國安南之役。十一年始平。二十年。日本戰役起。廿一年始平。廿四年廣西李立亭四川余蠻子起。廿五年始平。同年。山東義和團起。蔓延直隸。幾至亡國。爲十一國所挾。廿七年始平。今者二十八年之過去者。不過一百五十日耳。而廣宗鉅鹿之難。以袁軍全力歷兩月乃始平之。廣西之難。至今猶蔓延三省。未知所屆。而四川又見告矣。由此言之。此百餘年間。我十八行省之公地。何處非以血爲染。我四百餘兆之同胞。何日非以肉爲糜。前此旣有然。而況乎繼此以往。其劇烈將仟佰而未有艾也。昔人云。一慟之不忍。而終身慟乎。吾亦欲曰。一破壞之不忍。而終古以破壞乎。我國民試矯首一望。見夫歐美日本之以破壞治破壞。而永絕內亂之萌櫱也。不識亦曾有動於其心。而爲臨淵之羨焉否也。

且夫懼破壞者。抑豈不以愛惜民命哉。姑無論天然無意識之破壞。如前所歷舉內亂諸禍。必非煦煦孑孑之所能弭也。卽使弭矣。而以今日之國體。今日之政治。今日之官吏。其以直接間接殺人者。每歲之數。又豈讓法國大革命時代哉。十年前山西一旱。而死者百餘萬矣。鄭州一決。而死者十餘萬矣。冬春之交。北地之民。死於凍餒者。每歲以十萬計。近十年來。廣東人死於疫癘者。每歲以數十萬計。而死於盜賊與迫於飢寒自爲盜賊而死者。舉國之大。每歲亦何啻十萬。夫此等雖大半關於天災乎。然人之樂有羣也。樂有政府也。豈不欲以人治勝天行哉。有政府而不能爲民捍災患。然則何取此政府爲也。（天災之事關係政府責任余別有論）嗚呼中國人之爲戮民久矣。天戮之。人戮之。暴君戮之。汙吏戮之。異族戮之。其所以戮之之具。則飢戮之。寒戮之。夭戮之。癘戮之。刑獄戮之。盜賊戮之。干戈戮之。文明國中有一人横死者。無論爲冤慘爲當罪。而死者之名。必出現於新聞紙中三數次乃至百數十次。所謂貴人道重民命者。不當如是耶。若中國則何有焉。草薙耳。禽獮耳。雖日死千人焉。萬人焉。其誰知之。其誰殣之。亦幸而此傳種學最精之國民。野火燒不盡。春風吹又生。其林林總總者如故也。使稍矜貴者。吾恐周餘孑遺之詩。早實見於今日矣。然此猶在無外競之時代爲然耳。自今以往。十數國之飢鷹餓虎。張牙舞爪。吶喊蹴踏以入我闥而擇我肉。數年數十年後。能使我如埃及。然將口中未下咽之飯。挖而獻之。猶不足以償債主。能使我如印度。然日日行三跪九叩首禮於他族之膝下。乃僅得半腹之飽。不知愛惜民命者。何以待之。何以救之。我國民一念及此。當能信吾所謂『破壞亦破壞。不破壞亦破壞』者之非過言矣。而二者吉凶去從之間。我國民其何擇焉。其何擇焉。昔日本維新主動力之第一人曰吉田松陰者。嘗語其徒曰。『今之號稱正義人。觀望持重者。比比皆是。是爲最大下策。何如輕快拙速。打破局面。然後徐圖占地布石之爲愈乎。』日本之所以有今日。皆恃此精神也。皆遵此方略也。（吉田松陰日本長門藩士以抗幕府被逮死維新元勳山縣伊藤井上等皆其門下士也）今日中國之弊。視四十年前之日本又數倍焉。而國中號稱有志之士。舍松陰所謂最大下策者。無敢思之。無敢迫之。無敢行之。吾又烏知其前途所終極也。

雖然。破壞亦豈易言哉。瑪志尼曰。『破壞也者。爲建設而破壞。非爲破壞而破壞。使爲破壞而破壞者。則何取乎破壞。且亦將並破壞之業而不能就也。』吾請更下一解曰。非有不忍破壞之仁賢者。不可以言破壞之言。非有能回破壞之手段者。不可以事破壞之事。而不然者。率其牢騷不平之氣。小有才而未聞道。取天下之事事物物。不論精粗美惡。欲一舉而碎之滅之以供其快心一笑之具。尋至自起樓而自燒棄。自蒔花而自斬刈。囂囂然號於衆曰吾能割捨也。吾能決斷也。若是者直人妖耳。故夫破壞者。仁人君子不得已之所爲也。孔明揮淚於街亭。子胥泣血於關塞。彼豈忍死其友而遺其父哉。

## 第十二節　論自尊

日本大教育家福澤諭吉之訓學者也。標提『獨立自尊』一語。以爲德育最大綱領。夫自尊何以謂之德。自也者國民之一分子也。自尊所以尊國民故。自也者人道之一阿屯也。自尊所以尊人道故。

西哲有言『人各立於自所欲立之地』。吉田松陰曰『士生今日。欲爲蒲柳斯蒲柳矣。欲爲松柏斯松柏矣』吾以爲欲爲松柏者果能爲松柏與否。吾不敢言。若夫欲爲蒲柳者。而能進於松柏。吾未之聞也。孟子曰有是四端。而自謂不能者。自賊者也。又曰自暴者不可與有言也。自棄者不可以有爲也。夫自賊自暴自棄之反面則自尊是也。是以君子貴自尊。

悲哉吾中國人無自尊性質也。簪纓何物。以一鈎金塞其帽頂。則脚靴手版。磕頭請安。戢戢然矣。阿堵何物。以一貫銅晃其腰纏。則色肆指動。圍繞奔走。喁喁然矣。夫沐冠而喜者。戲猴之態也。投骨而嚙者。畜犬之情也。人之所以爲人者。其資格安在耶。顧乃自儕於猴犬。而恬不爲怪也。故夫自尊與不自尊。實天民奴隸之絕大關頭也。

且吾見夫今世所謂識時俊傑者矣。天下之危急。彼非無所聞也。國民之義務。彼非無所知也。顧口中有萬言之沸騰肩上無半銖之負荷叩其故則曰天下大矣賢智多矣某自顧何人其敢語於此推彼輩之意以爲一國四百兆人其三百九十九兆九億九萬九千九百九十九人中其德慧術知無一不優於我其聰明才力無一不强於我我之一人豈足輕重云耳率斯道也以往其必四百兆人人皆除出自己而以國事望諸其餘之三百九十九兆九億九萬九千九百九十九人統計而互消之則是四百兆人卒至實無一人也夫一二人之自賊自暴自棄而不自尊宜若於天下大局無與焉矣然窮其弊乃至若此

不寧惟是爲國民者而不自尊其一人之資格則斷未有能自尊其一國之資格焉者也一國不自尊而國未有能立焉者也吾聞英國人自尊之言曰太陽曾無不照我英國國旗之時（英人屬地徧於五大洲此地日方沒彼地日已出故曰太陽常照英國旗也）曰無論何地凡我英人有一人足跡踏於其土者則其土必爲吾英之勢力範圍也吾聞俄國人自尊之言曰俄羅斯者東羅馬之相續人也（相續者繼襲之義）曰我俄人必成先帝彼得之志爲東方之主人翁也吾聞法國人自尊之言曰法蘭西者歐洲文明之中心點也全世界進步之原動力也吾聞德國人自尊之言曰自由主義者日耳曼森林中之產物也日耳曼人者條頓民族之宗子歐洲中原之主帥也吾聞美國人自尊之言曰舊世界者腐敗陳積之世界也其有清新和淑之氣者惟我新世界（舊世界指東半球新世界指西半球）今日之天下由政治界之爭競而移於生計界之競爭他日戰勝於生計界者舍我美人莫屬也吾聞日本人自尊之言曰日本者東方之英國也萬世一系天下無雙也亞洲之先進國也東西兩文明之總匯流也自餘各國苟其能保一國之名譽於世界上者則皆莫不各有其所以自尊之具若不爾者則其國必萎縮而無以自存也其遠焉者吾不能徧舉請徵諸其近者吾嘗見印度人輒曰英國之政治高美完滿盛德巍巍勝於吾印往昔遠甚乃至英人之一顰一笑一飲一啄皆視

爲加己數十等也。吾嘗見朝鮮人。輒曰吾韓今日更無可望。惟望日本及世界文明各大國。扶而掖之也。淺見者徒見夫英俄德法美日之强盛也如彼。而以爲其所以敢於自尊者有由。徒見夫印度朝鮮之積弱也如此。而以爲其所以自貶者出於不得已。此誤果爲因誤因爲果之言也。而烏知夫自尊者卽彼六國致强之原。而自貶者乃此二國取滅之道也。嗚呼。吾觀於此而不能不重爲中國恫矣。疇昔尙有一二侈然自大之客氣。乃挫敗不數度。至今日而消磨盡矣。聞他人之議瓜分我也。則嗷然以啼。聞他人之議保全我也。則囅然以笑。君相官吏。伺外國人之顏色。先意承志。如孝子之事父母。士農工商。仰外國人之鼻息。趨承奔走。如游妓之媚情人。政府之意曰。中國不足恃矣。吾但求結納一大邦之奧援。爲附庸下邑之陪臣。以保富貴終餘年焉。民間之意曰。中國無可爲矣。吾但求託庇一强國之宇下。爲食毛踐土之蟻民。以逃喪亂長子孫焉。卽號稱有志之士者。亦曰今日之中國。非可以自力自救。庶幾有仁義和親之國。恤我憐我扶助我乎。嗟乎恫哉。我國家今日之資格。其如斯而已乎。我國家將來之前途。竟如斯而已乎。嗟乎恫哉。疇昔侈然自大之客氣。自居上國而藐人爲夷狄者。先覺之士竊竊然憂之。以爲排外之謬想。不徒傷外交而更阻文明輸入之途云耳。夫孰知夫數十年來得延一綫之殘喘者。尙賴有此若明若昧。無規則無意識之排外自尊思想以維持之。并此而斲喪焉。而立國之具乃眞絕矣。夫孰知夫以眞守舊誤國。而國尙有可爲。以僞維新誤國。而國乃無可救也。孟子曰。未聞以千里畏人者也。誰爲爲之。而至於此。

夫國家本非有體也。藉人民以成體。故欲求國之自尊。必先自國民人人自尊始。伊尹曰。予天民之先覺者也。予將以斯道覺斯民也。非予覺之而誰也。顏淵曰。舜何人也。予何人也。有爲者亦若是。孟子曰。夫天未欲平治天下也。如欲平治天下。當今之世。舍我其誰也。若此者。就尋常庸子視之。不以爲狂。必以爲泰矣。而聖賢之所以爲聖賢者。乃在於此。英將烏爾夫之將征加拿大也。於前一夜拔劍擊案闊步室內。自誇其大業之必成。宰相髓特見之語人曰。余深慶此行爲國家得人。奧相加富匿掌奧國政權者五十年。嘗喟然長歎曰。『天爲國家生非常之才。雖然其孕育之也百年。其休息之也又百年。吾每念及我百歲之後。不禁爲奧帝國之前途危慄也。』髓特當一千七百五十七年。語侯爵某曰。『君侯君侯。予確信惟予能救此國。而舍予之外無一人能當其任也。』加里波的曰。『余誓復我意大利。還我古羅馬。』加富爾失意躬耕之時。其友贈書弔之。乃戲答曰。『事未可知。天若假公以年。佇看他日加富爾爲全意大利宰相之時矣。』彼數子者。其所以高自位置。與夫世俗之多大言少成事者。皮相焉殆無以異。而不知其後此之建豐功揚偉烈。能留最高之名譽於歷史上。皆此不肯自賊自暴自棄之一念。驅遣而成就之也。嗟夫。國於天地。必有與立。歷覽古今中外之歷史。其所以能維繫國家於不敗之地者。何一非由人民之自尊而來。何一非由人民中之尤秀拔者以自尊之大義倡率一世而來哉。

吾欲明自尊之義。請先言自尊之道。

凡、自尊者必自愛。『在山泉水清。出山泉水濁。侍婢賣珠回。牽蘿補茆屋。摘花不插鬢。采柏動盈掬。天寒翠袖薄。日暮倚修竹。』此杜老絕代佳人之詩也。不如此。而謬託於絕代佳人。未有能稱者也。孔明之表後主也。一則曰。臣本布衣。躬耕南陽。苟全性命於亂世。不求聞達於諸侯。再則曰。臣於成都負郭。有桑八百株。沒後子孫無憂飢寒。夫孔明非必如硜硜自守之匹夫。故爲狷介以鳴高也。彼其所以自處者。固別有所以特拔於流俗。而以淡泊爲明志之媒介。以寧靜爲致遠之表記也。故夫浮華輕薄之士。謬託曠達。而以不矜細行爲通才。犧牲名譽而以枉尺直尋爲手段者。其去豪傑遠矣。何也。先自菲薄。而所謂自尊者更持何道也。故眞能自尊者。有皚皚冰雪之志節。然後能顯其落落雲鶴之精神。有謖謖松風之德操。然後能載其嶽嶽千仞之氣概。自尊者實使人進其品格之法門也。

凡自尊者必自治。人何以尊於禽獸。人有法律。而禽獸無之也。文明人何以尊於野蠻。文明人能與法律相浹。而野蠻不能也。十人能自治。則此十人者在其鄉市爲一最固結之團體。而可以尊於一鄉市。百人能自治則此百人者在其省郡爲一最固結之團體。而可以尊於一省郡。千人萬人能自治則此千人萬人者在其國中爲一最固結之團體。而可以尊於一國。數十百千萬人能自治則此數十百千萬人者在世界中爲一最固結之團體。而可以尊於全世界。其在古代。斯巴達以不滿萬人之國。而獨尊於希臘。其在現世。英國人口不過中國十五分之一。而尊於五洲。何也。皆由其自治之力强。法律之觀念重耳。蓋人也者。必非能以一人而自尊者也。故必其羣尊。然後羣內之人與之俱尊。而彼此自治力不足。則羣且不成。尊於何有。我中國人格所以日趨於卑賤。其病源皆坐於是。

凡自尊者必自立。莊子曰。『有人者累。見有於人者憂。』故夫大同太平之極。必無一人焉能有人、亦無一人焉見有於人。泰西之治。今猶未至也。而中國則更甚焉。其人非有人者則見有於人者。故君有民。民見有於君。父有子。子見有於父。夫有婦。婦見有於夫。一室之中主有僕。僕見有於主。一鋪店之中股東有伴傭。伴傭見有於股東。一黨派之中黨魁有徒衆。徒衆見有於黨魁。通四百兆人而計之。大率有人者百之一。見有於人者百之九十九。而此所謂有人者。時又更有他人焉從而有之。如婦見有於夫其夫或見有於其夫之父其夫之父或又見有於其所屬之鋪店之主人衙署之長官而彼等又見有於一二民賊之類若是者其級數無量不可思議譬恒河沙世界中一一蓮花一花中一一佛一一佛身一一口一一口中一一舌說之猶不能盡若是乎吾國中雖有四百兆人而其見有於人者實三百九十九兆强也凡見有於人者則喪其人格秦西慣例婦人大率無選舉權以其見有於男子也餘仿此若是乎則此四百兆人中能保存人格者復幾何哉是安得不瞿然驚也夫吾之爲此言非謂欲使人盡去其所尊所親者而倔强跋扈以爲高也乃正所以爲合羣計也凡一羣之中必其人皆有可以自立之道然後以愛情自貫聯之以法律自部勒之斯其羣乃强有力不然則羣雖衆而所倚賴者不過一二人則仍只能謂之一二人不能謂之羣也有兩家於此甲家則父母妻子兄弟皆能有所業以食力餘粟餘布各盡其材乙家則仰事俯畜皆責望於一人則其家之孰榮孰悴豈待問也有兩軍於此甲軍則卒伍皆知兵不待指揮而各人之意見既與主帥相針射號令一下則人人如其心中所欲發乙軍則惟恃一二勇悍之首領而他如木雞然則其軍之孰贏孰負豈待問也夫家庭與軍伍其制裁之當嚴整殆視他種社會爲尤要矣而其自立力之萬不可缺也猶如此故凡有自尊思想不欲玷辱彼蒼所以予我之人格者必以先求自立爲第一要義自立之具不一端其最顯要者則生計上之自勞自活與學問上之自修自進也力能養人者上也卽不能而不可不求足以自養學能濟人者上也卽不能而不可不求足以自濟苟不爾者欲不倚賴人烏可得也專倚賴人而欲不見有於人烏可得也夫倚賴人非必志士之所諱也然我有所倚賴於他他亦有所倚賴於我互相倚而羣之形乃固焉若一則專爲倚賴者一則專爲被倚賴者其羣未有能立卽立未有能久者也英人常自誇曰『他國之學校可以教成許多博士學士我英之學校則只能教成「人」而已』人者何人格之謂也而求英人教育之特色所以能養成此人格者則惟受之實業而使之可以自活受之常職而使之可以自謀而盎格魯撒遜人種所以高掌遠蹠於全世界能有人而不見有

於人者。皆恃此焉矣。

凡自尊者必自牧。易曰謙謙君子。卑以自牧。自牧與自尊。寧非反對之兩極端耶。雖然有說焉。自尊云者非尊其區區七尺也。尊其爲國民之一分子人類之一阿屯也。故凡爲國民一分子人類一阿屯者。皆必如其所尊以尊之。故惟自尊者爲能尊人。臨深以爲高。加少以爲多。其爲高與多也亦僅矣。殺人以自生。亡人以自存。其爲生與存也亦殆矣。故夫沾沾一得。趾高氣揚者。其必器小易盈之細人也。甚或人之有技。娼嫉以惡者。其必濁卑下流之鄙夫也。細人鄙夫。其去自尊之道。不亦遠乎。吾觀夫西人之所謂 Gentleman（此字中國語無確譯。俾斯麥嘗謂此英語中最有意味之字也。若强譯之則君子二字庶乎近焉）者。其接人也。皆有特別一種溫良恭儉讓之德。雖對婢僕。其禮逾恭。有所命令必曰 Please（含懇請之意）有所取求必曰 Thank you（謝也）。蓋重人者人恆重之。侮人者人恆侮之。勢必然矣。況夫人也者參天兩地。列爲三才。吾之能保存其高尚之資格也。不過適完其分際上應盡之義務。而何足以自炫耀也。是故欲立立人。先聖所以垂訓。貢高我慢。世尊所以設戒。

凡自尊者必自任。一羣之人芸芸也。而於其中有獨爲羣內之所崇拜者。此必非可以力爭而術取也。必其所負於本羣之責獨重。而其任之也獨勞。則衆人之所以酬之者。自不期然而然。莫之致而至。其自任也。非欲人之尊我而以此爲釣也。彼實自認其天職之不可以不盡。苟不爾者。則爲自貶。爲自汚。爲自棄。爲道義上之自鬻。爲精神上之自戕。是故逾自尊者逾自任。逾自任者逾自尊。自尊之極。乃有如伊尹所謂天民先覺。如孟子所謂舍我其誰。如佛所謂普度衆生爲一大事出世。豈抹煞衆人以爲莫己若哉。蓋見夫己之責任則已如是。而他人之能如是與否。且勿暇計也。抑吾嘗見夫老朽名士與輕薄少年之自尊矣。摭拾區區口耳四寸之學問。吐出訑訑氣焰萬丈之言詞，目無餘子，而我躬亦不知何存，口有千秋，而雙肩則不能容物，吾昔曾爲呵旁觀者文，內一條寫其形狀曰。

四曰笑罵派。（中略）既罵維新，亦罵守舊，既罵小人，亦罵君子，對老輩則罵其暮氣已深，對青年則罵其躁進喜事，事之成也，則曰豎子成名，事之敗也，則曰吾早料及，彼輩常自立於無可指摘之地，何也，不辦事故無可指摘，旁觀故無可指摘，己不辦事，而立於辦事者之後，引繩批根，以嘲諷掊擊，此最巧黠之術，而使勇者所以短氣，怯者所以灰心也。（中略）譬之孤舟遇風於大洋，彼輩罵風罵波罵大洋罵孤舟，乃至徧罵同舟之人，若問此船當以何術可達彼岸乎，彼等瞠然無對也，何也，彼輩藉旁觀以行笑罵，失旁觀之地位，則無笑罵也。

嗟夫，自尊者本人道最不可缺之德，而在今日之中國，此二字幾成詬病之名詞者，皆此等僞自尊者之爲累也。諺曰『濟人利物非吾事，自有周公孔聖人』夫周公何人也，孔聖人何人也，顱同此員，趾同此方，官同此五，支同此四，而必曰此也者，彼之責任，非我之責任也，天下之不自愛孰有過是也，而若之何彼僞自尊者，竟奉此語爲不二法門也。

朱子曰，教學者如扶醉人，扶得東來西又倒，吾今者爲我國民陳自尊之義，吾安保無誤讀之以長其暴慢鄙倍之氣，增其驕盈予智之心，以爲公德累，爲合羣蠹者，雖然，吾既略陳其界說，爲自尊二字下一定義，吾敢申言之曰，凡不自愛不自治不自立不自牧不自任者，決非能自尊之人也，五者缺一，而猶施施然自尊者，則自尊主義之罪人也，嗟乎，因噎固不可以廢食，懲羹固不可以吹齏，吾深憂夫人人自尊之有流弊，吾尤憂乎人人不自尊，而此四百兆人者。且自以奴隸牛馬爲受生於天之分內事。而此種自屈辱以倚賴他人之劣根性。今日施諸甲明日卽可以施諸乙。今日施諸室內。明日卽可以施諸路人施諸仇敵。嗚呼吾每接見夫客之自燕來者。問以吾國民近日對外之情狀。未嘗不淚涔涔下也。嗚呼吾又安能已於言哉。

## 第十三節　論合羣

自地球初有生物以迄今日。其間孳乳蕃殖。蠕者泳者飛者走者有覺者無覺者有情者無情者有魂者無魂者。其種類其數量何啻京垓億兆。問今存者幾何矣。自地球初有人類以迄今日。其間孳乳蕃殖。黃者白者黑者棕者有族者無族者有部者無部者有國者無國者。其種類其數量何啻京垓億兆。問今存者幾何矣。等是軀殼也。等是血氣也。等是品彙結集也。而存焉者不過萬億中之一。餘則皆萎然落澌然滅矣。豈有他哉。自然淘汰之結果。劣者不得不敗。而讓優者以獨勝云爾。優劣之道不一端。而能羣與不能羣。實爲其總原。合羣之義。今舉國中稍有知識者。皆能言之矣。問有能舉合羣之實者乎。無有也。非惟國民全體之大羣不能。卽一部分之小羣亦不能也。非惟頑固愚陋者不能。卽號稱賢達有志者亦不能也。嗚呼苟此不羣之惡性。而終不可以變也。則此蠕蠕芸芸之四百兆人。遂不能逃劣敗之數。遂必與前此之萎然落澌然滅者同一命運。夫安得不痛。夫安得不懼。吾推原不羣之故。有四因焉。

一曰公共觀念之缺乏。　凡人之所以不得不羣者。以一身之所需求所欲望。非獨力所能給也。以一身之所苦痛所急難。非獨力所能捍也。於是乎必相引相倚。然後可以自存。若此者謂之公共觀念。公共觀念者。不學而知。

不慮而能者也而天演界之優劣即視此觀念之强弱以爲差夫既曰不學而知不慮而能矣然其間又有强弱者何也則以公觀念與私觀念常不能無矛盾而私益之小者近者往往爲公益之大者遠者之蟊賊也故眞有公共觀念者常不惜犧牲其私益之一部分以擁護公益其甚者或乃犧牲其現在私益之全部分以擁護未來公益非拂性也蓋深知夫處此物競天擇界欲以人治勝天行舍此術末由也昧者不察反其道以行之知私利之可歆而不知公害之可懼此楊朱哲學所以橫流於天壤而邊沁之名理所以爲時詬病也此爲不能合羣之第一病

二曰對外之界說不分明　凡羣之成必以對待苟對於外而無競爭則羣之精神與形式皆無所著此人類之常情無所容諱者也故羣也者實以爲我兼愛之兩異性相和合而結搆之有我見而自私焉非必羣之害也雖然一人與一人交涉則內吾身而外他人是之謂一身之我此羣與彼羣交涉則內吾羣而外他羣是之謂一羣之我同是我也而有大我小我之別焉有我則必有我之友與我之敵既曰羣矣則羣中皆吾友也故善爲羣者既認有一羣外之公敵則必不認有一羣內之私敵昔希臘列邦干戈相尋一遇波斯之來襲則忽釋甲而相與歃血焉對外之我見使然也昔英國保守自由兩黨傾軋衝突曾無寧歲及格里迷亞戰爭起雖反對黨亦以全力助政府焉對外之我見使然也昔日本自由進步兩黨政綱各異角立對峙遇藩閥內閣之解散議會則忽相提攜結爲一憲政黨以抗之對外之我見使然也故凡結集一羣者必當先明其對外之界說即與吾羣競爭之公敵何在是也今志士汲汲言合羣者非以愛國乎非以利民乎既以愛國也則其環伺我而憑陵我者國仇也吾公敵也舍是則無所爲敵也既以利民也則其箝壓我而朘削我者民賊也吾公敵也舍是則無所爲敵也苟

其內相敵焉，則其羣未有不爲外敵所摧陷而夷滅者也。而志士顧昧此焉，往往舍公敵大敵於不問，而惟斷斷焉爭小意見於本團，無他，知小我而不知大我，用對外之手段以對內，所以鷸蚌相持，而使漁人竊笑其後也。此爲不能合羣之第二病。

三曰無規則。凡一羣之立也，少至二三人，多至千百兆，莫不賴有法律以維持之。其法律或起於命令，或生於契約。以學理言，則由契約出者謂之正，謂之善；由命令出者謂之不正，謂之不善。以事勢言，則能有正且善之法律尚也。若其不能，則不正不善之法律，猶勝於無法律。此羣學家政學家所同認也。今志士之倡合羣者，豈不以不正不善之法律之病民弱國，而思所以易之耶？乃夷考其實，或反自陷於無法律之域，幾何不爲彼輩所藉口以相鋤也。不寧惟是，而使本羣中亦無所可恃以相團結，已集者望望然去，未來者裹足不前，旁觀者引爲大戒，則羣力安得擴張，而目的何日能達也。吾觀文明國人之善爲羣者，小而一地一事之法團，大而一國之議會，莫不行少數服從多數之律，而百事資以取決。乃今之爲羣者，或以一二人之意見武斷焉梗議焉，其無規則者一也。善爲羣者，必委立一首長，使之代表全羣，執行事務，授以全權，聽其指揮。乃今之爲羣者，只知有自由，不知有制裁，其無規則者二也。叩其故，則曰以少數服從於多數，是爲多數之奴隸也；以黨員服從於代表人，是爲代表人之奴隸也。嘻！是豈奴隸之云乎！人不可以奴隸於人，顧不可以不奴隸於羣；不奴隸於本羣，勢必至奴隸於他羣。服從多數，服從職權（即代表人），正所以保護其羣而勿使墜也。而不然者，人人對抗，不肯相下，人人孤立，無所統一，其勢必相率爲野蠻之自由，與未爲羣之前相等，雖無公敵，猶不足以自立，而況夫日有反對者之乘其後也。此爲不能合羣之第三病。

四曰忌嫉。　吾昔讀曾文正戒子書中忮求詩。而悚然焉。其言曰。善莫大於恕。德莫凶於妬。妬者妾婦行。瑣瑣奚足數。已拙忌人能。已塞忌人遇。已若無事功。忌人得成務。已若無黨援。忌人得多助。勢位苟相敵。畏偪又相惡。已無好聞望。忌人文名著。已無賢子孫。忌人後嗣裕。爭名日夜奔。爭利東西鶩。但期一身榮。不惜他人汚。聞災或欣幸。聞禍或悅豫。問渠何以然。不自知其故。』嗚呼。此雖曰老生常談乎。然以今日之誤解邊沁學說者。實當頭一棒之言也。吾輩試夙夜一自省焉。其能悉免於如文正所訶乎。吾國人此等惡質。積之數千年。受諸種性之遺傳。染諸社會之習慣。幾深入於人人之腦中。而不能自拔。以是而欲求合羣。是何異磨甎以作鏡。蒸沙以求飯也。夫宗旨苟不同。則昌言以攻之可也。地位苟不同。則分功以赴之可也。乃若宗旨同。地位同。則戮力同心。以共大業。善莫大焉。夫所謂戮力同心者。非必强甲之事業而使合於乙也。同歸而殊途。一致而百慮。目的既共指於一處。其成也。則後此終必有握手一堂之日。即不然。或甲敗而乙成。或乙敗而甲成。而吾之所志。固已達矣。事苟有濟。成之何必在我。仁人君子之用心。不當如是耶。又就令見不及此。而求競勝於一時。專美於一己。則亦光明磊落。自出其聰明才力。以立於天演界中。苟其優也。雖千萬人與我競。亦何患不勝。苟其劣也。雖無一人與我競。亦何恃不敗。天下之事業多矣。豈必排倒他人。而始容卿一席耶。嗚呼。思之思之。外有國難。內有民窮。同胞半在酣夢之中。前途已入泥犁之境。吾力而能及也。則自拯之。獨力不能也。則協力拯之。吾力而無濟也。則望他人拯之。其尚忍摧萌拉蘖。爲一國之仇讎。效死力耶。愚不肖者。吾無望焉。無責焉。顧安得不爲號稱賢智者正告也。此爲不能合羣之第四病。

此其大略也。若詳語之。則如傲慢。如執拗。如放蕩。如迂愚。如嗜利。如寡情。皆足爲合羣之大蠹。有一於此。羣終不成。吾聞孟德斯鳩之論政也。曰專制之國。其元氣在威力。立憲之國。其元氣在名譽。共和之國。其元氣在道德。夫道德者。無所往而可以弁髦者也。然在前此之中國。一人爲剛。萬夫爲柔。其所以爲羣者。在强制而不在公意。則雖稍腐敗稍渙散。而猶足以存其鬱以迄今日。若今之君子。既明知此等現象。不足以戰勝於天擇。而別思所以易之。則非有完全之道德。其奚可哉。其奚可哉。吾聞彼頑固者流。既聒有辭矣。曰今日之中國。必不可以言共和。必不可以言議院。必不可以言自治。以是界之徒。使混雜紛擾傾軋殘殺。以猶太我中華。不如因仍數千年專制之治。長此束縛焉。馳驟焉。猶可以免滔天之禍。吾惡其言。雖然。吾且悲其言。吾且慚其言。嗚呼。吾黨其猶不自省不自戒乎。彼輩不幸言中。猶小焉者也。而坐是之故。以致自由平等權利獨立進取等最美善高尚之主義。將永爲天下萬世所詬病。天下萬世相與談虎色變。曰當二十世紀之初。中國所謂有新思想新知識新學術之人。如是如是。亡中國之罪。皆在彼輩焉。嗚呼。嗚呼。嗚呼。則吾儕雖萬死。其何能贖也。

## 第十四節　論生利分利

謂中國而貧國耶。大學曰。有人此有土。有土此有財。未聞以數十萬里之地數十千萬之人而患貧者也。謂中國而富國耶。稽其官府。則羅掘而無所於得。行其閭閻。則憔悴而無以自存。雖有辯者。不能爲中國之貧諱也。貧之原因不一端。請先專言民事。

大學曰。生之者衆。食之者寡。此言至矣。後世生計學家言殖產之術。未有能外者也。夫一國之歲殖者。國中人民歲殖之總計也。綜一國之民。無論或勞力或不勞力。勞力矣或生利或不生利。而其待養於地之所產。民之所出則均一國歲殖。只有此數。惟其養徒食者數寡。而後贍能生者數多。贍能生者數多。而後國之所殖乃歲進。反是則其未有不瘁焉者也。

生計家言財之所自出者有三。曰土地。曰資本。曰勞力。三者相需而貨乃成。顧同一土地也。在野蠻民族之手則爲石田。在文明民族之手則爲奇貨。其故何也。文明人能利用資本勞力以擴充之。而野蠻人不能也。所謂利用資本與勞力者何也。用之而蘄其有所復也。何謂有所復。用吾力以力田焉。製造焉。被其功於物材。成器之後。其值遂長。其所成之物。歷時甚久。猶存人間。可以轉售交易。今日以功成物。他日由物又轉爲功。如是則勞力復焉矣。斥吾資以庀材焉。雇傭焉。材由生貨轉爲熟貨。傭以人力造出物力。已熟之貨。蓄力之物。其所值必餘於前。此所斥之資。吾財無損。而且有贏。如是則資本復焉矣。所復者多一次。則所值者進一級。何也。復者必不徒復也。而又附之以所贏。此富之所由起也。一人如是。一國亦然。

夫綜一國之資本勞力而歲計之。只有此數也。今年而投諸有所復之地。則明年而其率增若干焉。再明年而其率又增若干焉。歲而增之。以至於極富。今年而投諸無所復之地。則明年而其率減若干焉。再明年而其率又減若干焉。歲而減之。以至於極貧。故今年同一資本。同一勞力也。一有所復。一無所復。之間其結果之相遠。在明年則爲一與四之比例矣。卅明年則爲一與十六之比例矣。又再明年則爲一與六十四之比例矣。嗚呼。其可驚有如此者。何以明其增減之率然也。此其事於資本易見。而於勞力稍難明。一歲之所總殖。其所以用之者不外兩途。其卽享卽用而無所復者。命之曰消費。其斥以求贏。而企其有所復者。命之曰母財。卽資本 有人於此。今年以千金之母財。而所殖者得千五百焉。使其人一歲消費之率。而適五百也。則適盡其所增殖者。而明年仍有千金爲母財。仍殖千五百。則其產不進亦不退。或遇時機。而所殖者忽逾常率。則母財亦隨增矣。（然使偶一歲遇不利而所殖不及常率則又將必至蝕母財矣故曰羣治以進爲期中止則憂退則爲病不必退也卽中止而已岌然不終日矣）使其消費之率歲僅三百也。則明年以今年所殖之餘而合諸母。其母財爲千二百。而所殖者千八百矣。再明年所殖之餘。而合諸母。則其母財爲千五百。而所殖者二千二百餘矣。反是而使其消費之率歲而七百也。則今歲所殖。不足供今歲。而不得不蝕及母財。明年之母財僅餘八百。而所殖僅千二百矣。再明年而再蝕之。其母財僅餘五百。而所殖僅七百餘矣。蝕者其母遂並其所生之子而亡之不及三稔。而千金可以蕩然。此事之最易見者也。夫此等持籌握算之論。士君子每羞言焉。而其義實通於治國。一國之產。而依前者之比例焉。國未有不榮者也。一國之產。而依後者之比例焉。國未有不悴者也。抑一國之浪費。與一人之浪費。理同而形異。一國之浪費有二。（其一）國中之人人皆歲費過於歲殖。於是結集成國。而一國之總歲費過於總歲殖是也。若是者。則其國不數年而遂可以滅亡。雖然。天下從無此國民也。（羅馬之末路殆將近是故史家謂羅馬之亡乃其自亡而非日耳曼人能亡之也）有善費之民。亦必有善殖之民與之相救。國之所以維持於不敝。賴此而已。（其二）國中之人。雖有善費者。有善殖者。而殖者之人數。不及費者之人數。費者一人所費之數。又過於殖者一人所殖之數。截長補短以統計之。而一國之總歲費過於總歲殖是也。今之孱國。比比然也。國之總費。既過總殖。則勢不得不蝕及全國之總母財。總母能幾何。豈堪當此歲蝕也。此資本增減之比例率也。至勞力之增減。其事亦與資本相緣。夫母財之爲用也。大率庀材者居其半。給餼者居其半。所給之餼。卽所以養勞力者也。惟母財豐然後百業興。百業興然後給餼衆。給餼衆然後勞力者各得所養。而其力有所用。力被於物。復成母財。遞增遞進。而力乃盡其用。今使母財被蝕。而無所餘。則民有力而無用之之地。其力遂日以漸銷。（生物學之公例凡一能力久廢不用者則其能力必寖亡）斯密亞丹嘗言。『吾英今日之民。勤於昔者。緣今日國財。斥之爲母。以贍勞民者。多於三百年前也。三百年前之民。勞而無獲。乃多惰游。其言曰。與其作苦而無獲。不若嬉戲而無餘。大抵工商業廣之區。其民皆母財所贍雇。故其用力恆勤。而酣戲飲博。自以日銷。設其地爲都會。養民者不在母財。而在支費。則皆呰窳媮生。』（嚴譯原富部乙篇三）是資本之增減。與勞力之增減成比例也。明矣。而況夫既奪善殖者之所食。以養善費者。則此善殖者。雖不窳惰。而亦無以自存。或餓莩。或流亡。有妻不能迎。有子不能舉。勞力之損去者。不可以復續。此又其銳減之跡顯而易見者也。資本蝕矣。勞力萎矣。生財之三要素。既毀其二。雖有土地。其將何所緣以產百物耶。國之所以有廣土衆民而不免於貧蹙者。坐是而已。

申而言之。則國之興衰。一視其總資本總勞力之有所復。無所復而已。有所復者。資母孳子。大學謂之生之者。生計學家名之曰生利。無所復者。蝕母亡子。大學謂之食之者。生計學家名之曰分利。吾將論生利分利之種別。

吾聞生計學家言。生利之人有二種。一曰直接以生利者。若農若工之類是也。二曰間接以生利者。若商人若軍人若政治家若教育家之類是也。而其生利之力。亦有二種。一曰體力。二曰心力。心力復細別爲二。一曰智力。二曰德力。若以其生利之事業分之。則有六種。

第一　發見及發明。（發見者新覓得天然物或新考出其物之利用也如哥侖布發見亞美利加洲又二三百年前新考出菸草中有一種特質足供人用者皆是也發明者將天產物加以新法則能廣其用而其法爲前人所未知者如最近發明無線電報之類是也）

第二　先占。（先占者採收未有主權之天產也如伐木獵獸漁魚採礦之類是）

第三　用於生貨之勞力。（生貨謂物之未經製造者如農業森林業牧畜業是也各種製造品之材料皆自此種勞力而來者也）

第四　用於熟貨之勞力。如製穀麥爲麵包製木材爲家具製土屬爲陶磁製金屬爲機械製綿絲爲布帛其餘各種關於製造者皆屬此類

第五　用於交通之勞力。變更貨物之位置以運輸交通便適民用者也凡商業等皆屬此類

第六　用於保助之勞力。若官吏若軍人若醫生皆所以保護生利者也雖不能直接以生利然其職若保險公司然故非分利若教育家若文學家所以助長生利者也雖不直接以生利然得此令人智識增長性質改良於生利大有所補故亦不爲分利

此皆生利之事業也其不在此數者皆謂之分利。斯密亞丹云『人以多雇工傭而富以多畜便辟使令之人而貧何也使令者之功固匪所寄則莫可轉事竟力消而不可得復也』斯密氏充類至義之盡則以爲分利者不僅便辟使令之賤者而已自王侯君公降至執法司理之官吏稱戈擐甲之武夫皆此屬也故其言又曰『品上者若官吏師儒若醫巫若文章之士品下者若倡優侏儒鬬力走馬臧獲廝養其用勞力也雖貴賤迥殊輕重各異而皆投其力於不可復之地當生卽毁皆與於分利致貧之數者也』斯密此論後賢聚訟紛然吾今不具引不具辯吾請取我國中分利者之種類而細論之。

分利者之種類大別有二一曰不勞力而分利者二曰勞力而仍分利者

第一　不勞力而分利者。

(一)乞丐。其人非老非幼非廢疾以堂堂七尺之軀乃至不能自養而行乞於塗是蕩與惰二者必居一也人即憐而活之而爲蝨於一羣莫大焉故此輩非可愍而可憎也若君上失政天災流行干戈劫後不以此論。

(二)盜竊。盜者未嘗不用體力竊者未嘗不用心力然此不得以勞力論也蓋其所用力不敢以與人共見也。此其爲分利最易明不待贅論。

（三）棍騙。棍騙者亦盜竊之一種也。然其操術稍精。其破裂稍難。故其毒害亦較深。而所分之利往往更鉅。棍騙之種類繁多。非可悉舉。如聚賭者。如巫覡。如堪輿星相卜筮之流。皆歸此類。不能醫而冒醫爲衣食者。亦歸此類。

（四）僧道。歐洲教會之牧師神父。識者以爲國之大蠹。前所引斯密亞丹之言。半爲彼輩而發也。至近世革命屢起。奪其特權以儕齊民。然後歐治乃平。雖然。歐之教會雖無實。然猶以覺民爲名也。中國之僧道。則名實兩無取矣。

（五）紈袴子弟。西人之養子也。育之使長成。教之以學業。令其足以自營自活。父母之責任。如是而已。及其既能自營矣。自活矣。則析而居之。他日父母遺產之能屬於己與否。非所知也。故其故家子弟。皆絕依賴根性。無敢託庇前人餘蔭以自暇逸。中國不然。家有數畝薄田。其子弟輒驕奢淫佚。一無生業。而豪宦豪商之裔。更不待論。又以同居不析產爲盛德。矯僞相效。往往有一家丁口至百數十人者。假使其家有萬金之產。則其百數十人之婦女子弟。皆囂囂然曰。吾之家乃萬金之素封家也。曾亦思此萬金者。析之爲數百十焉。各人所占。能有幾何。而此百數十人。皆以萬金之奉自奉。而於家中生計。絲毫不負其責任。吾見所謂故家名門。若此者比比然矣。又不必故家名門也。即以尋常論之。大率一家之中。其生利者不過一二人。而分利者動十數人。夫以一人之資本勞力而自養焉。雖中下之材。而猶不至於不給。以一人之資本勞力而養十數人。雖賢智未有能善其後者也。故不得不歲耗其母財以爲消費。而遂以陷於困窮。我國國民之總歲殖所以不能多斥以爲母財之用者。其大原因未始不由家族制度之不適宜使然也。故俗語曰。『富不過三代。』夫使能善用富。則雖十代百代可也。而吾中國率不能過三代者何也。生之者一人。而食之者百人。生之者一日。而食之者百日。雖有鉅母。其何足以再世也。西國法律所以重保護富民者。爲其爲一國積母財。積之愈久。則其數愈鉅。斥母興業。人已交利。而國殖歲進。喬木世臣所以爲貴也。中國則貧有世襲。而富無世襲。此亦母財消耗之明效大驗矣。而其咎實紈袴子弟尸之。紈袴子弟者。眞一國之大蠹賊也。雖然。追本窮原。則咎又不專在其子弟。而兼在其父兄。爲父兄者既以自累。已所生之利爲子弟所分。故曰自累。而復以累其子弟。令子弟不能爲生利之人。故曰累子弟。是誠愚不可及矣。

(六)浪子。　浪子者。紈袴子弟居其強半。亦有非紈袴而亦浪子者。此類之人。尚未至爲乞丐。尚未至爲盜騙。其生涯也。飲酒看花。鬬雞走狗。馳馬角戲。六博蹋踘。吸鴉片。狎游妓。舍此之外。毫無所事。而衣必選色。食必選味。此類之人。其結局也。盜騙乞丐二者。必居一於是。

(七)兵勇及應武試者。　生計家之論軍人。有以爲生利者。有以爲分利者。吾謂今世文明國之軍人。決不可謂之分利。何也。若無國防。則國難屢起。民將不得安其業。故軍人者。實生利之民之保險也。藉曰分利矣。然亦當屬於勞力而分利之一類。中國則不然。中國之兵勇。實不勞力而分利者也。中國之兵勇。實兼浪子盜騙乞丐三者之長而有之者也。兵勇既皆分利。其應武試者。若武童武生武舉武進士之流。更不待論。

(八)官吏之一大半。　中國之官吏。皆分利者也。然其勞力而分利者居小半。不勞力而分利者居大半。不勞力而分利者。其在京官中。則除軍機大臣章京及各部主稿司員外。自餘各官皆是也。其在外官中。則凡候補需次人員及道班同通班佐雜班實缺者之大半皆是也。此類人之性質位置。與下篇第三類略相似。至其勞力而分利者。及其分利之理由。下篇乃論之。

（九）緣附於官以爲養者。此等人所包甚廣。官親也。幕客也。胥吏也。僕役也。皂隸也。訟棍也。其性質大略相等。吾不暇徧論。但約括以此名。此類人大率强而黠者則豺虎也。弱而笨者則蝗蝻也。其害羣一也。一州縣衙署。而豢養此輩動數百人。他可知矣。通計全國衣食於此間者。殆常數百餘萬人。此階級亦幾蔚成大國矣。

（十）土豪鄉紳。土豪鄉紳大率皆紈袴子弟讀書人官吏及緣附於官者之四類人所變相也。雖然。亦有不屬於此四類人而不得不謂之土豪鄉紳者。即本屬於四類。而既已變相則亦自別成爲一孽種。故不得不另立一門以總括之。而此等實分利中之最强有力者也。

（十一）婦女之一大半。論者或以婦女爲全屬分利者。斯不通之論也。婦人之生育子女爲對於人羣第一義務。無論矣。即其主持家計。司閫以內之事亦與生計學上分勞之理相合。蓋無婦女。則爲男子者不得不兼營室內之事。業不專而生利之效減矣。故加普通婦女以分利之名不可也。雖然。中國婦女則分利者十六七。而不分利者僅十三四。何以言之。凡人當盡其才。婦人之能力雖有劣於男子之點。亦有優於男子之點。誠使能發揮而利用之。則其於人羣生計增益實鉅。觀西國之學校教師商店會計用婦女者强半。可以知其故矣。大抵總一國婦女。其當從事於室內生利事業者十而六。（育兒女治家計即室內生利事業也）其當從事於室外生利事業者十而四。（泰西成年未婚之女子率皆有所執業以自養即從事於室外生利事業者也）而中國婦女但有前者而無後者焉。是分利者已居其四矣。而所謂室內生利事業者。又復不能盡其用。不讀書。不識字。不知會計之方。不識教子之法。蓮步夭嬈。不能操作。凡此皆其不適於生利之原因也。故通一國總率而計。則分利者十六七。而不分利者僅十三四也。

（十二）廢疾。廢疾者之爲分利。不辨而明。雖然。苟在文明國。有訓盲訓啞等學校。雖有廢疾。而往往使之操作工藝。足以自養。故其分利不多。中國苟遇此等無告。則皆有分而無生者也。是非好自爲之。而天然之缺憾及政府之失職。使之不得不然也。

(十三)罪人。　人至犯公罪而縲絏刑。必其對於一羣之利益。有所侵害明矣。故罪人之本屬分利者。殆十而八九也。但今日文明未至法律未完則犯罪者或未必眞罪未必皆害一羣公益也　雖然。及其既犯罪之後。以一羣治安所繫。不得不置諸囹圄以示懲。既入囹圄。惟受凌虐。一無所事。是使之重分利也。監之十年。則其分利者十年。監者百人。則其分利者百人。日損公家之母財以畜之。其蠹羣抑更甚矣。故各文明國之懲纍囚也。不以虐刑而以苦役。古者輸司空城旦輸鬼薪即是此意　誠得其道也。中國則獄囚充塞。而此輩既自苦。復無以自給。而不得不仰食於縣官。或所親。是亦分利之一大族也。

兒童不勞力也。何以不爲分利。曰。彼未及生利之年。宜儲備其力以爲他日生利之用也。兒童者實一國將來之眞母財也。生計學家言以人身之德慧術智爲生產力之一種亦謂之無形之資本故凡兒童皆可謂爲一國之無形資本也　老人不勞力也。何以不爲分利。曰。彼已過生利之年。其前此所生之利。既有所儲備。而今之所享。非分之於他人者也。記曰。十六以下。上所長也。六十以上。上所養也。誠以其在一羣之地位。當如是也。若夫少年時代。荒嬉學業。不思預備將來所以報效國民之道。致使長成。百無一能。若此者則雖未成年。已不得不謂之分利。又如壯年時代。無業游手。曾未嘗致絲毫之力有所貢獻於其羣。及老而廢焉。徒待養於公產。若是者則雖及耄期。仍不得不謂之分利。我中國之兒童老人若此者蓋十而六七焉。故我國兒童老人之分利者。亦十而六七也。

地主往往不自勞力。而生計家不謂之分利。亦有謂爲分利者　何也。彼其前此之所以得此土地者。未有不從勞力而來。今之所享。即其前此勞力之所儲備。而用之未盡者也。與老人不爲分利者同例　若夫藉父兄之業。其所以得此土地「所有權」者。既非經本身之勞力而復一無所事。惟衣租食稅以自豪者。斯不得不謂之分利。故我中國之地主。其分利者亦十而六七也。（萬國皆同）然此等皆可謂之紈袴子弟。故不爲另立一門。

以上說「不勞力之分利者」竟

第二　勞力而仍分利者。

(一)奴婢。　奴婢之勞力有視尋常人加數倍者。雖然。其所勞之力只以伺主人之顰笑。供主人之使令。其力用之而無所復。故謂之分利。此分利種族之最易見者。

(二)優妓。　優妓固有所甚勞甚苦者存。然其勞力皆無所復。且能牽動他人而使之並爲分利者。故其分利之毒亦頗甚。

以上兩者。其分利未必爲本人之所欲。而有迫之使不得不然者。故分利之罪。不在本人。而在迫之之人。凡有迫而分利者。皆屬此類。（衙署之皂隸與奴婢同類者彼好自爲之非有迫之者也故彼輩不可不自負其分利之責任故謂之不勞力而分利者）

(三)讀書人　士農工商號稱國之四民。而讀書人褎然居首焉。據斯密之論。則雖泰西之讀書人。彼且以爲分利矣。顧吾平心論之。則西國之讀書人。其分利者雖或十之一二。其生利者猶十之七八。何也。彼其學成之後。非醫生。則法官也。則律師也。否則傳教也。學校教師也。若其學工商業。直接以生利者。更無論矣。故斯密之說。施諸彼吾不敢袒焉。若在我國。則至當無以易矣。吾國讀書界之現象。最奇者有二。一曰無所謂卒業不卒業也。二曰藉令卒業矣。而不知其所學作何用也。其潦倒者。則八股八韻。風簷矮屋。磨至頭童齒豁之年。其騰達者。則夸耀妻妾。武斷鄉曲。以爲維桑與梓之蠹。謂其導民以知識耶。吾見讀書人多而國日愚也。謂其誨民以道德耶。吾見讀書人多而俗日偷也。四體不勤。五穀不分。偷懦憚事。無廉恥而嗜飲食。讀書人實一種寄生蟲也。在民爲蠹。在國爲蝨也。若考據家若詞章家及近今輕薄之時勢家皆分利之尤者也彼等或以爲吾雖無益於羣而不知其提倡此謬種以消耗後進之腦力腐敗國民之道德害已重矣藉云無益亦無害而坐蝕一國之母財寧得謂非害耶若講明道學匡翼民德以培國家元氣者不在此論而惜乎我國讀書界能若此者萬億人中不得一二也

(四)敎師　讀書人中爲敎師者。宜若非分利。然雖然。所敎成者爲一羣之公益。則謂之生利。所敎成者爲一羣之公蠹。則謂之分利。彼今日之讀書人。實前此之敎師所產也。他日之讀書人。又今此之敎師所產也。日產公蠹。謂之不分利得乎。

(五)官吏之一小半。　斯密亞丹以官吏爲分利。後人糾之詳矣。雖然。若中國之官吏。則無論爲勞力者不勞力者。而皆不得不謂之分利。官吏之勞力者。若京官之軍機大臣軍機章京各部署之掌印主稿司員。外官之督撫。乃至實缺之提鎭司道府廳州縣。各要局之委員。以及出使大臣領事等。皆是矣。其數度不過官吏中十之一二。此輩固自謂盡瘁於王事。鞅掌於賢勞也。至問其勞力所用者在何處。在脚韡手版耳。簿書期會耳。問其於國民公益有絲豪關係乎。無有也。英人邊沁嘗言。政府者有害之物也。然所以設之者。以小害物制大害物而已。日人西村茂樹申其義曰。政府害民之事少而能制止他之大害者。謂之良政府。害民之事多。而不能制止他之大害者。謂之惡政府。若是乎官吏之分利賊民。固已鐵案如山。不容爲諱矣。特視其所賊之率多少何如耳。然苟能奉其職以爲民捍禦他種大災害。則其間接所生之利。足以償其直接所分者而有餘。故文明國之官吏。不得謂之分利。夫國民之所謂大災害者何也。則水旱癘疫之流行也。豪强之欺凌也。爭鬩之枉屈也。盜賊之横恣也。其尤甚者則外侮之攘奪。喪我主權。失我公產也。若此者皆不能不仰匡救於政府。政府而能捍衞是者。則民雖獻其

血汗所得之權利之一二以贍養之。亦不過如營業者之有保險。而非可吝非可避者也。若中國則何有焉。民有災而不能恤也。民有枉而不能伸也。餓殍徧道而不能救也。羣盜滿山而不能監也。浸假而弄兵召戎。一遇挫敗。則割胸脅剝脂膏以爲償也。浸假而畏敵如虎。承伺顰笑。則壓同胞媚仇讎以自固也。由前之說。則有官吏如無官吏。由後之說。則有官吏反不如其無官吏。夫官吏而不能捍民之患。則固已害矣。況以官吏之故而民患益深且劇焉。是他種之分利分其一。而此輩之分利分其二也。（勞力而分利之官吏其罪倍於不勞力而分利者）故中國之官吏實分利之罪魁。而他種之分利者大率由彼輩而生者也。

（六）商業中之分利者。　既執業斯不可謂之分利。雖然。亦有辨焉。吾以爲今日中國人所執之商業。其不分利者不過十六七。而其分利者尚十二三。如彼投機射利。俗所稱買空賣空者。其操術類於賭博。其用心等於棍騙。斯爲分利無論矣。至如劇園酒樓之類。導人於分利之途者。雖主者極勤勢。而不得不謂之分利。又如售賣分利之事物。如鴉片淡巴菰酒及一切有害衞生之物。脂粉首飾及一切婦女冶容之物。香燭楮爆及一切神祇供享之物。古董書畫及一切名士玩耍之物。印刷八股小說考據詞章等無用書籍。乃至文人墨客一切特別精緻之物。（吾八年前曾與一友行京師琉璃廠數其商店不屬於分利者十不得一）諸凡業此者。皆分利者也。雖然。其罪不在執此業者。而在用此物者。何以故。苟無人焉從而流通之。則其業不禁自絕。故此等實分利之果。而非分利之因也。

（七）農工業之分利者。　農工業亦有分利者乎。曰有。如農之種罌粟種菸葉。工之製造各種無益有害之物者。皆分利也。然科其罪。則亦與前所論之商業同。不可謂直接之分利。（如種罌粟之分利人人知之矣然以寡入口之漏卮則又反似生利而非分利雖然種者愈多吸者亦愈多是此業又轉爲分利之因矣）又如分功不細。成物遲鈍。則工雖勞而亦分利。（如業針者以一人始終其事窮日之力不能成一針若分其功而各專一事焉凡爲針之事十七八以十八人分任之則日可得八萬六千針是人日四千八百也一人任之日成其一是所廢者四千六百七十九矣此等力皆委之無用故曰分利器械不具。趣事拙。久則工雖勞而亦分利。若有鐵路三日可達之路無之則需二十日是使人靡其十七日於旅行中其力委之無用故曰分利又如有鐵路則十噸之貨物不需人馬之力不數日而可以致千里苟無之而恃車輛焉以十車載之走半月馬力人力皆委之無用斯分利矣若並車輛而無焉以數十人負戴之走一月始達其力之委於無用者更多斯益分利矣又如開礦無機器而百人乃任此役有機器則數人任之而有餘推之凡百工作莫不皆然夫人只有此數人之力只有此數也用之於此則不能同時復用之於彼以一人一日可成之物而今乃需百人百日則此九十九人九十九日皆委之無用也故曰分利此等若充類至盡。則雖以今日極文明國之工藝。庸詎知後人視之。不有以為分利之尤者乎。故以分利之罪罪我工傭。不可也。雖然。以今日我國之工。與歐美諸國之工比較。固不可不謂之分利。若此者非民之罪。有司之罪也。非一人之罪。團體之罪也。

以上說『勞力而仍分利者』竟。

吾今日欲取中國民數而約計之。以觀其生利分利之比較。中國無統計雖有巧算萬不能得其真率不過就鄙見臆度而已然諒所舉者有少無多也

中國四萬萬人
- 婦女約二萬萬（分利者約十之六七）……約一萬三千萬　分利人數
- 男子約二萬萬
  - 老幼者約八千萬（分利者約十之六七）……四千五百萬
  - 丁男約一萬二千萬
    - 官吏約三十餘萬……三十餘萬
    - 讀書人約三百萬……三百萬
    - 兵勇及應武試者約四百萬……四百萬
    - 緣附於官以為食者約四百萬……四百萬
    - 僧道約三十萬……三十萬
    - 紈袴浪子土豪鄉紳共約五百萬……五百萬
    - 盜賊棍騙共約五百萬……五百萬

乞丐約三百萬……三百萬
奴婢娼優約五十萬……五十萬
罪囚約四十萬……四十萬
廢疾約二十萬……二十萬
農工商業之分利者約三百萬……三百萬

其以鈍拙遲曠而分利者不計

其餘不便歸類者約百萬……一百萬

大約四萬萬人中分利者二萬萬一千萬有奇。自餘則爲生利者。

又分中國人爲五大族。稽其民業之大略而比較之。

一漢族。　約分利者十之五有奇。生利者十之四有奇。

二滿洲族。　其在關外者生利分利之率約與漢人等。其在內地者皆分利者。無一生利者。（因本朝定例禁滿洲人不許從事工商業故其人在內地者非官則兵非讀書人則紈袴子否則緣附於官以爲食終無可以生利之道）

三苗族。　約分利者十之二。生利者十之八。

四回族。　約分利者十之三。生利者十之七。

五蒙古族。　約分利者十之四。生利者十之六。

大抵分利之人。多出於上等社會中等社會。而下等社會之人殆稀。蓋惟挾持强權者。乃得取他人所生之利而坐分之也。以上所舉分利諸種族。除乞丐奴婢罪囚廢疾等數種外。其餘大率皆以一人而分數人之利者也。竊嘗計之。非以三四人之所贏。決不足以償一人之所耗。吾中國四萬萬人。分利者既二萬萬有奇矣。而此之二萬萬。又非徒盡蝕彼之二萬萬而遂足以給之也。必二倍焉四倍焉。嗚呼若之何民不窮且匱也。亦幸而吾土地之饒。物彙之衍。小民生產力之大且厚。猶足勉强支持彌縫以迄今日也。不然者。吁無孑遺久矣。然此顧可久恃乎。彼生利之二萬萬人者。自生之而自食之。裕如也。今乃每人加以三倍四倍之負擔。雖强有力何以堪此。窮之蹙之至無復之。則不得不轉而入於乞丐盜賊棍騙罪囚之數。途於是分利者益增。而生利者益減。分利者愈加多。則其餘生利者之負擔愈加重。愈不得不折而入於分利。如是遞相爲因。遞相爲果。極其弊可以使一羣之人分利者七八。而生利者不得一二。高麗是已。夫至以八九人分一二人所生之利。則分之者亦寧有幸焉。涸轍之魚。相呴以沫。其斃直須時耳。夫以吾中國之民。勤儉善儲。吾固信其無下儕於高麗之懼。雖然吾中國所處之地位。亦與高麗異。以五洲第一天府之國。擇肉者耽耽於其旁。吾國之總母財既日減消。而他國之母財且日輸入。彼利用吾土地。利用吾勞力。以運其母而殖其子。子之所殖。則彼之物。而非我之物也。如是彼盈一度。則我朒一度。吾之總母財。有歲減而無歲增。其事至易明矣。至於母財無復可斥。而一國之人不聊生矣。印度是也。彼印度之士。豈小於我。其人豈遠尠於我。而今竟若此。吾念及此。而不禁汗流浹背。淚涔涔其承睫也。我國人之處堂而嬉游釜而戲者。其亦一動心焉否也。

夫以今不及二萬萬之生利者。於自養之外。復養彼二萬萬有奇之三四倍分利者。而其力猶可以勉支。則我國民之生產力。可以四五倍於自養。昭昭然也。使無彼二萬萬之分利者以蝕之。則彼二萬萬生利者之所殖。必四五倍。是全國之總歲殖。視今日增四五倍也。使彼二萬萬分利者。更轉而生利焉。則全國之總歲殖。視今日必增八倍乃至十倍。又昭昭然也。吾中國土地第一。勞力第一。生產之三要素既優占其二。所缺者獨資本耳。使傅以八倍十倍於今日之母財。則與萬國爭商戰於地球。誰能禦之。此猶就分功未精器械未備時言之耳。使精矣備矣。而復加以人無不盡之力。地無不盡之利。則其富率之驟漲。豈復巧曆所能算也。國富矣而猶弱於人。吾未之聞也。若是乎二十世紀生計競爭之世界。果讓我執牛耳而莫與京也。雖然。飢人說食。終不能飽。吾奈此蒼生何哉。吾奈此蒼生何哉。

他省吾不深知。吾請言粵事。吾粵自前督南皮張公改闈姓爲正餉。合肥李公改番攤雜賭爲正餉以來。生計界日益蹙。其鄉市子弟相與語曰。吾與其力穡於田而日得百錢。何如傭役於博而日得數百。或且喝雉成盧。一擲巨萬也。於是闔省人趨之者十而五六。至於田功手技小販與夫負戴等種種雜工。日乏一日。小民何知。謂轉移執事以爲吾利也。殊不知一省之總勞力日擲於虛牝。一省之總母財日耗於尾閭。曾幾何時。今則一金僅易斗粟餘矣。（此最近報）曩昔以分利爲利者。而究何利也。粵中近日之窘狀。其根原雖非一端。然官吏之開賭以增分利之率。以消蝕此有限之勞力有限之母財。實其原因之最重要者也。故粵中盜賊之多。亦甲於天下。雖由其俗之偷。抑豈不以生利者之不堪負擔。迫而爲此也。使循此不變。十年之後。吾粵民之生利者。將不及二三。而分利者必至七八矣。此吾所謂遞相爲因遞相爲果之例也。今也粵人之在諸省中。以最富聞者也。而其敝既若此。嗚呼。諸省可以鑒矣。

讀者勿以吾爲家人筐篋之言也。今日生計競爭之世界。一國之榮瘁升沈。皆係於是。君不見聯軍入京以後。豈嘗索我一坏土。而惟汲汲然擴張其商務權力範圍之爲務。彼豈必瀦吾宮屋吾社。繫累吾子弟。然後謂之亡。然後謂之滅。剝吾膚焉。鹽吾腦焉。吮吾血焉。馴使我萎黃蕉萃乾枯瘦死。而其所欲固已給矣。然則吾應之之道奈何曰。政府當道固與有責焉。雖然。此必非恃政府當道一二人之力所能拯救也。其最要之着。不可不求一國中生利人多。分利人少。其轉移之次第。先求我躬勿爲分利者。復闡明學理。廣勸一國人使皆恥爲分利者。復講求政策。務安插前此之分利者。使有自新之道。以變爲生利者。天下事無中立。不進則退。此兩者消長之率。若克一變。則吾國其庶幾有瘳乎。雖然。改革之業。相因者也。將欲變甲。必先變乙。及其變乙。又當變丙。語及政策。則誰與思之。誰與行之。嗚呼。予欲無言。

## 第十五節　論毅力

曾子曰。『士不可以不弘毅。任重而道遠。仁以爲己任。不亦重乎。死而後已。不亦遠乎。』聖哉斯言。聖哉斯言。欲學爲「人」者。苟非於此義篤信死守。身體而力行之。雖有高志。雖有奇氣。雖有異才。終無所成。

人治者常與天行相搏。爲不斷之競爭者也。天行之爲物。往往與人類所期望相背。故其反抗力至大且劇。而人類向上進步之美性。又必非可以現在之地位而自安也。於是乎人之一生。如以數十年行舟於逆水中。無一日而可以息。又不徒一人爲然也。大而至於一民族。更大而至於全世界。皆循玆軌道而日孜孜者也。其希望愈遠。其志事愈大者。其所遭拂戾之境遇必愈衆。譬猶泛澗沚者與行江河者與航洋海者之比例。其艱難之程度。恆與其所歷境界之廣狹相應。事理固然。無足怪者。

天下古今成敗之林。若是其莽然不一途也。要其何以成。何以敗。曰。有毅力者成。反是者敗。蓋人生歷程。大抵逆境居十六七。順境亦居十三四。而順逆兩境。又常相間以迭乘。無論事之大小。而必有數次乃至十數次之阻力。

其阻力雖或大或小。而要之必無可逃避者也。其在志力薄弱之士。始固曰吾欲云云。吾欲云云。其意以爲天下事罔易易也。及驟嘗焉。而阻力猝來。頹然喪矣。其次弱者。乘一時之客氣。透過此第一關。遇再挫而退。稍强者遇三四挫而退。更稍强者遇五六挫而退。其事愈大者。其遇挫愈多。其不退也愈難。非至强之人。未有能善於其終者也。夫苟其挫而不退矣。則小逆之後。必有小順。大逆之後。必有大順。盤根錯節之既破。而遂有應刃而解之一日。旁觀者徒艷羨其功之成。以爲是殆幸運兒。而天有以寵彼也。又以爲我塞於遭逢。故所就不彼若也。庸詎知所謂塞焉幸焉者。彼皆與我之所同。而其能征服此塞焉。利用此幸焉與否。即彼成我敗所由判也。更譬諸操舟。如以兼旬之期。行千里之地者。其間風潮之或順或逆。常相參伍。彼以堅苦忍耐之力。冒其逆而突過之。而後得從容以容度其順。我則或一日而返焉。或二三日而返焉。或五六日而返焉。故彼岸終不可得達也。孔子曰「譬如爲山。未成一簣。止吾止也。譬如平地。雖覆一簣。進吾往也」。孟子曰「有爲者譬若掘井。掘井九仞而不及泉。猶爲棄井也」。成敗之數。視此而已。

人不可無希望。然希望常與失望相倚。至於失望。而心蓋死矣。養其希望。勿使失者。厥惟毅力。故志不足恃。氣不足恃。才不足恃。惟毅力者足恃。昔摩西古代之第一偉人也。彼憫猶太人受軛於埃及也。是其志之過人也。然其攜之以出埃及也。始焉猶太人不欲。經十餘年乃能動焉。既動矣。而埃及人尼之截之。經十餘戰乃能出焉。既出矣。而所欲至之目的不得達。徬徨沙漠中者又四十年焉。使摩西毅力稍不足。或於其初也。見猶太人之頑錮難動。而灰其心焉。於其中也。見埃及人之强悍難敵。而灰其心焉。於其終也。見迦南樂士之艱險不易達。而灰其心焉。苟有一者。則摩西必爲失敗之人。無可疑也。昔哥侖布新世界之開闢者也。彼信海西之必有大陸。是其識之過人也。然其蚤年喪其愛妻。喪其愛子。喪其資財。窮餓無聊。行乞於市。既而游說於豪貴。豪貴笑之。建白於葡萄牙政府。政府斥之。及其承西班牙王之命初航海也。舟西指六十餘日不見寸土。同行之人失望思歸。從而尼之撓之者不下十數次。乃至共謀殺其身飲其血。使哥侖布毅力稍不足。則初焉以窮困而沮。繼焉以不遇知己而沮。繼焉以艱難而沮。終焉以險禍而沮。苟有一者。則哥侖布必爲失敗之人無可疑也。昔巴律西法蘭西著名之美術家也。嘗憫法國磁器之粗拙。欲改良之。築竈以試驗者數年。家資盡罄。再築竈而益以薪。又復失敗。已無復三度築竈之資。猶復集土器三百餘。附窰以試驗之。歷一日夜不交睫。曾無尺寸功。如是者殆十年。卒爲第四度最後之大試驗。乃作竈於家。磚石築造。皆躬自任。閱七八月竈始成。乃摶土製器。塗藥入竈。火熱一晝夜間。坐其旁以待。其妻持朝食供之。終不忍離。至第二日質終未融。日沈西。又不去。待之於是蓬首垢面。憔悴無人形。如是者越三日四日五日六日相續至七日。未一假寐。而功遂不就。自茲以往。調新質而擣煉之。坐守十餘日二十日以爲常。最後一度質既備。火既焚。熱既熾。功將成矣。薪忽告竭。而火又不能滅也。巴律西爽然自失。傷其功之將墮。乃拔園籬之本以代之。猶不足。碎其桌及椅投諸火。猶不足。碎其架。猶不足。碎其榻。猶不足。碎其門。妻子以爲狂。號於室而奔告其鄰。未幾所燒之質遂融。色光澤儼然良器矣。於是巴律西送其至困極苦之生涯於此器者已十八年。使巴律西毅力稍不足者。則必爲失敗之人無可疑也。昔維爾德創設海底電線之人也。彼其擁巨萬之貲。傾心以創此業。欲自美至英。超海以通電信。請助於英政府。幾經哀求。始見許。而美國議院爲激烈之反對。其贊助僅以一票之多數得通過。亦既困難極矣。及其始敷設也。第一次至五百里而失敗。第二次至二百里。以電流不通而失敗。第三次將告成矣。而所乘之軍艦。又以傾射不能轉運。綫亦中斷。第四次以兩軍艦一向愛爾蘭．一向尼科德蘭．相距三里．線仍斷．第五次再試．則兩艦距離八十里．電流始通．又突失敗．監督諸員皆絕望．資本家亦有悔志．第六次至海上七百里．地名利鞠者．電信始通．謂已成矣．既而電流忽突然停止．又復失敗．第七次更別購良線．建設至距尼科蘭六百里處．將近結果．線又斷．此大業遂閱一年有奇．而維爾德之家貲已耗盡矣．猶復嘵音瘏口．勞魂瘁形．游說英美之有力者．別設一新公司．而功乃始就．至今全地球食其利．使維爾德毅力稍不足者．則雖歷一次二次乃至三四五六七八次．其終爲失敗之人無可疑也．此其最著者也．乃若的士黎禮四度爭議員選舉不第．而卒爲英名相．加里波的五度起革命軍不成．而卒建新意大利．士提反孫之作行動機器也十五年始成．瓦德之作蒸氣機器也三十年始成．孟德斯鳩之萬法精理二十五年始成．斯密亞丹之原富十年始成．達爾文之種源論十六年成．吉朋之羅馬衰亡史二十年始成．倭斯達之大辭典三十六年始成．馬達加斯加之傳敎師十年始得一信徒．吉德林之傳敎於緬甸．拿利林之傳敎於中國．一則五年．一則七年．乃得一信徒．由此觀之．世無論古今．業無論大小．其卓然能成就以顯於世而傳於後者．豈有一不自堅忍沈毅而來哉．又不徒西國爲然也．請徵諸我先民．句踐之在會稽也．田單之在卽墨也．漢高之滎陽成皋也．皆其敗也．卽其所以成也．使三子者毅力稍不足．則爲失敗之人也．張騫之使西域也．瀕於死者屢．往往不食數日．乃至十數日．前後歷十三年．而卒宣漢威於域外．使騫毅力稍不足．則爲失敗之人也．劉備初用徐州而蹶．次用豫州而又蹶．次用荊州而又蹶．年將垂暮．始得益州以定大業．使備毅力稍不足．則爲失敗之人也．元奘以唐國師之尊．橫蔥嶺．適印度．猛獸困之．瘴癘困之．饑渴困之．語言之不通困之．卒經十七年．盡學其正法外道．歸而弘布於祖國．使元奘毅力稍不足．則爲失敗之人也．且勿徵諸遠．卽最近數十年來．威德巍巍．照耀寰宇．若曾文正其人者．

其初起時之困心衡慮。寧復可思議。餉需則羅掘不足。與李小泉書云。僕在衡極力勸捐。總無起色。所入皆錢。倘不滿萬。各邑紳士來衡殷殷相助。奈鄉間自乏此物。莫可如何。欲放手一辦。輒復以此阻敗。只惱人耳。又復駱中丞書云。捐輸一事。所託之友所發之書。蓋已不少。據稱待至歲暮。某處一千。某處五百。俱可按籍而索。事雖同乎水中之月。猶冀得乎十分之五。一經搖動。則全局皆空云云。蓋當時以鄉紳辦團。只恃捐輸。不仰帑藏故也。兵勇則調和兩難。文正在衡初辦團時。標兵疾之。至闖入公所與之爲難。文正僅以身免。其文集中書札卷二與王璞山書。上吳甄甫制軍書各篇。苦情如訴。詞多不錄。將裨則駕馭匪易。覆駱中丞書云。王璞山本侍所器倚之人。今年於各處表暴其賢。蓋亦口疲於贊揚。手倦於書寫。而璞山不諒我心。頗生猜嫌。侍所與之札飭言撤勇事者。概不回答。既無公牘。又無私書。曾未同涉風波之險。已有不受節制之意。同舟而樹敵國。肝膽而變楚越云云。當時用人之難。可見一斑矣。類此者猶夥。衡州水師經營積年。甫出即敗於靖港。憤欲自沈。覆思乃止。直至咸豐十年任江督。駐祁門。而蘇常新陷。徽州繼之。圜左右八百里皆賊地。或勸移營江西以保餉源。或勸遷麾江干以通糧路。文正乃曰。『吾去此寸步無死所。』及同治元年合圍金陵之際。疾疫忽行。上自蕪湖。下迄上海。無營不病。楊岳斌曾國荃鮑超諸統將皆呻吟牀蓐。堞無守望之兵。廚無炊爨之卒。而苦守力戰閱四十六日乃得拔。事後自言此數月中心胆俱碎。觀其與邵位西書云。『軍事非權不威。非勢不行。弟處無權無勢之位。常冒爭權爭勢之嫌。年年依人。頑鈍寡效。』與劉霞仙書云。『虹貫荊卿之心。而見者以爲淫氛。碧化萇宏之血。而覽者以爲頑石。古今同慨。我豈伊殊。屈累所以一沈而萬世不復者。良有以也。』又復郭筠仙書云。『國藩昔在湖南江西。幾於通國不能相容。六七年間。浩然不欲復聞世事。然造端過大。以不顧生死自命。寧當更問毀譽。以拙進而以巧退。以忠義勸人而以苟且自全。即魂魄猶有餘羞。』蓋當時所處之困難。如此其甚也。功成業定之後。論者以爲乘時際會。天獨厚之。而豈知其停辛竚苦。銖積寸累。百折不回。而始有今日也。使曾文正毅力稍不足者。則其爲失敗之人無可疑也。嗚呼。綜觀此中西十數君子。則我輩所以求自立於天地間者。可以思矣。可以興矣。拿破侖曰。『兵家勝敗在最後之十五分鐘而已。』蓋我困之時。人亦困之時也。我疲之時。人亦疲之時也。際人之困疲。而我一鼓勇氣以繼之。則勝利固不得不在我。』此言乎成功之術之非難也。古語曰。『行百里者半九十。』此言乎成功之道之非易也。難耶易耶。惟志士自擇之。

抑成敗云者。又非可以庸耳俗目而論定者也。凡人所志所事愈大。則其結果愈大。而成就亦愈遲。如彼志救一國者。而一國之進步。往往數十百年乃始得達。志救天下者。而天下之進步。往往數百千年乃始得達。而此眇眇七尺之軀殼。雖豪傑雖聖賢。曾不能保留之使踰數十寒暑以外。然則事事而欲親覩其成。寧復有大事之可任耶。是故當知馬丁路得固成也。而拉的馬。列多黎。格蘭瑪。（三人皆爲宗敎革命而死者。格蘭瑪縛於柱而焚殺。）亦不可謂不成。哥侖布固成也。而伋頓曲（伋頓曲在夏威夷爲土人所殺。）亦不可謂不成。狄渥固成也。而噶蘇士亦不可謂不成。加富爾固成也。而瑪志尼亦不可謂不成。大久保木戶固成也。而吉田松陰藤田東湖亦不可謂不成。曾國藩固成也。而江忠源羅澤南李續賓亦不可謂不成。成敗云者。惟其精神。不惟其形式也。不然。若孔子干七十二君無所用。伐檀削跡。老於道路。若耶穌受磔十字架。其亦可謂之敗耶。其亦可謂之敗耶。故眞有毅力者。惟懷久遠之希望。而不計目前之成敗。非不求成。知其成非在旦夕。故不求也。成且不求。而寧復有可敗之道乎。淺見者流。覩其軀殼之或竄或錮或殺。而妄擬議之曰。是實敗焉。而豈知天下事固往往敗於今而成於後。敗於我而成於人。有旣造之因。必有終結之果。天下惟不辦事者。立於全敗之地。而眞辦事者。固必立於不敗之地也。故吾嘗謂毅力有二種。一曰競惕於成敗。而竭全力以赴之。鼓餘勇以繼之者。剛毅之謂也。二曰解脫於成敗。而盡天職以任之。獻生命以殉之者。沈毅之謂也。

若是者。豈惟一私人爲然耳。卽一民族亦有然。偉大之民族。其舉動常有一遠大之目的。汲汲焉向之以進行。歷數十年數百年如一日不觀英國乎自克林威爾以來以通商殖民爲國是爾後數百年不一退轉馴至世界大地圖中五大洋深綠色裏斑斑作硃點者皆北端眇眇三島之附從奴僕也十字角之旗翩翻五大陸萬島嶼之上乃至不與日同出入而至今猶歉然若不足殖民大臣漫游全世界汲汲更講漲進之法不見俄國乎自彼得大帝以來以東向侵略爲國是爾後數百年不一退轉其於近東也歐亞諸國合力沮之其於遠東也乃至歐亞美諸國全力沮之而銳氣不稍挫近日確然益樹實力於滿州而達達尼爾事件（此最近之國際問題俄國覬覦柏林條約以兵船渡土耳其之達達尼爾海峽以出黑海也）又見告矣計全球數十國中其有朝氣方鼎盛者不過十數揆厥所由未有不自彼國民之有毅力來者也豈無一二佼客氣趁風潮隨雄國以學邯鄲步者然曇花一瞥頹落依然今南美洲諸國是其前車也孟子曰『禍福無不自己求之者』天之降鑒下民豈有所私耶嗚呼國民國民可以鑑矣

吾觀我祖國民性之缺點不下十百其最可痛者則未有若無毅力焉者也其老輩者有權力者衆目之曰守舊夫守舊則何害英國保守黨之名譽歷史豈不赫赫在人耳目耶（現内閣亦保守黨）然守則守矣既守之則當以身殉之顧何以戊戌新政一頒而舉國無守舊黨者竟三閱月也義和團之起也吾黨雖憐其愚而猶驚其勇以爲排外義憤有足多焉而何以數月之力不能下一區區使館也而何以聯軍一至其在下者惟有順民旗不復有一義和團其在上者惟有二毛子不復有一義和團也各省鬧教之案固野蠻之行也雖然吾聞日本三十年前固常有民間暴動濫戕外人之事及交涉起其首事者則自戕於外國官吏之前不以義憤貽君父憂而吾國民之爲此者何以一呼而蜂蟻集一鬨而鳥獸散不顧大局而徒以累國家也若夫所謂新進者稍知外事者翹然楬櫫一維新之徽章於額角夫維新則豈非善事然既新矣則亦當以身殉之顧何以見聲色而新者去其十之三四

語金錢而新者去其十之五六。覩宦達而新者且去其十之八九也。或曰此蓋其心術敗壞使然。彼其在初固希嘗確有見於舊之宜守確有見於新之不可以已也。不過伺朝廷之眼波以爲顯官計博時髦之虛名以爲噉飯地耳。吾謂此等人固自不少而吾終不敢以此陰險黠詐之惡名盡概天下士也。要之其志力薄弱。知及而仁不能守。有初而鮮克有終者。比比然爾。彼守舊者不足道矣。至如號稱維新者流。論者或謂但有此輩亦慰情勝無。嗚呼。吾竊以爲誤矣。天下事不知焉者尚有可望。知而不行者則無可望。知而不行尚有可望。行而不能力不能終者。最無可望。故得聰明而軟弱者億萬。不如得樸誠而沈毅者一二。今天下志士亦紛紛矣。其大多數者果屬於此。抑屬於彼。吾每一念及。不能不爲我國前途疑且懼也。嗟乎一國中朝野上下人人皆有假日媮樂之心。有遑恤我後之想。翩翩年少弱不禁風。皤皤老成尸居餘氣。無三年能持續之國的。無百人能固結之法團。嗚呼。有國如此。不亡何待哉。不亡何待哉。

守舊者吾無責焉。僞維新者吾無責焉。吾請正告吾黨之眞有志於天下事者曰。公等勿恃客氣也。勿徒悚動於一時之高論以爲吾知此吾言此而吾事畢也。西哲有恆言『知責任者大丈夫之始。行責任者大丈夫之終。』吾儕不認此責任則已耳。苟既認之。則當如婦人之於所天。終身不二矣。死靡他。吾儕初知責任之日。即此身初嫁與國民之日也。自頂至踵。夫豈復我所得私。於此而欲不亹亹焉。夫亦安得避也。然天下事順逆之常相倚也。又如彼吾黨乎吾黨乎。當知古今天下無有無阻力之事。苟其畏阻力也則勿如勿辦。竟放棄其責任以與齊民伍。而不然者。則種種煩惱皆爲我練心之助。種種危險皆爲我練胆之助。種種艱大皆爲我練智練力之助。隨處皆我之學校也。我何畏焉。我何怨焉。我何餒焉。我願無盡。我學無盡。我知無盡。我行無盡。孔子曰『望其壙睪如也。梟如也。君子息焉。小人休焉』。毅之至也。聖之至也。

## 第十六節　論義務思想

義務與權利對待者也。人人生而有應得之權利。卽人人生而有應盡之義務。二者其量適相均。其在野蠻之世。彼有權利無義務有義務無權利之人蓋有焉矣。然此其不正者也。不正者固不可以久。苟世界漸趨於文明。則斷無無權利之義務。亦斷無無義務之權利。惟無無權利之義務也。故盡瘁焉者不必有所懼。惟無無義務之權利也。故自逸焉者不必有所歆。

夫不正之權利義務而不可以久者何也。物競天擇之公理。不許爾爾也。權利何自起。起於勝而被擇。勝何自起。起於競而獲優。優者何。亦其所盡義務之分量。有以軼於常人耳。難者曰。天演力之行。匪獨今也。彼前此所謂有權利無義務有義務無權利者。亦不可謂非優劣之結果也。彼其未嘗爲人羣盡絲毫義務。而靦然擁其優勝之資格以睥睨一切者。方充塞於歷史。而子乃以義務爲優勝之因。不亦迂乎。應之曰。不然。凡天下無論正不正之權利。當其初得之之始。必其曾盡特別之義務。而乃以相償者也。卽如世襲之君權。至不正者也。然其始烏乎得之。民初爲羣。散漫柔弱。於是時也。有能富於膂力。爲衆人捍禽獸之患。捍外敵之暴者。乃從而君之。又或紀綱混亂。無所統一。於是時也。有能運其心思才力。爲衆人制法立度。調和其爭者。乃從而君之。又或前朝不綱。海宇鼎沸。於是時也。有能以隻手削平大難。使民安其業者。乃從而君之。若是夫彼所盡於一羣之義務。固有以異於常人也。故推原其朔。不得謂之不正。不正者在後此之襲而受之者云爾。篡弒得國者雖易姓而其威權實憑藉於前代故可視之與世襲者同例至外族奪

國之事文論之下　彼憑藉此既得之權利而濫用之因以反抗天演大例使競爭力不能遵常軌然後一切權利義務乃不相應故專制政體之國必束縛其民之心思才力於無可爭之地若中國之以科舉取士以資格任官皆是也非此則其不正之權利無由保也雖然天演固非可久抗者譬諸水然爲隄以障之固未嘗不可使之改其常度移時則或溢而出焉或決而潰焉而水之性終必復舊故夫權利義務兩端平等而相應者其本性也故近今歐美諸國所謂不正之權利義務殆既絕跡而此後之中國亦豈能久抗焉豈能久障焉新民子曰自今以往苟盡義務者其勿患無權利焉爾苟不盡義務者其勿妄希冀權利焉爾

（附記）或難吾權利初起皆得自義務之說謂卽以君權論若彼外族之奪我國土而久享此無義務之權利者其謂之何應之曰此有兩說（其一）仍由於承襲者蓋承數千年不正之君權積威約之漸苟篡得此位卽承襲其餘蔭也（其二）則國民義務思想太淺薄故人得乘虛而入也夫朝綱紊亂從而正之者國民之義務也國中有亂從而戡之者國民之義務也而皆不能焉是舉國中皆放棄其義務矣既放棄其義務自不能復有其權利正天演之公例也而彼外族者反入而代我還定安集之彼雖非爲我盡義務然與我比較其所盡抑猶優於我矣彼外族入主中夏而能卜世稍久者皆此之由也彼雖不正然我祇當自怨寧能怨人

恫哉吾國民義務思想之薄弱也吾昔著論權利思想之切要吾知聞者必將喜焉則囂囂然起曰我其爭權利我其爭權利雖然吾所謂權利思想者蓋深恨吾國數千年來有人焉長擁此無義務之權利而謀所以抗之也而誤聽吾言者乃或欲自求彼無義務之權利且率一國人而胥求無義務之權利是何異磨甎以求鏡炊沙以求飯也吾請申言權利與義務相待之義父母之於子也蚤年有養子之義務故晚年有受養於子之權利夫之

於妻也。有保護之之義務。故有使妻從我之權利。傭之於主也。有盡瘁執事之義務。故有要求薪俸之權利。此其最淺者也。爲子者必能自盡其爲人之義務。而無藉父母之代勞。然後得要求父母許以自由之權利。亦其義也。然此不過就一私人與一私人之交涉言耳。若夫相聚而成一羣。所以樂有羣者。爲羣既立而我可藉羣之力以得種種之權利也。然羣非漫然而能立者也。必循生計學上分勞任功之大例。一羣之人。咸各亹亹焉。羣之匱乏。我既補之。羣之急難。我既赴之。則羣之安富尊榮。我固得自享之。是謂無無權利之義務。使羣中之人有一焉游手而無業者。則其羣之實力少一分。使羣中之人而皆爾焉。則是羣之自殺也。故羣中之有業者。雖取彼無業者飲食之權利而並奪之。亦不得謂之非理。何也。是債主對於負債者所得行之手段也。食羣之毛。踐羣之土。乃逋羣負而不償。則羣中之權利。豈復彼所得過問也。是謂無無義務之權利。

吾言中國人無義務思想。吾請舉其例。政治學者言國民義務有兩要件。曰納租稅也。曰服兵役也。夫國也非能自有恆產也。民不納租稅。則政費何所出。劃而命之曰一國。是必有他國與之對待也。民不服兵役。則國防何由立。而吾國民最畏此二事。若以得免之爲大幸者。此最志行薄弱之徵也。昔之頌君德者。皆以免征減賦爲第一仁政。若宋之改徵兵爲傭兵。本朝康熙間下永不加賦之諭。皆民間所最謳歌而最感戴者也。而豈知兵由於傭者。則愛國心必不可得發現。而永如加賦者。苟欲爲民事新有所興作。費無所出。而善舉亦不得不廢也。泰西諸國則異是。凡成年者皆須服二三年之兵役。而民莫或避。租稅名目如鯽。其歲納之額。四五倍於我國。而民莫或怨。彼寧不自寶其血肉。自惜其脂膏也。顧若此者。彼自認此義務。而知有與義務相對待之權利以爲之償也。匈加利之被壓制於奧政府也。卒以奧法交戰。奧人不得不藉匈兵力。而遂以恢復自治憲法。（千八百六十年事）西人有一恆言曰『不出代議士。不納租稅。』英之「大憲章」權利法典。皆挾租稅以爲要求者也。法之大革命。亦以反此公例而釀成者也。故歐西人民對國家之義務。不辭其重。而必要索相當之權利以爲之償。中國人民對國家之權利不患其輕。而惟欲逃應盡之義務以求自逸。是何異頑劣之童。不服庭訓。乃曰吾不求父母之養我。而但求父母之勿勞我也。夫無父母之養。則不能自存。而旣養則不能勿勞。此不可避之數也。惟養且勞。然後吾與父母之關係日益切密。而相愛之心乃起。故權利義務兩思想實愛國心所由生也。人雖至愚。未有不願受父母之養者。頑童之所以寧棄此權利者。不過其畏勞之一念使然耳。今之論者每以中國人無權利思想爲病。顧吾以爲無權利思想者。乃其惡果。而無義務思想者。實其惡因也。我國民與國家之關係日淺薄。馴至國之興廢存亡。若與己漠不相屬者。皆此之由。

今吾不急養義務思想。則雖日言權利思想。亦爲不完全之權利思想而已。是猶頑童欲勿勞而又貪父母之養也。是猶惰傭不力作而欲受給於主人也。吾見今之言權利者。頗有類於是焉矣。日歆羨他人之自由民權。而不考其所以得此之由。他人求之而獲之。而我則望其自來。他人以血以淚購之。而我欲以口以舌爲易。他人一國中無大無小無貴無賤無富無貧而皆各自認其相當之義務。返之吾國。若者爲官吏之義務。若者爲士君子之義務。若者爲農工商之義務。若者爲軍人之義務。若者爲保守黨之義務。若者爲維新黨之義務。若者爲溫和派之義務。若者爲急激派之義務。若者爲青年之義務。若者爲少年之義務。若者爲婦女之義務。問有一人焉審諸自己之地位。按諸自己之才力。而敢自信爲已盡之而無所欠缺者乎。無有也。雖有七子之母。而無一人顧其養。焉。雖謂之無子焉可也。雖有四萬萬人之國。而無一人以國家之義務爲義務。雖謂之無民焉可也。無民之國。何以能國．

抑吾中國先哲之教．西人所指爲義務教育者也．孝也弟也忠也節也．豈有一焉非以義務相責備者．然則以比較的言之．中國人義務思想之發達．宜若視權利思想爲遠優焉．雖然此又不完全之義務思想也．無權利之義務．猶無報償之勞作也．其不完全一也．有私人對私人之義務．無個人對團體之義務．其不完全二也．吾今將論公義務．

## 第十七節　論尚武

世人之恆言曰．野蠻人尚力．文明人尚智．嗚呼．此知二五而不知一十之言．迂偏而不切於事勢者也．羅馬文化．燦燦大地．車轍馬跡．蹂躪全歐．乃一遇日耳曼森林中之蠻族．遂踣蹶而不能自立．而帝國於以解紐．夫當日羅馬之智識程度．豈不高出於蠻族萬萬哉．然柔弱之文明．卒不能抵野蠻之武力．然則尚武者國民之元氣．國家所恃以成立．而文明所賴以維持者也．俾斯麥之言曰．天下所可恃者非公法．黑鐵而已．赤血而已．寧獨公法之無足恃．立國者苟無尚武之國民．鐵血之主義．則雖有文明．雖有智識．雖有衆民．雖有廣土．必無以自立於競爭劇烈之舞臺．

而獨不見斯巴達乎．斯巴達之教育．一干涉嚴酷之軍人教育也．嬰兒之生．必由官驗其體格．不及格者．撲滅之．生及七歲．即使入幼年軍隊．教以體育．跣足裸體．惡衣菲食．以養成其任受勞苦．凌犯寒暑．忍耐飢渴之習慣．飲食教誨．皆國家專司其事．成年結婚而後．亦不許私處家中．日則會食於公堂．夜則共寢於營幕．乃至婦人女子．

亦與男子同受嚴峻之訓練。雖老婦少女。亦皆有剽悍勇俠之風。其母之送子從軍也。命之曰。『視汝負楯而歸。否則以楯負汝而歸』。舉國之男女老少。莫不輕死好勝。習以成性。故其從征赴敵。如習體操。如赴宴會。冒死喋血。曾不知有畏怯退縮之一事。彼斯巴達一彈丸之國耳。舉國民族。寥寥不及萬人。顧乃能內制數十萬之異族。外挫十餘萬之波軍。雄霸希臘。與雅典狎主齊盟也。曰惟尚武故。而獨不見德意志乎。十九世紀之中葉。日耳曼民族。分國散立。萎靡不振。受拿破侖之蹂躪。既不勝其屈辱。乃改革兵制。首創舉國皆兵之法。國民歲及二十。悉隸兵籍。是以舉國之人。無不受軍人之教育。具軍人之資格。卑斯麥復以鐵血之政略。達民族之主義。日討國人而訓之。劃滌其渙漫薾靡之舊習。養成其英銳不屈之精神。今皇繼起。以雄武之英姿。力擴其民族帝國之主義。其視學之敕語曰。務當訓練一國之少年。使其資格可以輔朕雄飛於世界。故其國民勇健奮發。而德意志遂爲世界唯一之武國。彼德新造之邦。至今乃僅三十年。顧乃能摧奧仆法。偉然雄視於歐洲也。曰惟尚武故。而獨不見俄羅斯乎。俄國國於絕北苦寒之地。擁曠漠磽确之平原。以農爲國。習於勞苦。故其民獷悍堅毅。富於野蠻之力。觸冒風暑。忍耐艱苦。堅樸雄鷙。習爲風氣。而又全體一致。服從命令。其性質最宜於軍隊。且其先皇彼得遺訓。以侵略爲宗旨。其主義深入於國民心腦。人人皆有蹴踏全球蹂躪歐亞之雄心。彼其頑獷之蠻力。鷙忍之天性。雖有萬衆當前。必不足遏其鋒而懾其氣。夫俄羅斯半開之國耳。文化程度。不及歐美之半。顧乃西馳東突。能寒歐人之膽。論者且謂斯拉夫民族。勢力日盛。將奪條頓人之統緒。代爲世界之主人翁。若是者何也。曰惟尚武故。且非獨歐洲諸國爲然也。我東鄰之日本。其人數僅當我十分之一耳。然其人剽疾輕死。日取其所謂武士道大和魂者。發揮而光大之。故當其徵兵之始。尙有哭泣逃亡。曲求避免者。今則入隊之旗。祈其戰死。從軍之什。祝勿生還。好武雄風。舉國一致。且庚子之役。其軍隊之勇銳。戰鬭之强力。且冠絕聯軍。使白人頫首傾倒。近日汲汲於體育之事。務使國民皆具軍人之本領。皆蓄軍人之精神。彼日本區區三島。興立僅三十年耳。顧乃能一戰勝我。取威定霸。屹然雄立於東洋之上也。曰惟尙武故。乃至脫蘭士哇爾。獨立不成。而可謂失敗者矣。然方其隱謀獨立之初。已陰厚蓄其武力。兒童就學。授以獵鎗。使弋途過森林之飛鳥。至學則殿最其多少以爲賞罰。預養挽强命中之才。使皆可以執干戈而衞社稷。是以戰事一起。精銳莫當。乃至少女婦人。亦且改易裝服。荷戟從戎。彼脫蘭士哇爾彈丸黑子。不能當英之一縣。勝兵者數萬人耳。顧乃能抗天下莫强之英。英人糜此百萬之巨費。調三十萬之精兵。血戰數年。僅乃克服。若是者何也。亦曰惟尙武故。此數國者。其文化之淺深不一轍。其民族之多寡不一途。其國土之廣狹不一致。要其能馳騁中原。屹立地球者。無不恃此尙武之精神。摶摶大地。莽莽萬國。盛衰之數。胥視此矣。

惆夫中國民族之不武也。神明華胄。開化最先。然二千年來。出而與他族相遇。無不挫折敗北。受其窘屈。此實中國歷史之一大汚點。而我國民百世彌天之大辱也。自周以來。卽被戎禍。一見迫於玁狁。再見辱於犬戎。秦漢而還。匈奴凶悍。以始皇之雄鷙。僅乃拒之於長城之外。以漢高之豪武。卒至圍窘於白登之間。漢武雄才大略。大張兵力於國外。衞霍之倫。絡繹出塞。然收定南粤。威震西域。卒不能犂庭掃穴。組繫單于。匈奴之患。遂與漢代相終始。降及魏晉。五胡煽亂。犬羊奔突於上國。豕蛇橫噬於中原。江山無界。宇宙腥膻。匈奴鮮卑羌氐胡羯。迭興遞盛。縱橫於黃河以北者二百五十有餘年。李唐定亂。兵氣方新。李靖敗突厥於陰山。遂俘頡利。此實爲漢族破敗外族之創舉。然屢征高麗。師卒無功。且突厥契丹吐蕃回紇。迭爲西北之邊患。以終唐世。五季之間。石晉割燕雲十六州以賂契丹。衣冠之淪於異類者數十年。且至稱臣稱男稱姪稱孫。漢族之死命。遂爲異族所軛制。宋之興也。始受遼患。徽欽之世。女眞跳梁。當是時也。謀臣如雲。猛將如雨。然極韓岳張吳諸武臣之力。卒不能制么麼小醜兀朮之橫行。金勢既衰。蒙古繼起。遂屋宋社而墟之。泱泱之神州。穰穰之貴種。頫首受軛於游牧異族威權之下。垂及百年。明興而後。勢更弱矣。一遇也先而帝見虜。再遇滿洲而國遂亡。嗚呼。由秦迄今。二千餘歲耳。然黃帝之子孫。屈伏於他族者。三百餘年。北方之同胞。屈伏於他族者。且七百餘年。至於邊塞之患。烽燧之警。乃更無一寧歲。而卒不能赫怒震擊。以摧其凶燄。發憤撻伐。以戢其淫威。嗚呼。我神明之華胄。聰秀之人種。開明之文化。何一爲蠻族所敢望。顧乃踐蹴於鐵騎之下。不能一抑首伸眉以與之抗者。豈不以武力脆弱。民氣懦怯。一動而輒爲力屈也。藐茲小醜。且不能抗。況今日迫我之白人。挾文明之利器。受完備之訓練。以帝國之主義。爲民族之運動。其雄武堅勁。絕非匈奴突厥女眞蒙古之比。曷怪其一敗再敗。而卒無以自立也。中國以文弱聞於天下。柔懦之病。深入膏肓。乃至强悍性成。馳突無前之蠻族。及其同化於我。亦且傳染此病。筋弛力脆。盡失其强悍之本性。嗚呼。强者非一日而强也。弱者非一日而弱也。履霜堅冰。由來漸矣。吾嘗察其受病之源。約有四事。

一由於國勢之一統。人者多欲而好勝之動物也。衣服飲食貨物土地。皆生人所藉以自養。而爲人人所欲望之事。人人同此欲望。卽人人皆思多取。故人與人相處。必求伸張其權利。侵他人之界。而無所饜。國與國角立。亦必求伸張其權利。侵他人之界而無所饜。然彼之欲望權利之心。固無以異於此也。則必竭力抗爭。奮腕力以自衞。稍一恇怯。稍一退讓。卽失敗而無以自存。是故列國並立。首重國防。人騖於勇力。士競於武功。苟求保此權利。雖流漂杵之血。枯萬人之骨。而不之悔。而其時人士。亦復習於武風。背睚失歡。挺身而鬬。杯酒失意。白刃相仇。借軀報讎。恬不爲怪。尙氣任俠。靡國不然。遠觀之戰國。近驗之歐洲。往事亦可觀矣。若夫一統之世。則養欲給求而無所與競。閉關高枕。而無所與爭。向者之勇力武功。無所復用。其心漸弛。其氣漸柔。其骨漸脆。其力漸弱。戰國尊武。一統右文。固事勢所必至。有不自知其然者矣。我中國自秦以來。久大一統。雖間有南北分割。不過二三百年。則旋歸於統合。土地遼廣。物產豐饒。雖有異種他族。環於其外。然謂得其地不足郡縣。得其人不足臣民。遂鄙爲蠻夷而不屑與爭。但使其羈縻勿絕。拒杜勿來而已。必不肯萃全力而與之競勝。太平歌舞。四海晏然。則習爲禮樂揖讓。而相尙以文雅。好爲文詞詩賦訓詁考据。以奇耗其材力。卽有材武桀勇者。亦閒置而無所用武。且以麤魯莽悍。見屏於上流社會之外。重文輕武之習既成。於是武事廢墮。民氣柔靡。二千年之腐氣敗習。深入於國民之腦。遂使羣國之人奄奄如病夫。冉冉如弱女。溫溫如菩薩。戢戢如馴羊。烏乎。人孰不惡爭亂而樂和平。而烏知和平之弱我毒我。乃如是之酷也。

二由於儒教之流失。宗教家之言論。類皆偏於世界主義者也。彼本至仁之熱心。發高尙之哲理。故所持論。皆謀人類全體之幸福。故西方之教。曰太平天國。曰視敵如己。天竺之教。曰寃親平等。曰一切衆生。無不破蠻觸之爭戰。以黃金世界爲歸墟。儒教者固切近於人事者也。然孔子之作春秋。則務使諸夏夷狄。遠近若一。以文致太平禮運之述聖言。則力言不獨親親。不獨子子。以靳至大同。亦莫不破除國界。以至仁博愛爲宗旨。斯固皆懸至善以爲的。可爲理論。而未能見之實行者也。然奉耶教之民。皆有堅悍好戰之風。奉佛教之民。亦有輕視生死之性獨儒教之國。奄然怯弱者。何也。中庸之言曰。寬柔以教。不報無道。孝經之言曰。身體髮膚。不敢毀傷。故儒教當戰國之時。已有儒懦儒緩之誚。然孔子固非專以儒緩爲教者也。見義不爲。謂之無勇。戰陣無勇。斥爲非孝。曷嘗不以剛强剽勁發民氣哉。後世賤儒便於藏身。摭拾其悲憫塗炭矯枉過正之言。以爲口實。不法其剛而法其柔。不法其陽而法其陰。陰取老氏雌柔無動之旨。奪孔學之正統而篡之。以莠亂苗。習非成是。以强勇爲喜事。以冒險爲輕躁。以任俠爲大戒。以柔弱爲善人。惟以『忍』爲無上法門。雖他人之凌逼欺脅異族之蹴踐斬刈。攫其權利。侮其國家。乃至掠其財産。辱其妻女。亦能俯首順受。忍奴隸所不能忍之恥辱。忍牛馬所不能忍之痛苦。曾不敢怒目攘臂而一與之爭。嗚呼。犯而不校。誠昔賢盛德之事。然以此道處生存競爭弱肉强食之世。以此道對鷙悍剽疾虎視鷹擊之人。是猶强盜入室。加刃其頸。而猶與之高談道德。豈惟不適於生存。不亦更增其恥辱邪。法昔賢盛德之事。乃養成此柔脆無骨頹儒無氣刀刺不傷火爇不痛之民族。是豈昔賢所及料也。

三由霸者之摧盪。霸者之有天下也。定鼎之初。即莫不以偃武修文爲第一要義。夫振興文學。寧非有國之急務。乃必先取其所謂武者而偃之。彼豈果謂馬上得之者。必不能馬上治之哉。又豈必欲銷兵甲。興禮樂。文致太平以爲美觀也哉。霸者之取天下。類皆崛起草澤。間關汗馬。奮强悍之腕力。屈服羣雄而攫奪之。彼知天下之可以力征經營。我可以武力奪之他人者。他人亦將可以武力奪之我也。則日講滕緘扃鐍之策。務使有力者不能負之而趨。故輦轂之下。有驍雄之士。强武有力之人。以睥睨其臥榻之側。則霸者有所不利。草澤之下。有游俠任氣之風。萃材桀不馴之徒。相與上指天下。畫地囂然。以材武相競。則霸者尤有不利。既所不利。則不能不去之。以自安。去之之術有二。其先曰『鋤』。一人剛而萬夫皆柔。一人强而天下皆弱。此霸有天下者之恆情也。其敢不柔弱者。殺無赦。雖昔日所視爲功狗。倚爲長城者。不惜翦薙芟夷。以絶子孫之患。其敢有喑嗚叱咤慷慨悲歌於田間隴畔者。則尤觸犯忌諱。必當嚴刑重誅。無俾易種。秦皇之銷鑄鋒鍉。漢景之獮艾游俠。漢高明太之菹醢功臣。

殆皆用鋤之一術矣。然前者僵仆。後者憤踊。鋤之力亦將有所窮也。乃變計而用『柔』之一術。柔之以律令制策。柔之以詩賦詞章。柔之以帖括楷法。柔之以簿書期會。柔其材力。柔其筋骨。柔其言論。乃至柔其思想。柔其精神。盡天下之人士。雖間有桀驁梟雄者。皆使之敝精疲神。纏綿歌泣於諷誦揣摩患得患失之中。無復精神材力以相競于材武。不必僇以斧鉞。威以刀鋸。而天下英雄。盡入彀中。無復向者喑嗚叱咤慷慨悲歌之豪氣。一霸者起。用此術以摧盪之。他霸者起。亦用此術以摧盪之。經二十四朝之摧陷廓清。士氣索矣。人心死矣。霸者之術售矣。嗚呼。又豈料承吾敝者別有此獰猛梟鷙之異族也。

四由習俗之濡染。天下移人之力。未有大於習慣者也。西秦首功。而女子亦知敵愾。斯巴達重武。而婦人亦能輕死。夫秦與斯巴達之人。豈必生而人人有此美性哉。風氣之所薰。見聞之所染。日積月累。久之遂形爲第二之天性。我中國輕武之習。自古然矣。鄙諺有之曰。『好鐵不打釘。好人不當兵。』故其所謂軍人者。直不啻惡少無賴之代名詞。其號稱武士者。直視爲不足齒之傖父。夫東西諸國之待軍人也。尊之重之。敬之禮之。馨香尸祝之。一入軍籍。則父母以爲榮。鄰里以爲幸。宗族交遊以爲光寵。皆視此爲人生第一名譽之事。唯東西人之重視之也如此。故舉國人之精神。莫不萃於此點。一切文學詩歌劇戲小說音樂。無不激揚蹈厲。務激發國民之勇氣。以養爲國魂。惟我中國之輕視之也如彼。故舉國皆不屑措意。學人之議論。詞客所謳吟。且皆以好武喜功爲諷刺。拓邊開釁爲大戒。其所謂名篇佳什。類皆描荷戟從軍之苦況。詠戰爭流血之慘態。讀之令人垂首喪志。氣奪神沮。至其小說戲劇。則惟描寫才子佳人旖旎冶蝶之柔情。其管絃音樂。則惟譜演柔蕩靡曼亡國哀思之鄭聲。一羣之中。凡所接觸於耳目者。無一不頹損人之雄心。銷磨人之豪氣。惡風潮之所漂盪。無人不中此惡毒。如疫症之傳染。如肺病之遺種。雖有雄姿英發之青年。日摩而月刓之。不數年間。遂頹然如老翁。靡然如弱女。嗚呼。羣俗者冶鑄國民之爐火。安見頹廢腐敗之羣俗。而能鑄成雄鷙沈毅之國民也。

凡此數者之惡因。皆種之千年以前。至今日結此一大惡果者也。且夫人之所以爲生。國之所以能立。莫不視其自主之權。然其自主權之所以保全。則莫不恃自衞權爲之後楯。人以惡聲加我。我能以惡聲返之。人以强力凌我。我能以强力抗之。此所以能排禦外侮。屹然自立於羣虎眈眈萬鬼睒睒之場也。然返人惡聲。抗人强力。必非援據公法。樽俎折衝之所能爲功。必內有堅强之武力。然後能行用自衞之實權。我以病夫聞於世界。手足癱瘓。已盡失防護之機能。東西諸國。莫不磨刀霍霍。內向而魚肉我矣。我不速拔文弱之惡根。一雪不武之積恥。二十世紀競爭之場。寧復有支那人種立足之地哉。然吾聞吾國之講求武事數十年矣。購艦練兵。置廠製械。整軍經武。至勤且久。然卒一蹶而盡者何也。曰。彼所謂武。形式也。吾所謂武。精神也。無精神而徒有形式。是蒙羊質以虎皮。驅而與猛獸相搏擊。適足供其攫噬而已。誠欲養尙武之精神。則不可不備具三力。

一曰心力。西儒有言曰。『女子弱也。而爲母則强。』夫弱女何以忽爲强母。蓋其精神愛戀。咸萃於子之一身。子而有急。則挺身赴之。雖極人生艱險畏怖之境。壯夫健男之所卻顧者。彼獨揮手直前。盡變其嬌怯孏娜弱不勝衣之故態。彼其目中心中。止見有子而已。不見有身。更安見所謂艱險。更安見所謂畏怖。蓋心力散渙。勇者亦怯。心力專凝。弱者亦强。是故報大仇。雪大恥。革大難。定大計。任大事。智士所不能謀。鬼神所不能通者。莫不成於至人之心力。張子房以文弱書生。而椎秦。申包胥以漂泊逋臣。而存楚。心力之驅迫而成之也。越之沼吳。楚之亡秦。希臘破波斯王之大軍。荷蘭卻西班牙之艦隊。亦莫非心力之驅迫而成之也。嗚呼。境不迫者心不奮。情不急者力不摯。曾文正之論兵也。曰『官軍擊賊。條條皆是生路。惟向前一條是死路。賊禦官軍。條條皆是死路。惟向前一條是生路。官軍之不能敵賊者以此。』今外人逼我。其圈日狹。其勢日促。直不啻以百萬鐵騎。蹙我孤軍於重圍之中矣。舍突圍向前之一策。更無所謂生路。虎逐於後。則懦夫可驀絕澗。火發於室。則弱女可越重簷。吾望我同胞激其熱誠。鼓其勇氣。無奄奄斂手以待斃也。

一曰膽力。天下無往非難境。惟有膽力者無難境。天下無往非畏途。惟有膽力者無畏途。天豈必除此難境畏途以獨私之哉。人間世一切之境界。無非人心所自造。我自以爲難以爲畏。則其心先餒。其氣先懾。斯外境得乘其虛怯而窘之。若悍然不顧。其氣足以相勝。則置之死地而能生。置之亡地而能存。項羽沈舟破釜以擊秦。韓侯背水結陣以敗楚。彼其衆寡懸殊。豈無兵力不敵之危境哉。然奮其膽力。卒以成功。訥爾遜曰『吾不識畏爲何物。』彼其平生閱歷。豈無危疑震撼之險象哉。然奮其膽力。卒以成功。自古英雄豪傑。立不世之奇功。成建國之偉業。何一非冒大險。夷大難。由此膽力而來者哉。然膽力者由自信力而發生者也。孟子曰『自反而不縮。雖褐寬博。吾不惴焉。自反而縮。雖千萬人。吾往矣。』國之興亡亦然。不信之人而信之己。國民自信其興。則國興。國民自信其亡。則國亡。昔英將威士勒之言曰『中國人有可以踩躪全球之資格。』我負此資格而不能自信。不能奮其勇力。完此資格。以與列强相見於競爭之戰場。惟是日懼外人之分割。日畏外人之干涉。不思自奮。徒爲恇怯。彼獰猛梟鷙之異族。寧以我之恇怯而輟其分割干涉邪。嗚呼。怯者召侮之媒。畏戰者必受戰禍。懼死者卒蹈死機。恇怯豈有幸也。孟子曰。未聞以千里畏人。吾望我同胞奮其雄心。鼓其勇氣。無畏首畏尾以自餒也。

一曰體力。體魄者。與精神有切密之關係者也。有健康强固之體魄。然後有堅忍不屈之精神。是以古之偉人。其能負荷艱鉅，開拓世界者，類皆負絕人之異質，耐非常之艱苦，陶侃之習勞，運甓不間朝夕，史可法之督師，七日目不交睫，拿破侖之治軍，日睡僅四小時，格蘭斯頓之垂老，步行能逾百里，俾斯麥之體格，重至二百八十餘磅，其筋骸堅固，故能凌風雨，冒寒暑，攖患難，勞苦，而貫澈初終，彼韃靼之種人，斯拉夫之民族，亦皆恃此野蠻體力，而遂能鉗制他族者也，德皇威廉第二之視學於柏林小學校，其勅訓曰『凡我德國臣民，皆當留意體育，苟體育不講，則男子不能負兵役，女子不能孕產魁梧雄偉之嬰兒，人種不强，國將何賴』，故歐洲諸國，靡不汲汲從事於體育，體操而外，凡擊劍馳馬蹴鞠角觝習射擊鎗游泳競渡諸戲，無不加意獎勵，務使舉國之人，皆具軍國民之資格，昔僅一斯巴達者，今且舉歐洲而爲斯巴達矣，中人不講衞生，婚期太早，以是傳種，種已孱弱，及其就傅之後，終日伏案，閉置一室，絕無運動，耗目力而昏眊，未黃耇而駘背，且復習爲嬌惰，絕無自營自活之風，衣食舉動，一切需人，以文弱爲美稱，以羸怯爲嬌貴，翩翩年少，弱不禁風，名曰丈夫，弱於少女，弱冠而後，則又纏綿牀第，以耗其精力，吸食鴉片，以戕其身體，鬼躁鬼幽，躂步欹跌，血不華色，面有死容，病體奄奄，氣息才屬，合四萬萬人而不能得一完備之體格，嗚呼，其人皆爲病夫，其國安得不爲病國也，以此而出與獰猛梟鷙之異族遇，是猶驅侏儒以鬭巨無霸，彼雖不持一械。一揮手而我已傾跌矣，嗚呼，生存競爭，優勝劣敗，吾望我同胞練其筋骨，習於勇力，無奄然頹憊以坐廢也，

嗚呼，今日之世界，固所謂『武裝和平』之世界也，列强會議，日言弭兵，然左訂媾和修好之條約，右修擴張軍備之議案，蓋强權之世，惟能戰者乃能和，故美國獨立，他洲素不與聞外事者也，然近年以來，日增軍備，且盡易其門羅主義，一變而爲帝國主義，蓋歐洲霸氣橫決四溢，苟渡大西洋而西注，則美國難保其和平，故不能不先

事預防厚內力以禦之境外夫歐洲諸國勢均力敵歐洲以內既無用武之地矣然內力膨脹鬱勃磅礴而必求一洩挾其民族帝國主義日求灌而洩之他洲我以膏腴沃壤適當其衝於是萬馬齊足萬流匯力一洩其尾閭於亞東大陸今日羣盜入室白刃環門我不一易其文弱之舊習奮其勇力以固其國防則立羸羊於羣虎之間更何術以免其吞噬也嗚呼甲午以來一敗再敗形見勢絀外人咸以無戰鬭力輕我矣然語不云乎一人救死萬夫莫當彼十九世紀之初期法蘭西何嘗不以一國而受全歐之敵然拿破侖率其剽悍之國民東征西擊卒能取威定霸奮揚國威彼四十餘萬之法人乃能蹴踏全歐我以十倍法人之民族顧不能攘外而立國何衰憊若斯之甚也詩曰天之方蹶無爲夸毗柔脆無骨之人豈能一日立於天演之界我國民縱闕於文明之智識奈何幷野蠻之武力而亦同此消乏也嗚呼噫嘻

## 第十八節　論私德

吾自去年著新民說其胸中所懷抱欲發表者條目不下數十而以公德篇託始焉論德而別舉其公焉者非謂私德之可以已謂夫私德者當久已爲盡人所能解悟能踐履抑且先聖昔賢言之既已圓滿纖悉而無待末學小子之嘵嘵詞費也乃近年以來舉國囂囂靡靡所謂利國進羣之事業一二未睹而末流所趨反貽頑鈍者以口實而曰新理想之賊人子而毒天下噫余又可以無言乎作論私德

### 一　私德與公德之關係

私德與公德非對待之名詞而相屬之名詞也斯賓塞之言曰凡羣者皆一之積也所以爲羣之德自其一之德

而已定羣者謂之拓都。一者謂之么匿拓都之性情形制。么匿爲之。么匿之所本無者。不能從拓都而成有。么匿之所同具者。不能以拓都而忽亡。按以上見侯官嚴氏所譯羣學肄言其云拓都者東譯所稱團體也云么匿者東譯所稱個人也 諒哉言乎夫所謂公德云者。就其本體言之謂一團體中人公共之德性也就其構成此本體之作用言之謂個人對於本團體公共觀念所發之德性也夫聚羣盲不能成一離婁。聚羣聾不能成一師曠。聚羣怯不能成一烏獲。故一私人而無所私有之德性。則羣此百千萬億之私人而必不能成公有之德性。其理至易明也盲者不能以視於衆而忽明。聾者不能以聽於衆而忽聽。怯者不能以戰於衆而忽勇。故我對於我而不信。而欲其信於待人。一私人對於一私人之交涉而不忠。而欲其忠於團體。無有是處。此其理又至易明也。若是乎今之學者日言公德。而公德之效弗覩者。亦曰國民之私德有大缺點云爾。是故欲鑄國民。必以培養個人之私德爲第一義。欲從事於鑄國民者。必以自培養其個人之私德爲第一義。

且公德與私德。豈嘗有一界線焉區劃之爲異物哉。德之所由起。起於人與人之有交涉。使如魯敏遜漂流記所稱以子身獨立於荒島則無所謂德亦無所謂不德 而對於少數之交涉與對於多數之交涉。對於私人之交涉與對於公人之交涉。其客體雖異。其主體則同。故無論泰東泰西之所謂道德。皆謂其有贊於公安公益者云爾。其所謂不德。皆謂其有戕於公安公益者云爾。公云私云。不過假立之一名詞。以爲體驗踐履之法門。就汎義言之。則德一而已。無所謂公私。就析義言之。則容有私德醇美。而公德尚多未完者。斷無私德濁下。而公德可以襲取者。孟子曰。古之人所以大過人者無他焉。善推其所爲而已矣。公德者私德之推也。知私德而不知公德。所缺者只在一推。蔑私德而謬託公德。則並所以推之具而不存也。故養成私德。而德育之事思過半焉矣。

## 二 私德墮落之原因

私德之墮落。至今日之中國而極。其所以致此之原因。甚複雜不得悉數。當推論其大者得五端。

(一)由於專制政體之陶鑄也。孟德斯鳩曰。『凡專制之國。間或有賢明之主。而臣民之有德者則甚希。試徵諸歷史。乃君主之國。其號稱大臣近臣者。大率皆庸劣卑屈嫉妒陰險之人。此古今東西之所同也。不寧惟是。苟在上者多行不義。而居下者守正不阿。貴族專尙詐虞。而平民獨崇廉恥。則下民將益爲官長所欺詐所魚肉矣。故專制之國。無論上下貴賤。一皆以變詐傾巧相遇。蓋有迫之使不得不然者矣。若是乎專制政體之下。固無所用其德義。昭昭明甚也。』夫旣競天擇之公例。惟適者乃能生存。吾民族數千年生息於專制空氣之下。苟欲進取。必以詐僞。苟欲自全。必以卑屈。其最富於此兩種性質之人。卽其在社會上占最優勝之位置者也。而其稍缺乏者。則以劣敗而澌滅。不復能傳其種於來裔者也。是故先天之遺傳。盤踞於社會中。而爲其公共性。種子相熏。日盛一日。雖有豪傑。幾難自拔。蓋此之由。不寧惟是。彼跼蹐於專制之下。而全軀希寵以自滿足者。不必道。卽有一二達識熱誠之士。苟欲攘臂爲生民請命。則時或不得不用詭祕之道。時或不得不爲偏激之行。夫其人而果至誠也。猶可以不因此而磷緇也。然習用之則德性之瀉。固已多矣。若根性稍薄弱者。幾何不隨流而沈汨也。夫所謂達識熱誠欲爲生民請命者。豈非一國中不可多得之彥哉。使其在自由國。則大政治家大教育家大慈善家。以純全之德性。溫和之手段。以利其羣者也。而今乃迫之使不得不出於此途。而因是墮落者十八九焉。嘻。是殆不足盡以爲斯人咎也。

(二)由於近代霸者之摧鋤也。夫其所受於數千年之遺傳者旣如此矣。而此數千年間。亦時有小小之汙隆昇降。則帝者主持而左右之。最有力焉。西哲之言曰。專制之國。君主萬能。非虛言也。顧亭林之論世風。謂東漢最美炎宋次之。而歸功於光武明章藝祖眞仁。（日知錄卷十三云漢自孝武表章六經之後師儒雖盛而大義未明故新莽居攝頌德獻符者徧天下光武有鑒於此乃尊崇節義敦厲名實所舉用者莫非經明行修之士而風俗爲之一變至其末造朝政昏濁國事日非而黨錮之流獨行之輩依仁蹈義舍命不渝風雨如晦鷄鳴不已三代以下風俗之美無尚於東京者又云宋史言士大夫忠義之氣至于季變化殆盡藝祖首褒韓通次表衞融以示意嚮眞仁之世田錫王禹稱范仲淹歐陽修諸賢以直言讜論倡于朝於是中外薦紳知以名節爲高廉恥相尙盡去五季之陋故靖康之變士投袂起而勤王臨難不屈所在有之及宋之亡忠節相望）且從而論之曰『觀哀平之可以變而爲東京。五代之可以變而爲宋。則知天下無不可變之風俗。』此其言雖於民德汙隆之總因。或有所未盡乎。然不得不謂爲重要關係之一端矣。嘗次考三千年來風俗之差異。三代以前。邈矣弗可深考。春秋時猶有先王遺民。自戰國涉秦以逮西漢。而懿俗頓改者。集權專制之趨勢。時主所以芻狗其民者。別有術也。戰國雖混濁。而猶有任俠尙氣之風。及漢初而摧抑豪强。朱家郭解之流。漸爲時俗所姍笑。故新莽之世。獻符閹媚者徧天下。則高惠文景之播其種也。至東漢而一進。則亭林所論。深明其故矣。及魏武既有冀州。崇獎跅弛之士。於是權詐迭進。姦僞萌生。（建安廿二年八月下令求負汙辱之名見笑之行不仁不孝而有治國用兵之術者）光武明章之澤。掃地殆盡。每下愈況。至五季而極。千年間民俗之靡靡。亦由君主之淫亂有以揚其波也。及宋乃一進。藝祖以檢點作天子。頗用專制力。挫名節以自固。（君臣坐而論道之制至宋始廢蓋范質輩與藝祖並仕周位在藝祖上及入宋爲宰相而遠嫌自下也）而眞仁守文。頗知大體。提倡士氣。宋俗之美。其大原因固不在君主。而君主亦與有力焉。胡元之篡。衣冠塗炭。純以游牧水草之性馳驟吾民。故九十年間。暗無天日。及明而一進。明之進也。則非君主之力也。明太祖以刻鷙之性。摧鋤民氣。戮辱臣僚。其定律至立不爲君用之條。令士民毋得以名節自保。以此等專制力所挫抑。宜其惡果更烈於西漢。而東林復社。舍命不渝。鼎革以後。忠義相屬者。則其原因別有在也。（詳下節）下逮本朝。順康間首開博學鴻詞以縶遺逸。乃爲貳臣傳以辱之。晚明士氣。斲喪漸盡。及夫雍乾。主權者以悍鷙陰險之奇才。行操縱馴擾之妙術。摭拾文字小故以興寃獄。廷辱大臣耆宿以蔑廉恥。（乾隆六十年中大學士尚侍供奉諸大員無一人不曾遭黜辱者）又大爲四庫提要通鑑輯覽等書。排斥道學。貶絕節義。自魏武以後。未有敢明目張膽變亂黑白如斯其甚者也。然彼猶直師商韓六蝨之教。而人人皆得喻其非。此乃陰託儒術芻狗之言。而一代從而迷其信。嗚呼。何意百鍊鋼化爲繞指柔。百餘年前所播之惡果。今正滎滋稔熟。而我民族方刈之。其穢德之負千古而絕五洲。豈偶然哉。豈偶然哉。

(三)由於屢次戰敗之挫沮也。國家之戰亂與民族之品性。最有關係。而因其戰亂之性質異。則其結果亦異。今先示其類別如下。

- 戰亂
  - 戰亂時
    - 本國內亂
      - 暫
      - 久
    - 外國戰爭
      - 主動者
      - 被動者
  - 戰亂後
    - 本國內亂
    - 外國戰爭
      - 征服者
      - 被征服者

內亂者。最不祥物也。凡內亂頻仍之國。必無優美純潔之民。當內亂時。其民必生六種惡性。一曰僥倖性。才智之徒。不務利羣。而惟思用險鷙之心術。攫機會以自快一時也。二曰殘忍性。草薙禽獮之既久。司空見慣。而曾不足以動其心也。三曰傾軋性。彼此相鬩。各欲得而甘心。杯酒戈矛。頃刻倚伏也。此三者。桀黠之民所含有性也。四曰

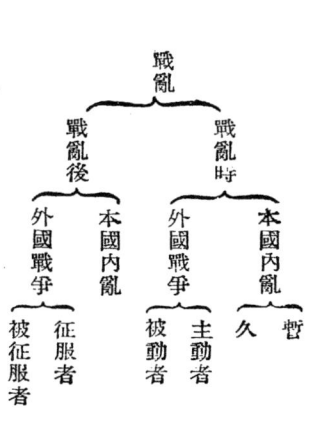

狡僞性。朝避猛虎。夕避長蛇。非營三窟。不能自全也。五曰涼薄性。一身不自保。何況戀妻子。於至親者尚不暇愛。而遑能愛人。故仁質斲喪澌滅以至於盡也。六曰苟且性。知我如此。不如無生。暮不保朝。假日媮樂。人人自危。無復遠計。馴至與野蠻人之不知將來者無以異也。此三者柔良之民所含有性也。當內亂後。其民亦生兩種惡性。一曰恐怖性。痛定思痛。夢魂猶噩。膽汁已破。勇氣全銷也。二曰浮動性。久失其業。無所依歸。秩序全破。難復故常也。故夫內亂者最不祥物也。以法國大革命爲有史以來驚天動地之一大事業。而其結果乃至使全國之民。互相剸刃於其腹。其影響乃使數十年以後之國民失其常度。史家波留謂法國至今不能成完全之民政。實由革命之役斲喪元氣太過。殆非虛言也。

內亂之影響。則不論勝敗。何也。勝敗皆在本族也。故恢復平和之後。無論爲新政府舊政府。其亂後民德之差異。惟視其所以勞來還定補救陶冶者何如。而暫亂偶亂者。影響希而補救易。久亂頻亂者。影響大而補救難。此其大較也。若夫對外之戰爭則異是。其爲主動以伐人者。則運用全在軍隊。而境內安堵焉。惟發揚其尙武之魂。鼓舞其自尊之念。故西哲曰。戰爭者國民教育之一條件也。是可喜而非可悲者也。其爲被動而伐於人者。其影響雖與內亂絕相類。而可以變僥倖性爲功名心。變殘忍性爲敵愾心。變傾軋性而爲自覺心。乃至變狡僞性而爲謀敵心。變涼薄性而爲敢死心。變苟且性而爲自保心。何也。內亂則已無所逃於國中。而惟冀亂後之還定。外爭則決生死於一髮。而怵於後時之無可回復也。故有利用敵國外患以爲國家之福者。雖可悲而非其至也。外爭而自爲征服者。則多戰一次。民德可高一級。德人經奧大利之役。而愛國心有加焉。經法蘭西之役。而愛國心益有加焉。日本人於朝鮮之役。中國之役亦然。皆其例也。若夫戰敗而爲被征服者。則其國民固有之性。可以驟變忽落而無復痕跡。夫以斯巴達強武之精神。照耀史乘。而何以屈服於波斯之後。竟永爲他族藩屬。而所謂軍國民之紀念。竟可不復覩也。波蘭當十八世紀前。泱泱幾霸全歐。何以一經瓜分後。而無復種民固有之特性也。燕趙古稱多慷慨悲歌之士。今則過於其市。順民旗飄颺焉。問昔時屠狗者闃如矣。何也。自五胡元魏安史契丹女直蒙古滿洲以來。經數百年六七度之征服。而本能湮沒盡矣。夫在專制政體之下。既已以卑屈詐僞兩者爲全身進取之不二法門矣。而況乎專制者之復非我族類也。故夫內亂與被征服二者。有一於此。其國民之人格皆可以日趨卑下。而中國乃積數千年內亂之慣局。以膿血充塞歷史。日伐於人而未嘗一伐人。屢被征服而不克一自征服。此累變累下種種遺傳之惡性。既已瀰漫於社會。而今日者又適承洪楊十餘年驚天動地大內亂之後。而自歐勢東漸以來。彼征服者又自有其征服者。且匪一而五六焉。日隣眈於我前。國民之失其人性。殆有由矣。

(四)由於生計憔悴之逼迫也。管子曰。『倉廩實而知禮節。衣食足而知榮辱。』孟子曰。『民無恆產。斯無恆心。既無恆心。放僻邪侈。救死不瞻。奚暇禮義。』嗚呼。豈不然哉。豈不然哉。並世之中。其人格最完美之國民。首推英美。次則日耳曼之三國者。皆在全球生計界中占最高之位置者也。西班牙葡萄牙人。在數百年前。深有強武活潑沈毅嚴整之氣度。今則一一相反。皆由生計之日蹙爲之也。其最劣下者。若泰東之朝鮮人安南人。則生計最窮迫不堪之民也。俄羅斯政府。以鷹瞵虎視之勢。震慴五陸。而其人民稱罪惡之府。黑闇無復天日。(日本人有露西亞亡國論窮形盡相)亦生計沈窘之影響也。彼虛無黨以積年游說煽動之力。而不能得多數之同情。乃不得已而出於孤往兒險之手段。亦爲此問題所困也。日本政術。幾匹歐美。而社會道德。百不逮一。亦由其富力之進步。與政治之進步不相應也。夫世無論何代。地無論何國。固莫不有其少數畸異絕俗之士。既非專制魔力所能束縛。亦非恆產困乏所能銷磨。雖然。不可以律衆人也。多數之人民。必其於仰事俯蓄之外。而稍有所餘裕。乃能自重而惜名譽。汎愛而好慈善。其腦筋有餘力以從事於學問。以養其稍高尚之理想。其日力有餘暇以計及於身外。以發其顧團體之精神。而不然者。朝饔甫畢。而憂夕飧。秋風未來。而泣無褐。雖有仁質。豈能自凍餒以念衆生。雖有遠慮。豈能舍現在以謀將來。西人羣學家言。謂文明人與野蠻人之別。在公共思想之有無。與未來觀念之豐缺。而此兩者所以差異之由。則生計之舒蹙。其尤著者也。故貪鄙之性。褊狹之性。涼薄之性。虛僞之性。諂阿之性。暴棄之性。偷苟之性。强半皆由生計憔悴造之。生計之關係於民德。如是其切密也。我國民數千年來。困於徭役。困於災癘。困於兵燹。其得安其居樂其業者。既已間代不一覯。所謂虛僞褊狹貪鄙涼薄諂阿暴棄偷苟之惡德。既已經數十世紀。受之於祖若宗。社會之教育。降及現世。國之母財。歲不增殖。而宮廷土木之費。官吏苞苴之費。恆數倍於政府之歲入。國民富力之統計。每人平均額不過七角一分有奇。（據日本橫山雅男氏之統計調查日幣七十錢有奇）而外債所負。已將十萬萬兩。（利息在外）以至有限之物力。而率變爲不可復之母財。若之何民之可以聊其生也。而況乎世界生計競爭之風潮。席捲而來。而今乃始發軔也。民國之腐敗墮落。每下愈況。嗚呼。吾未知其所終極矣。

（五）由於學術匡救之無力也。彼四端者。養成國民大多數惡德之源泉也。然自古移風易俗之事。其目的雖在多數人。其主動恆在少數人。若缺於彼而有以補於此。則雖敝而猶未至其極也。東漢節義之盛。光武明章之功雖十之三。而儒學之效。實十之七也。唐之與宋。其專制之能力相若。其君主之賢否亦不甚相遠。而士俗判若天淵者。唐儒以詞章浮薄相尚。宋儒以道學廉節爲坊也。魏晉六朝之腐敗。原因雖甚雜複。而老莊清談宗派。半尸其咎也。明祖刻薄寡恩，挫抑廉隅，達於極點，而晚明士氣冠絕前古者，王學之功不在禹下也。然則近今二百年來民德汙下之大原，從可覩矣。康熙博學鴻詞諸賢，率以耆宿爲海內宗仰，而皆自汚貶，茲役以後，百年來支配人心之王學，掃盪靡存。船山、梨洲、夏峯、二曲之徒，抱絕學老巖穴，統遂斬矣。而李光地、湯斌，乃以朱學聞，以李之忘親背交，職爲姦諛，（李紿鄭成功以覆明祀，前人無譏，全謝山始訶之。）湯之柔媚取容，欺罔流俗，（湯斌雖貴而食不御炙雞，帷帳不過臬綗，嘗奏對出語人曰：生平未嘗作如此欺人語。後爲聖祖所覺，蓋公孫弘之流也。）而以爲一代開國之大儒，配食素王，末流所鼓鑄，豈待問矣。後此則陸隴其、陸世儀、張履祥、方苞、徐乾學輩，以婞婟夸毗之學術，文致其奸，其人格殆猶在元許衡、吳澄之下，所謂「國朝宋學淵源記」者，殆盡於是矣。而乾嘉以降，閻、王、段、戴之流，乃標所謂漢學者，以相夸尚，排斥宋明，不遺餘力。夫宋明之學，曷嘗無缺點之可指摘，顧吾獨不許鹵莽滅裂之漢學家容其喙也。彼漢學則何所謂學，昔乾隆間內廷演劇，劇曲之大部分，則誨亂也，誨淫也，皆以觸忌諱被呵譴，不敢進，乃專演神怪幽靈牛鬼蛇神之事，既藉消遣，亦無愆尤。吾見夫本朝二百年來學者之所學，皆牛鬼蛇神類耳，而其用心亦正與彼相等。蓋王學之激揚蹈厲，時主所最惡也，乃改而就朱學；朱學之嚴正忠實，猶非時主之所甚喜也，乃更改而就漢學。若漢學者，則立於人間社會以外，而與二千年前地下之僵石爲伍，雖著述累百卷，而決無一傷時之語，雖辯論千萬言，而皆非出本心之談，藏身之固，莫此爲妙，才智之士，既得此以爲阿世盜名之一祕鑰，於是名節閑檢，蕩然無所復顧，故宋學之敝，猶有僞善者流，漢學之敝，則並其僞者而亦無之，何也，彼見夫盛名鼎鼎之先輩，明目張膽，以爲鄉黨自好者所不爲之事，而其受社會之崇拜，享學界之尸祝自若也，則更何必自苦以强爲禹行舜趨之容也。昔王鳴盛（著尚書後案、十七史商榷等書，漢學家之鉅子也。）嘗語人曰：吾貪贓之惡名，不過五十年，吾著書之盛名，可以五百年。此二語者，直代表全部漢學家之用心矣。莊子曰。哀莫大於心死。漢學家者率天下而心死者也。此等謬種。與八股同毒。盤踞於二百餘年學界之中心。直至甲午乙未以後。而其氣燄始衰。而此不痛不癢之世界。既已造成。而今正食其報。耗矣哀哉。

五年以來。海外之新思想。隨列强侵略之勢力以入中國。始爲一二人倡之。繼焉千百人和之。彼其倡之者。固非必盡蔑舊學也。以舊學之簡單。而不適應於時勢也。而思所以補助之。且廣陳衆義。促思想自由之發達。以求學者之自擇。而不意此久經腐敗之社會。遂非文明學說所遽能移植。於是自由之說入。不以之增幸福。而以之破秩序。平等之說入。不以之荷義務。而以之蔑制裁。競爭之說入。不以之敵外界。而以之散內團。權利之說入。不以

附 中國歷代民德升降表

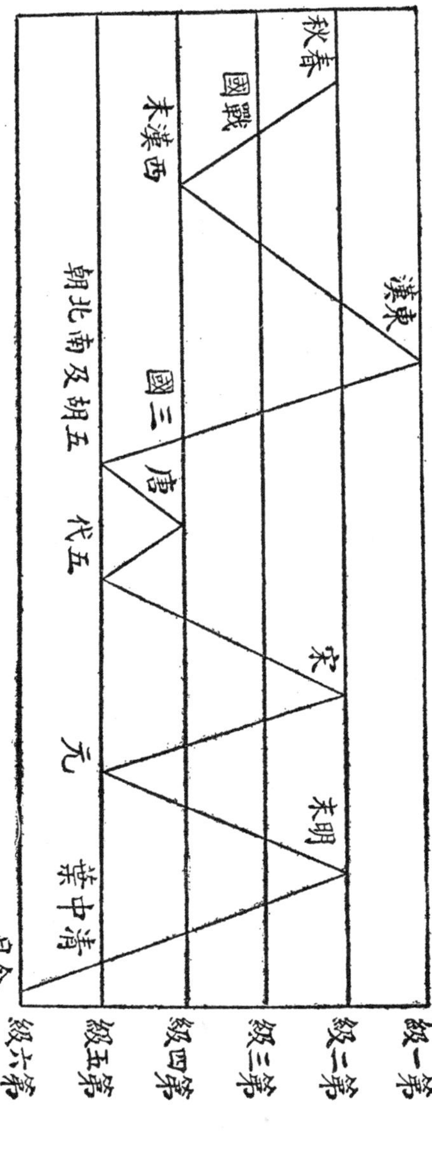

之圖公益而以之文私見破壞之說入不以之箴膏肓而以之滅國粹斯賓塞有言『衰世雖有更張弊泯於此者必發於彼害消於甲者將長於乙合通羣而斅之弊政害端常自若也是故民質不結禍害可以易端而無由禁絕』嗚呼吾觀近年來新學說之影響於我青年界者吾不得不服斯氏實際經驗之言而益爲我國民增無窮之沈痛也夫豈不拔十得一能食新思想者之利者而所以償其弊殆僅矣記曰甘受和白受采忠信之人可與學禮又曰橘在江南爲橘過江北則爲枳夫孰意彼中最高尚醇美利羣進俗之學說一入中國遂被其偉大之同化力汩沒而去也要而論之魏晉間清談乾嘉間之考據與夫現今學子口頭之自由平等權利破壞其挾持絕異其性質則同而今之受痼愈深者則以最新最有力之學理緣附其所近受遠受之惡性惡習擁護而灌溉之故有清二百年間民德之變遷在朱學時代有僞善者猶知行惡之爲可恥也在漢學時代並僞焉者而無之則以行惡爲無可恥也及今不救恐後此歐學時代必將有以行惡爲榮者今已萌芽於一小部分之青年矣夫至以行惡爲榮則洪水猛獸足喻斯慘耶君子念此膚粟股栗矣

中國歷代民德升降原因表(附)

| | 國勢 | 君主 | 戰爭 | 學術 | 生計 | 民德 |
|---|---|---|---|---|---|---|
| 春秋 | 列國並立貴族專制 | 權不甚重影響頗少 | 雖多而不甚烈 | 各宗派雖萌芽而未甚發達多承先王遺風 | 交通初開競爭不甚劇 | 醇朴忠實 |
| 戰國 | 列國並立集權專制漸鞏固 | 大率以尚武精神外交手段兩者獎厲臣下 | 甚烈 | 自由思想大發達儒墨道法縱橫諸派互角而法家縱橫家最握實權 | 商業漸興兼并大起因苛稅及兵亂民困殊甚 | 其長在任俠尚氣其短在儇佞詐僞 |

| | | | | | | |
|---|---|---|---|---|---|---|
| 秦 | 中央集權專制力甚强 | 以塞民智挫民氣爲主 | 繼續 | 屏棄羣學稍任法家 | 大窘 | 卑屈浮動 |
| 西漢 | 同 | 高祖承用秦法專挫任俠刻薄寡恩 | 少 | 儒老并行 | 文景間家給人足武昭以後稍困 | 卑屈甚於秦時 |
| 東漢 | 同 | 光武明章奬厲名節 | 少 | 儒學最盛時代收孔教之良果 | 復蘇 | 尚氣節崇廉恥風俗稱最美 |
| 三國 | 本族分裂 | 魏武提倡惡風吳蜀亦奬厲權術 | 烈 | 缺乏 | 頗艱 | 汚下 |
| 六朝 | 外族侵入 | 奬厲浮薄侈靡之風 | 甚多而本族率戰敗 | 佛老並用詞章與清談極盛 | 憔悴 | 混濁柔靡 |
| 唐 | 本族恢復中央集權旋復分裂 | 驕汰 | 上半期平和下半期大亂 | 儒者于詞章外無所事佛學稍發達 | 上半期頗蘇下半期大困 | 上半期柔靡卑屈下半期混濁 |
| 五季 | 不成國 | 無主 | 戰敗于外族 | 無 | 民不聊生 | 最下 |
| 宋 | 主權微弱外族頻侵 | 眞仁愛民崇禮 | 戰敗于外族 | 道學發達最盛朱陸爲其中心點 | 稍蘇 | 尚節義而稍文弱 |
| 元 | 外族主權專制力甚强 | 以游牧性蹴踏本族 | 本族全敗戰爭與國民無與 | 摭朱學末流而精神不存 | 困 | 卑屈寡廉恥 |
| 明 | 本族恢復專制力甚强 | 太祖殘忍刻薄挫抑民氣 | 戰勝後平和時代稍長 | 王學大興思想高尚 | 稍蘇 | 發揚尚名節幾比東漢 |
| 清 | 外族同化主權專制力甚强 | 雍正乾隆以谿刻陰險威羣下 | 戰敗後平和時代稍長 | 士以考据詞章自遁不復知學其黠者以腐敗矯僞之朱學文其奸 | 頗蘇 | 庸儒卑怯狡詐 |

| 現今 | 文明之外族侵入主權無存 | 四十年來主權者以壓制敷衍爲事近而益甚 | 內亂未已外患又作數敗之後四海騷然 | 舊學澌滅新學未成青黃不接謬想重疊 | 漏巵既甚而世界生計競爭風潮侵來全國憔悴 | 混濁達於極點諸惡俱備 |
|---|---|---|---|---|---|---|

## 三　私德之必要

私德者。人人之糧。而不可須臾離者也。雖然。吾之論著。以語諸大多數不讀書不識字之人。莫予喻也。即以語諸少數讀舊書識舊字之人。亦莫予聞也。於是吾忠告之所得及。不得不限於少數國民中之最少數者。顧吾信夫此最少數者。其將來勢力所磅礴。足以左右彼大多數者而有餘也。吾爲此喜。吾爲此懼。吾不能已於言。

今日踸踔俊發有骨鯁有血性之士。其所最目眩而心醉者。非破壞主義耶。破壞之必能行於今之中國與否。爲別問題。姑勿具論。而今之走於極端者。一若惟建設爲需道德。而破壞則無需道德。鄙人竊以爲誤矣。古今建設之偉業。固莫不含有破壞之性質。古今破壞之偉人。亦靡不饒有建設之精神。實則破壞與建設。相倚而不可離。而其所需之能力。二者亦正相等。苟有所缺。則靡特建設不可得期。即破壞亦不可得望也。今之言破壞者。動引生計學上分勞之例。謂吾以眇眇之躬。終不能取天下事而悉任之。吾毋寧應於時勢而專任破壞焉。既破壞以後。則建設之責。以俟君子。無待吾過慮也。此其心豈不廓然而大公也耶。顧吾以爲不惟於破壞後當有建設。即破壞前亦當有建設。苟不爾者。則雖日言破壞。而破壞之目的。終不得達。何也。羣學公例。必內固者乃能外競。一社會之與他社會競也。一國民之與他國民競也。苟其本社會本國之機體未立。之營衞未完。則一與敵遇而必敗。或未與敵遇而先自敗。而破壞主義之性質。則以本社會本國新造力薄之少數者。而悍然與彼久據力厚之多數者爲難也。故不患敵之强。而惟患我之弱。我之所恃以克敵者何在。在能團結一堅固有力之機體而已。然在一社會、一國家、承累年積世之遺傳習慣、其機體由天然發達、故成之尙易、在一黨派則反是、前者無所憑藉、並世無所利用、其機體全由人爲發達、故成之最難、所謂破壞前之建設者、建設此而已、苟欲得之、舍道德奚以哉、

今之言破壞者、動曰一切破壞、此囈言也、吾輩曷爲言破壞、曰去其病吾社會者云爾、如曰一切破壞也、是將並社會而亦破壞之也、譬諸身然、沈疴在躬、固不得不施藥石、若無論其受病不受病之部位、而一切鍼灸之攻洩之、則直自殺而已、吾亦深知夫仁人志士之言破壞者、其目的非在破壞社會、而不知「一切破壞」之言、旣習於口而印於腦、則道德之制裁、已無可復施、而社會必至於滅亡、吾亦深知夫仁人志士之言破壞者、實鑒於今日之全社會、幾無一部分而無病態也、憤慨之極、必欲翻根柢而改造之、斯固然也、然療病者無論下若何猛劑、必須恃有所謂「元神眞火」者、以爲驅病之原、苟不爾者、則一病未去、他病復來、而後病必更難治於前病、故一切破壞之言、流弊千百、而收效卒不得一也、何也、苟有破壞者、有不破壞者、則其應破壞之部分、尙可食破壞之利、苟一切破壞、則不惟將來宜成立者不能成立、卽目前宜破壞者亦卒不得破壞、此吾所敢斷言也、吾疇昔以爲中國之舊道德、恐不足以範圍今後之人心也、而渴望發明一新道德以補助之、（參觀第五節論公德篇）由今以思、此直理想之言、而決非今日可以見諸實際者也、夫言羣治者、必曰德曰智曰力、然智與力之成就甚易、惟德最難、今欲以一新道德易國民、必非徒以區區泰西之學說所能爲力也、卽盡讀梭格拉底、柏拉圖、康德、黑智兒之書、謂其有「新道德學」也則可、謂其有「新道德」也則不可、何也、道德者、行也、而非言也、苟欲言道德也、則其本原出於良心之自由、無古無今、無中無外、無不同一、是無有新舊之可云也、苟欲行道德也、則因於社會性質

之不同。而各有所受。其先哲之微言。祖宗之芳躅。隨此冥然之軀殼。以遺傳於我躬。斯乃一社會之所以爲養也。一旦突然欲以他社會之所養者養我。談何容易耶。竊嘗舉泰西道德之原質而析分之。則見其得自宗教之制裁者若干焉。得自法律之制裁者若干焉。得自社會名譽之制裁者若干焉。而此三者。在今日之中國能有之乎。吾有以知其必不能也。不能而猶云欲以新道德易國民。是所謂磨甎爲鏡。炊沙求飯也。吾固知言德育者。終不可不求泰西新道德以相補助。雖然。此必俟諸國民教育大興之後。而斷非一朝一夕所能獲。而在今日青黃不接之頃。則雖日日聞人說食。而己終不能飽也。況今者無所挾持以爲過渡。則國民教育一語。亦不過託諸空言而實行之日。終不可期。是新道德之輸入。因此遂絕望也。然則今日所恃以維持吾社會於一線者何在乎。亦曰吾祖宗遺傳固有之舊道德而已。（道德與倫理異。道德可以包倫理。倫理不可以盡道德。倫理者或因於時勢而稍變。其解釋道德則放諸四海而皆準。俟諸百世而不惑者也。如要君之爲有罪。多妻之非不德。此倫理之不宜於今者也。若夫忠之德。愛之德。則通古今中西而爲一者也。諸如此類。不可枚舉。故謂中國言倫理有缺點則可。謂中國言道德有缺點則不可。）而「一切破壞」之論興。勢必將並取舊道德而亦摧棄之。嗚呼。作始也簡。將畢也鉅。見披髮於伊川。知百年而爲戎。毋曰吾姑言之以快一時云爾。汝之言而無力耶。則多言奚爲。汝之言而有力耶。遂將以毒天下。吾願有言責者一深長思也。

讀者其毋曰今日救國之不暇。而曉曉然談性說理何爲也。諸君而非自認救國之責任也。則四萬萬人之腐敗固已久矣。而豈爭區區少數之諸君。惟中國前途懸於諸君。故諸君之重視道德與蔑視道德。乃國之存亡所由繫也。今即以破壞事業論。諸君亦知二百年前英國革命之豪傑爲何如人乎。彼克林威爾實最純潔之淸教徒也。亦知百年前美國革命之豪傑爲何如人乎。彼華盛頓所率者皆最質直善良之市民也。亦知三十年前日本革命之豪傑爲何如人乎。彼吉田松陰西鄉南洲輩皆朱學王學之大儒也。故非有大不忍人之心者。不可以言破壞非有高尚純潔之性者不可以言破壞雖然若此者言之甚易行之實難矣吾知其難而日孜孜焉兢業以自持困勉以自勗以忠信相見而責善於友朋庶幾有濟若乃並其所挾持以爲破壞之具者而亦破壞之吾不能爲破壞之前途賀也吾見世之論者以革命熱之太盛乃至神聖洪秀全而英雄張獻忠者有焉矣吾亦知其爲有爲而發之言也然此等孽因可多造乎造其因時甚痛快茹其果時有不勝其苦辛者矣夫張獻忠更不足道矣即如洪秀全或以其所標旗幟有合於民族主義也而相與頌揚之究竟洪秀全果爲民族主義而動否雖論者亦不敢爲作保證人也王莽何嘗不稱伊周曹丕何嘗不法禹舜亦視其人何如耳大抵論人者必於其心術之微其人而小人也不能以其與吾宗旨偶同也而謂之君子如韓侂冑之主伐金論我輩所最贊者然贊其論不能贊其人也其人而君子也不能以其與吾宗旨偶牾也而竟斥爲小人王猛之輔苻秦我輩所最鄙者然鄙其事不能抹煞其人也尚論者如略心術而以爲無關重輕也夫亦誰能尼之但使其言而見重於社會也吾不知於社會全體之心術所影響何如耳不寧惟是而已夫鼓吹革命非欲以救國耶人之欲救國誰不如我而國終非以此「瞎鬧派」之革命所可得救非惟不救而又以速其亡此不可不平心靜氣而深察也論者之意必又將曰非有瞎鬧派開其先則實力派不能收其成此論之是否屬於別問題茲不深辯今但問論者之意欲自爲瞎鬧派且使聽受吾言者悉爲瞎鬧派乎恐君雖欲自貶損而君之地位固有所不能也即使能焉而舉國中能瞎鬧之人正多現在未來瞎鬧之舉動亦自不少而豈待君之入其間而添一蛇足也而更何待君之從旁勸駕也況君之言皆與彼無瞎鬧之資格者語而其有瞎鬧之資格者又非君之筆墨勢力範圍所能及也然則吾儕今日亦務爲眞救國之事業且養成可以眞救國之人才而已誠如是也則吾以爲此等利口快心之言可

以已矣。昔曹操下敎求不仁不孝而有治國用兵之術者。彼其意豈不亦曰吾以救一時云爾。而不知流風所播。遂使典午以降廉恥道喪。五胡迭侵。元魏憑陵。黃帝子孫勢力之墜地。卽自玆始。此中消息。殆如銅山西崩洛鐘東應。感召之機。銖黍靡忒。嗚呼。可不深懼耶。可不深懼耶。其父攫金。其子必將殺人。高中高髻。四方必高一尺。今以一國最少數之先覺號稱爲得風氣之先者。後進英豪具爾瞻焉。苟所以爲提倡者一誤其途。吾恐功之萬不足以償其罪也。古哲不云乎。兩軍相對。哀者勝矣。今日稍有知識稍有血性之士。對於政府而有一重大敵。對於列强而復有一重大敵。其所以兢兢業業蓄養勢力者宜何如。實力安在。吾以爲學識之開通運動之預備皆其餘事。而惟道德爲之師。無道德觀念以相處。則兩人且不能爲羣。而更何事之可圖也。自起樓而自摧燒之。自蒔種而自踐踏之。以云能破壞則誠有矣。獨惜其所破壞者。終在我而不在敵也。曾文正者。近日排滿家所最唾罵者也。而吾則愈更事而愈崇拜其人。吾以爲使曾文正生今日而猶壯年。則中國必由其手而獲救矣。彼惟以天性之極純厚也。故雖行破壞可也。惟以修行之極嚴謹也。故雖用權變可也。故其言曰。扎硬寨打死仗。曰多條理。少大言。曰不爲聖賢便爲禽獸。莫問收穫。但問耕耘。彼其事業之成。有所以自養者在也。彼其能率厲羣賢以共圖事業之成。有所以孚於人且善導人者在也。吾黨不欲澄淸天下則已。苟有此志。則吾謂曾文正集不可不日三復也。夫以英美日本之豪傑證之則如彼。以吾祖國之豪傑證之則如此。認救國之責任者。其可以得師矣。

吾謂破壞家所破壞者。往往在我而不在敵。聞者或不慊焉。蓋倡破壞者。自其始斷未有立意欲自破壞焉者也。然其勢之所趨多若是。此不徒在異黨派有然也。卽同黨派亦然。此其何故歟。竊嘗論之。共學之與共事。其道每相反。此有志合羣者所不可不兢兢也。當其共學也。境遇同。志趣同。思想同。言論同。耦俱無猜。謂相將攜手以易天下．及一旦出而共事．則各人有各人之性質．各人有各人之地位．一到實際交涉．則意見必不能盡同．手段必不能盡同．始而相規．繼而相爭．繼而相怨．終而相仇者．往往然矣．此實中西歷史上所常見．而豪傑所不免也．諺亦有之『相見好．同住難．』在家庭父子兄弟夫婦之間．尚且有然．而朋友又其尤甚者也．於斯時也．惟彼此道德之感情深者．可以有責善而無分離．觀曾文正與王璞山李次青二人交涉之歷史．可以知其故矣．讀者猶疑吾言乎．請懸之以待足下實際任事之日．必有不勝其感慨者．夫今之志士．必非可以個個分離孤立．而能救此瀕危之國明也．其必協同運動．組成一分業精密團結鞏固之機體．庶幾有濟．吾思之吾重思之．此機體之所以成立．舍道德之感情．將奚以哉．將奚以哉．

且任事者．最易漓汨人之德性．而破壞之事．又其尤甚者也．當今日人心腐敗達於極點之時．機變之巧．迭出相嘗．太行孟門．豈云巉絕．曾文正與其弟書云．『吾自信亦篤實人．只爲閱歷世途．飽更事變．略參些機權作用．倒把自家學壞了．』以文正之賢．猶且不免．而他更何論也．故在學堂裏講道德尚易．在世途上講道德最難．若夫持破壞主義者．則更時時有大敵臨於其前．一舉手．一投足．動須以軍略出之．而所謂軍略者．又非如兩國之交綏云也．在敵則挾其無窮之威力以相臨．在我則偷期密約．此遷彼就．非極機巧．勢不能不歸於劣敗之數．故破壞家之地位之性質．嘗與道德最不能相容者也．是以躬親其役者．在初時或本爲一極樸實極光明之人．而因其所處之地位．所習之性質．不知不覺．而漸與之俱化．不一二年．而變爲一刻薄寡恩機械百出之人者有焉矣．此實最可畏之試驗場也．然語其究竟．則凡走入刻薄機詐一路者．固又斷未有能成一事者也．此非吾摭拾宋元學案上理窟之空談．實則於事故上證以所見者所歷者．而信其結果之必如是也．夫任事者修養道德之難既若彼。而任事者必須道德之急又若此。然則當茲衝者。可不慄慄耶。可不孳孳耶。詩曰。毋教猱升木。如塗塗附。息息自克。猶懼未能挽救於萬一。稍一自放。稍一自文有一落千丈而已。

問者曰。今日國中種種老朽社會。其道德上之黑闇。不可思議。今子之所論。反乃偏責備於新學之青年。新學青年。雖或間有不德。不猶愈於彼等乎。答之曰。不然。彼等者無可望無可責者也。且又非吾筆墨之勢力範圍所能及也。中國已亡於彼等之手。而惟冀新學之青年。致死而之生之。若青年稍不慎。而至與彼等同科焉。則中國遂不可救也。此則吾曉音瘏口之微意也。

記曰。君子有諸己而后求諸人。無諸己而后非諸人。率斯義也。則以執德不宏信道不篤尤悔積躬伎求成習如鄙人者。舍自責之外。更何敢靦然與天下之士說道義。雖然。西方之教亦有言。己先自度。回向度他。是爲佛行。未能自度。而先度人。是爲菩薩發心。以吾之自審道力薄弱。而渴思得良友善言以相夾輔。而爲吾藥也。則人之欲此。誰不如我。上附攻錯輔仁之義。下惟書紳自助之訓。吾言雖慚。烏可以已。

竊嘗觀近今新學界中。其齗齗然提挈德育論者。未始無人。然效卒不睹者。無他焉。彼所謂德育。蓋始終不離乎智育之範圍也。夫其獺祭偏於汗牛充棟之宋元明儒學案耳食飫乎入主出奴之英法德倫理學史。博則博矣。而於德何與也。若者爲理。若者爲氣。若者爲太極無極。若者爲已發未發。若者爲直覺主義。若者爲快樂主義。若者爲進化主義。若者爲功利主義。若者爲自由主義。涉其藩焉。抵其奧焉。辨則辨矣。而於德又何與也。夫吾固非謂此等學說之不必研究也。顧吾學之也。只當視之爲一科學。如學理化學工程學法律學生計以是爲增益吾智之一端而已。若曰德育而在是也。則所謂聞人談食。終不能飽。所謂貧子說金。無有是處。率斯道也以往。豈惟今日吾恐更閱數十年百年。而效之不可睹如故也。嗚呼。泰西之民。其智與德之進步爲正比例。泰東之民。其智與德之進步爲反比例。今日中國之現象。其月暈礎潤之幾既動矣。若是乎則智育將爲德育之蠹。而名德育而實智育者益且爲德育之障也。以智育蠹德育。而天下將病智育。以『智育的德育』障德育。而天下將並病德育。此寧細故耶。有志救世者。於德育之界說。不可不深長思矣。

爲學日益。爲道日損。斯語至矣。今吾儕於日益者。尚或孳孳焉。而於日損者。莫或厝意。烏乎。此道之所以日喪也。吾以爲學者無求道之心則亦已耳。苟其有之。則誠無取乎多言。但使擇古人一二語之足以針砭我而夾輔我者。則終身由之不能盡。而安身立命之大原在是矣。黃梨洲曰。『學問之道。以各人自用得著者爲眞。』又曰。『大凡學有宗旨。是其人之得力處。亦是學者之入門處。天下之義理無窮。苟非定以一二字。如何約之使其在我。』此誠示學者以求道不二法門哉。夫既曰各人自用得著。則亦聽各人之自爲擇。而吾寧容曉曉焉。雖然吾既欲以言責自效於國民。則以吾願學焉而未能至者。與同志一商榷之可乎。

一曰正本　吾嘗誦子王子之拔本塞原論矣。曰『聖人之學。日遠日晦。而功利之習。愈趨愈下。其間雖嘗瞽惑於佛老。而佛老之說。卒亦未能有以勝其功利之心。雖又嘗折衷於羣儒。而羣儒之論。終亦未能有以破其功利之見。蓋至於今。功利之毒。淪浹於人之心髓。而習以成性也。幾千年矣。記誦之廣。適以長其敖也。智識之多。適以行其惡也。聞見之博。適以肆其辯也。辭章之富。適以飾其僞也。其稱名借號。未嘗不曰吾欲以共成天下之務。而其誠心實意之所在。以爲不如是則無以濟其私而滿其欲也。以若是之積染。若是之心志。而又講之以若是之學術。宜其聞吾聖人之教。而以爲贅疣枘鑿。』（下略）嗚呼。何其一字一句。皆凛然若爲今日吾輩說法耶。夫功利主義。在今且蔚成大國。昌之爲一學說。學者非惟不羞稱。且以爲名高矣。陽明之學。在當時猶曰贅疣枘鑿。其在今日聞之而不却走不唾棄者幾何。雖然。吾今標一鵠於此。同一事也。有所爲而爲之。與無所爲而爲之。其外形雖同。而其性質及其結果乃大異。試以愛國一義論之。愛國者。絕對者也。純潔者也。若稱名借號於愛國。以濟其私而滿其欲。則誠不如不知愛國不談愛國者之爲猶愈矣。王子所謂功利與非功利之辨。卽在於是。吾輩試於淸夜平旦。返觀內照。其能免於子王子之所訶與否。此則非他人所能窺也。大抵吾輩當發心伊始。刺激於時局之事變。感受乎時賢之言論。其最初一念之愛國心。無不爲絕對的純潔的。此盡人所同也。乃浸假而或有分之者。寖假而或有奪之者。既已奪之。則謂猶有愛國心之存。不可得矣。而猶貪其名之媺而足以炫人也。乃姑假焉。久假不歸。則亦烏自知其非有矣。夫其自始固眞誠也。而後乃不免於虛僞。然則非性惡也。而學有未至也。亦於所謂拔本塞源者。未嘗一下刻苦工夫焉耳。王子又言『殺人須在咽喉處下刀。爲學須從心髓入微處用力。』我輩而甘自暴棄也。則亦已耳。苟不爾者。則於心髓入微處痛下自治力。其眞不容已也。頃見某報有排斥鄙人奮道德之論者。謂『今日祇當求愛國忘身之英雄。不當求束身寡過之迂士。既爲英雄矣。卽稍有缺點。吾輩當恕其小節。而敬其熱心。』又曰『欲驅發揚蹈厲龍拏虎擲之血性男子。而一一循規蹈矩粹面盎背以入於奄奄無氣之途。吾不知亡國之慘禍。既在目前。安用此等腐敗迂闊之人格爲也。』吾以爲此言又與於自文之甚者也。夫果爲不拘小節之英雄。猶可言也。特恐英雄百不得一。而不拘小節者九十九焉。我躬之在此一人之內耶。抑在彼九十九人之內耶。則惟我乃能知之。如曰無須如王子所謂拔本塞原者而亦可以爲英雄也。則不誠無物。吾未見有能成就者也。如曰吾之本原本已純美。而無所用其拔與塞之功也。則君雖或能之。而非所可望於我輩習染深重根器淺薄之人。夫安得不於此兢兢也。況吾之所謂舊道德者。又非徒束身寡過循規蹈矩之云也。以束身寡過循規蹈矩爲道德之極則。此又吾子王子所謂斷潢絕港。行焉而不能至者也。苟不以心髓入微處自爲課程。則束身寡過之虛僞。與愛國忘身之虛僞。循規蹈矩之虛僞。與龍拏虎擲之虛僞。正相等耳。何也。以其於本原之地絲毫無與也。以愛國一義論之既有然。其他之諸德。亦例是而已。

二曰慎獨。　拔本塞原論者。學道之第一著也。苟無此志。苟無此勇。則是自暴自棄。其他更無可復言矣。然志既立。勇既鼓。而吾所受於數千年來社會之薰染。與夫吾未志道以前所自造之結習。猶盤伏於吾腦識中。而時時竊發。非持一簡易之法以節制之涵養之。不能保其無中變也。若是者。其惟慎獨乎。慎獨之義。吾儕自束髮受大學中庸。誰不飫聞。顧受用者萬不得一。固由志之未立。亦所以講求者有未瑩也。吾又聞諸子王子曰。謹獨卽是致良知（與黃勉之書）然則王子良知之教。亦慎獨盡之矣。學者或問王子『近來工夫稍知頭腦。然難尋個穩當處』。子曰『只是致知』。曰『如何致』。子曰『一點良知是爾自家的準則。爾意志着處。他是便知是。非便知非。更瞞他一些不得。爾只不要欺他。實實落落依着他做去。善便存。惡便去。何等穩當』。此眞一針見血之言哉。（實則大學「所謂誠其意者毋自欺也」二語已直捷指點無餘蘊矣）其門下錢緒山引申之曰『識得良知是一個頭腦。雖在千百人中。工夫只在一念微處。雖獨居冥坐。工夫亦只在一念微處』。故以良知爲本體。以慎獨爲致之之功。此在泰東之姚江。泰西之康德。前後百餘年間。桴鼓相應。若合符節。斯所謂東海西海有聖人。此心同。此理同。而求道之方。片言居要。徹上徹下。眞我輩所終身由之而不能盡者也。顧我輩於此一義。猶往往欲從之而末由者何也。王子又言『以道之變動不居。縱橫顚倒。皆可推之而通。世之儒者。各就其一偏之見。而又文飾之。其爲習熟既足以自信。而條目又足以自安．以是誑己誑人．終車沒溺而不悟．非誠有求爲聖人之志者．莫能得其受病之源．而發其神奸所伏也．』又言『以某之不肖．蓋亦嘗陷溺其間者有年．賴天之靈．偶悟良知．乃悔其向之所爲者．固包藏禍機．作僞於外．而心勞日拙者也．十餘年來．雖痛自洗剔創艾．而病根深痼．萌蘖時生．』夫以子王子之學高尚純美．優入聖域．而自敍得力．猶曰包藏禍機．作僞於外．猶曰病根深痼．萌蘖時生．然則我輩之未嘗問道．未嘗志道．未嘗學道者．其神奸之所由伏．寧有底極耶．此拔本塞原論所以必當先有事也．王子既沒．微言漸湮．浙中一派．提挈本體過重．迨於晚明．不勝其敝．而劉蕺山乃復單標愼獨以救王學末流．實則不過以眞王學矯僞王學．其拳拳服膺者．始終仍此一義．更無他也．今日學界之受毒．其原因與晚明不同．而猖狂且十倍．其在晚明．滿街皆是聖人．而酒色財氣不礙菩提路．其在今日．滿街皆是志士．而酒色財氣之外．更加以陰險反覆奸黠涼薄．而視爲英雄所當然．晚明之所以猖狂者．以竊子王子直捷簡易之訓以爲護符也．今日所以猖狂者．則竊通行之愛國忘身自由平等諸口頭禪以爲護符也．故有恥爲君子者．無恥爲小人者．明目張膽以作小人．然且天下莫得而非之．且相率以互相崇拜．以爲天所賦與我之權當如是也．夫寧知吾之所哆然自恣者．乃正爲伱伏之神奸效死力耳．嗚呼．吾人而欲求爲人以立於天地間也．則亦誰能助我．誰能規我．舍息息愼獨之外．更何恃哉．更何恃哉．昔吾常謂景敎爲泰西德育之原泉．其作用何在．曰在祈禱．祈禱者．非希福之謂也．晨起而祈焉．晝餐而祈焉．夕寢而祈焉．來復乃合稠衆而祈焉．其祈也．則必收視返聽．淸其心以對越於神明．又必舉其本日中所行之事所發之念．而一一紬繹之．其在平時．容或厭然揜其不善而著其善．其在祈禱之頃．則以爲全知全能之上帝．無所售其欺也．故正直純潔之思想．不期而自來．於涵養省察克治三者之功．皆最有助力．此則普通之愼獨法也．日日如是則個人之德漸進人人如是則社會之德漸進所謂泰西文明之精神者在是而已詩曰上帝臨汝無貳爾心又曰相在爾室尚不愧於屋漏東西之教寧有異耶要之千聖萬哲之所以度人者語上語下雖有差別頓法漸法雖有異同若夫本原之地一以貫之舍愼獨外無他法門矣此寧得曰某也欲爲英雄某也欲爲迂士而趨舍因之異路耶諺曰英雄欺人欺人之英雄容或有之自欺之英雄則吾未之前聞也抑王子又曰『去山中賊易去心中賊難』吾儕自命志士者而皆有神奸伏於胸中而不能自克則一國之神奸永伏於國中而未由相克其亦宜矣

三曰謹小　大德不踰閑小德可出入此固先聖之遺訓哉雖然以我輩之根器本薄弱而自治力常不足以自衞也故常隨所薰習以爲遷流小德出入既多而大德之踰閑遂將繼之矣所謂涓涓不塞將成江河緜緜不絕將尋斧柯也錢緒山云『學者工夫不得伶俐直截只爲一虞字作祟良知是非從違何嘗不明但不能一時決斷如自虞度曰此或無害於理否(一)或可苟同於俗否(二)或可欺人於不知否(三)或可因循一時以圖遷改否(四)只此一虞便是致吝之端』又曰『平時一種姑容因循之念常自以爲不足害道由今觀之一塵可以曚目一指可以蔽天良可懼也』嗚呼此又不啻一字一句皆爲吾徒棒喝也以鄙人之自驗生平德業所以不進者皆此四種虞法梗乎其間蓋道心與人心交戰之頃彼人心者常能自聘請種種之辯護士設無量巧說以爲之辭昔嘗有詩曰『聞道亦不遲其奈志不立優柔既養奸便佞更縱敵謂茲小節耳操之何太急謂是戒將來今且月攘一』此實區區志行薄弱之徵驗不敢自諱而吾黨中之與吾同病者當亦不乏人斯乃不可不共勉也曩見曾文正自述戒烟並起日記三事其實行之難也如彼初蓋疑焉及一自試驗然後知戔戔者之果

不易也。而吾輩將來道行功業之不能及文正者。卽可於此焉卜之。非謂此戔戔者足爲道行事業之源泉也。文正自治力之強過於吾輩。卽小可以喻大也。蕺山先生曰『吾輩習俗既深。平日所爲皆惡也。非過也。學者只有去惡可言。改過工夫却用不著。』又曰。『爲不善卻自恕爲無害。不知宇宙儘寬。萬物可容。容我一人不得。』又曰『吾輩偶呈一過。人以爲無傷。不知從此過而勘之。先尙有幾十層。從此過而究之。後尙有幾十層。故過而不已。必惡。謂其出有源。其流無窮也。』此等語眞所謂一棒一條痕。一摑一掌血。欲覺晨鐘。稍有腦筋者讀之。皆宜發深省焉矣。夫使吾之所謂小過者。果獨立焉而無其因果。則區區一節。誠或不足以爲病。而無如有前乎此者數十層。有後乎此者數十層。以相與爲緣。若是乎則亦何小之非大也。譬諸治國。一偏區之飢寒盜賊。其事甚小也。而推其何以致此之由。則必其政府施政之有失也。社會進步之不調也。極其流弊。一偏區如此。他偏區如此。其禍亂遂將蔓及全國也。譬諸治身。一二日之風寒疥癬。其事甚小也。而推其何以致此之由。則必其氣血稍虧之感召也。衞生不協之釀成也。極其流弊。一日如此。他日如此。其痼疾或乃入於膏肓也。今吾輩之以不矜細行自恕者。其用心果何居乎。細行之所以屢屢失檢。必其習氣之甚深者也。必其自治之脆薄而無力者也。其自恕之一念。卽不啻曰。吾身不能居仁由義。是並康德所謂良心之自由而放棄之也。必合此數原因。然後以不矜細行自安焉。是烏得更以小論也。而況乎以接爲構。而日與相移。純粹之德性。勢不能敵旦旦之伐也。孟子曰。能充無欲穿窬之心。而義不可勝用。以反比例觀之。則知充纖毫涼薄之心。可以弑父。充纖毫險黠之心。可以賣國也。所惡者不在其已發之跡象。而在其所從發之根原也。以不拘小節之英雄自命者。其亦可以思矣。

以上三者。述鄙人所欲自策厲之言也。天下之義理無窮。僅舉三義者。遵梨洲之教。以守約爲貴也。多述前賢訓言者。末學譾陋。所發明不能如前賢也。專述子王子與其門下之言者。所願學在是。他雖有精論。未嘗能受也。抑古之講學者。必其心得也甚深。而身體力行也甚篤。雖無言焉。已足以式化天下。而言論不過其附庸耳。不知道如鄙人。寧當有言。顧吾固云未能自度而先度人。竊自附於菩薩之發心矣。若問鄙人於此三者能自得力與否。固踧然無以爲對也。願讀者毋曰。彼固不能實行也。而遂吐棄之。苟其言有一二可採者。則雖無似如鄙人。猶勿以人廢言。則鄙人以此言貢獻於社會之微意也。

至如某報謂鄙人責人無已時。則吾知罪矣。孟子曰。責善朋友之道。吾以言論友天下士。自附斯義。毋亦可乎。讀者亦毋吝相責。常夾輔我挾持我。使自愧自厲。而冀一二成就於將來。則所以恩我者。無量也夫。無量也夫。

## 第十九節　論民氣

一國中大多數人。對於國家之尊榮及公衆之權利。爲嚴重之保障。常凜然有介胄不可犯之色。若是者謂之民氣。民氣者國家所以自存之一要素也。雖然。僅以民氣。而國家遂足以自存乎。曰必不可。何以故。以民氣必有所待而始呈其效力故。

(一)民氣必與民力相待。無民力之民氣。則必無結果。有侵犯我者。我對之而宣言曰。『汝毋許爾爾。』是卽所謂氣也。夫我之所以能爲此宣言者何也。其內容必尚含有未盡之詞。若曰『汝果爾爾者。則吾將……』「吾將……」云者。是使彼憚我。而果不復敢爾爾也。故當吾將發此宣言之先。必預審夫所謂「吾將……」云者。果能實行與否。能實行矣。而遂足以憚彼否。審之既熟。然後乃昂然曰「汝毋許爾爾。」夫如是而我之宣言非戲言矣。於彼時也。彼則又詗我曰『彼云將……能實行歟。苟實行。斯可憚歟。』彼若認我為能實行而可憚也。則不得不屈於我。而我之目的達矣。彼若認我為不能實行。即實行矣而非可憚。則必將復於我曰『吾固爾爾矣。汝如將……吾亦將……』於是乎吾之所謂「將……」者。遂果不得不實行。既實行。則視吾之所謂「將……」者。能否壓伏彼之所謂「將……」而我目的之能達與不能達。從茲解決焉。夫彼之所謂「將……」云者。亦必其示我以甚可憚者也。彼固有所以憚我。而我亦有所以憚彼。是之謂力。我既有所以憚彼。而遂不憚彼之憚我。是之謂氣。氣者固所以成始而成終也。然非有力則不能始之。不能終之。氣實力之補助品耳。使我自始輒貿貿然宣言曰。汝毋許爾爾然。彼果爾爾者。我將何以待之。未始計及焉。即計及矣。而其事非我所能實行。即實行矣。而曾不足以損彼之豪末。甚或非徒無損於彼。而且有損於我。若是乎則我之宣言。必毫無反響。彼之視我。直劇場中一科白耳。即彼或未審於我之內情。以為我之敢為此言。其必有盾乎此言之後者。而因屈而從我。雖然。此又未足為喜也。何也。彼今雖不察。而終必有察之之時。及其察之。而我後此同類之宣言。壹歸於無效也。其不足喜者一也。我見此無實力之宣言之偶一制勝也。乃自狃焉。謂即此可以制梃撻人矣。乃益怠於實力之預備。此後若更遇同類之侵犯。或加等之侵犯。而我終無待之之道。其不足喜者二也。故夫無民力之民氣。其不可濫用也有如此。問者曰。然則力不足者。雖牛馬奴隸。其受之矣。曰。然也。夫孰使汝無力也。既無力矣。雖欲不受。庸安能也。雖然。受之可也。安之不可也。不安之奈何。則亦歸而求所以增其力而已。力之未逮。其必非用氣之時也。聞者疑吾言乎。請觀日本。日本之初與我通使也。領事裁判權未收回。我最初之橫濱領事范氏。以最敏活之手腕。主張我國民之權利。往往有使日人不能堪者。至今老橫濱者。猶舉其佚事以為美談。彼日人豈其樂受也。

而忍之若干年。琉球事件交涉中。我北洋艦隊游弋長崎。爲示威運動。我水兵與彼警察鬨。其交涉之結果。乃至勒使長崎警察不得帶刀。日本恥之。乃自下令全國警察不帶刀以解嘲。（自甲午戰勝後全國警察始復帶刀）彼豈其樂受也。而忍之若干年。彼其忍之之時。正其汲汲焉於種種方面預備實力之時也。果也甲午一役。而二十年來對於中國之恥辱。乃盡雪也。又其與俄交涉也。維新之始。以樺太與千島交換。彼日人豈其樂受也。而忍之若干年。甲午戰勝。割我遼壤。三國干涉。奪諸其懷。彼日人豈其樂受也。而忍之若干年。彼其忍之之時。又其汲汲焉於種種方面預備實力之時也。果也甲辰一役。而三十年來對於俄國之恥辱。乃盡雪也。當其忍也。而曰日本無民氣可乎。必不可。彼蓋有之而不用也。尺蠖之屈。以求伸焉。鷙鳥將擊。而伏且累月也。而不然者。請觀朝鮮。彼朝鮮非民氣不振之國也。十餘年前。即有富於革命思想之東學黨。振臂一呼。蔓延全國。推其起因。則政治問題也。以吾居日本七八年間。見其報紙所記朝鮮爆裂彈事件。以二三十計矣。其民之聚於鐘路（朝鮮地名）爲示威運動以對彼政府者。亦幾於無歲無之。其對內之民氣如此。即彼之對於日本。因抵制銀行券事件。至於全國工商同盟實行。（日本人所設之第一銀行在朝鮮發行紙幣漸已通行至明治三十六年春間朝鮮人見利權外溢之可懼也乃有一二有志者倡抵制之議令各行商簽名不用彼紙幣舉國一致贊成未幾日本以軍艦筑紫示威於仁川復以數軍艦繼之志士之運動遂成絕影）其對外之民氣如此。即至最近日韓新協約成立之後。其元老大臣以身殉之者。且踵相接。由此觀之。夫寧得曰韓民皆夸毗無骨者流也。而今日之韓。竟何如矣。夫三十年前日與韓不相遠也。即韓之民氣。吾亦未見其有輿儓於日之確證也。而結局乃若此。此何以故。則韓人誤以其最可貴重之蓄力的時日。而濫費之以爲最無謂之競氣的舉動。韓人之氣日洩而日羸。日人之力日積而日張。而最後之優勝劣敗遂永定矣。吾故曰民氣必待民力而後可用。對內有然。對外亦有然。

(二)民氣必與民智相待。無民智之民氣。則無價値。氣也者。用之以相競者也。故語及氣之一字。其中總含有戰爭的性質。無論爲廣義的戰爭狹義的戰爭。其性質固不相遠。（狹義的戰爭謂用兵廣義的戰爭謂其他互相抗敵之行爲）以狹義的戰爭言之。則（第一）不可無宣戰的理由。苟我挾完滿之理由以從事戰爭。則以義戰的觀念。能使我之敵愾力隨自信力而增加。其可以取勝者一。能使敵人以自反不縮之故。餒而不支。其可以取勝者二。能使中立者表同情於我。間接以增我之力而殺敵之力。其可以即勝者三。（第二）不可無作戰的計畫。我之力固自信足以與敵戰矣。然以此戰之故。我之損失當幾何。敵之損失當幾何。我而不戰。其所損失當幾何。我而戰。其所損失當幾何。戰之所損失。以除以償不戰所損失。其贏得者幾何。不可不一一熟計之。又同一戰也。以若何之戰術。最足以使敵屈伏。而貫徹我之目的。以若何之戰術。而使不至於本戰之外。生出他種支障。又不可不一一熟計之。凡茲所舉。不獨於狹義之戰爭宜然。即廣義之戰爭亦皆有然。夫命物之名而謂之氣。則其性質之非永久的可知。傳曰。一鼓作氣。再而衰。三而竭。此最能說明氣之情狀者也。故氣之爲物也。不可挫。彼氣之愈挫而愈盛者。必其有所挾持焉以運乎氣之外者也。苟惟氣也。則遇一度挫折。而餒於其前。更遇一度之挫折。而益餒於其前。則有後此遇當用氣之時。而不復能振者矣。夫以無理由而濫用其氣。幸而勝。則例外之事也。若其不勝。則事過境遷。終必有自悟其爲無理由之一日。遂自怨自艾。而因以減殺其自信力。而氣乃一落千丈强矣。以無計畫而誤用其氣以取挫敗者。則減殺其冒險心也。亦正與此同。而何以能審其理由。能善其計畫。則非全體人民有水平線以上之常識不能也。民氣之爲物。往往以盲從者之多數而致盛大。亦往往以盲從者之多數而致挫跌。要之盲從之民。必非能對於外界而有堅牢之團結力。對於外界而有持久之抵抗力者也。吾故曰。民氣必待民智而後可用。對內有然。對外亦有然。

(三)民氣必與民德相待。無民德之民氣。則不惟無利益而更有禍害。凡多數人相集而圖一事。則其中必有多少之權力。（權力之大小及其久暫姑勿論）於是有覬覦此權力而加入團體者。又凡一事之成。則其後必有多少之名譽。於是有歆羨此名譽而加入團體者。又凡一事件之起。其事件間接之影響。或可予一種人以特別之利益。於是有取便私圖而加入團體者。（如革命軍之起本非爲擄掠也而會匪綠林乘此勢假此名以行擄掠實爲一好機會故革命軍可以間接予會匪綠林以特別之利益也又如一月前東京學界爭所謂取締問題者本非爲惰學也而其中有游蕩不事學業者或久客思家者乘此勢假此名堂堂然自託於志士之林以歸國故取締問題可以間接予彼輩以特別之利益也其他凡百事件莫不有此現象）又凡一事件之起。其事件直接或間接之結果。常可以敗一人或一黨人之事業。於是有有憾於彼一人或彼一黨人利用傾軋而加入團體者。（歐美政黨之得失者常懸此爲厲禁蓋以私人之關係而牽及於公共問題最不可也）有一於此。則其團體自表面上視之。雖若甚大且堅。實則其內容含有種種不同性質之分子。各向於其特別之目的而進行。無論事之成不成。而皆可以生出惡果。此等敗類。無論何種團體。固萬難絕無。而民德高尚之國。其數寡。民德汚下之國。其數衆。若一團體中而此種類之人占多數。則其敝不可思議。即非占全團體之多數。而在團體主動者之中占多數。則其敝亦不可思議。夫此種類之人。必其稍黠而稍悍者也。故衆人相集以圖一事。而彼輩往往得占主動之地位。勢則然也。而其敝遂不可思議。以上所舉。皆假公濟私。以煽動民氣爲一手段者也。不可謂之眞民氣。故勿具論。即屬於眞民氣矣。而猶必須有諸德以綱維之。一曰堅忍之德。凡所抗爭之目的。不能一蹴而達。苟無此德。則一鬨熱狂。若暴風疾雨。不能終朝也。二曰親善之德。凡團體愈大。則其分子愈雜。雖同向於一大目的。其中小節。總不免意見參差。苟無此德。則團體瞬息分裂也。三曰服從之德。凡團體必有指揮者。有受指揮者。苟無此德。則人人欲爲指揮者。不顧爲受指揮者羣龍無首頃刻而潰也。四曰博愛之德。氣之方張。必繼之以破壞。破壞有時固非得已。然當有其程度。苟無此德。將並其不必破壞不可破壞者而亦破壞之。而全局且不可收拾也。故由前所舉之四種。是與道德立於正反對之地位者也。以此等人而利用民氣。其爲害極深。由後所舉之四種。雖非立於正反對之地位。而於應有之道德。多所欠闕者也。以此等人而濫用民氣。其爲害亦不淺。吾於中國之義和團見之。吾於法國之大革命見之。吾故曰民氣必待民德而後可用。對內有然。對外亦有然。

吾於是研究民氣之爲物及其應用。得公例曰。

（一）其物爲補助的性質。而非絕對獨立的性質。　故不可以之爲唯一之手段。

（二）其物屢用之則易衰而竭。蓄之愈久則其膨脹力愈大。　故宜偶用而不宜常用。

（三）其物善用之可以收莫大之良果。誤用之可以收莫大之惡果。　故卽偶用之亦不可不慎。

（四）其物之發生比較的易。　故常未適用時。無取煽動之。

以上四例。其前三項則前文所論足以證明之而有餘。其第四項。今更附一言。　謂民氣無須激厲。但放任之而可以自由發生者。非篤論也。雖然。與民力民智民德三者相比較。則其發生也較易。（一）正當之民氣。生於自衞心。而自衞心爲盡人所同具。一提便醒。（二）民氣之爲物極簡單。不須有他種之預備修養而始成立。故臨時可以猝辦。（三）民力民智民德三者既進。則其民自能自認其天職。自主張其權利。故民氣不期進而自進。以此諸理由。故吾輩無論對內對外。當先審今日爲可用民氣之時代與否。如其未也。與其洩之。毋寧蓄之。姑於其最難發生最難成立之民力民智民德三致意焉。迨適用之時。以百數十少年號呼焉。以三數報館鼓吹焉。不一月而舉國狂矣。謂余不信。盍觀最近東京罷學事件與上海罷市事件也。故當未可用民氣之時。而專以煽動民氣爲事者。是濫費其日力與其才力而已。

問者曰。然則子認今日爲未可用民氣之時乎。曰。以全局論。無論對外對內。吾皆認爲未可用民氣之時。以一部分論。則因於其事件之性質如何。吾認爲有適用者有不適用者。卽認爲適用之事件。其用之也亦有度量分界。若日日以牛刀割雞。則亦吾之所不敢苟同。雖然。此非可以一言盡也。

## 第二十節　論政治能力

今之憂國者。每睊睊而悲。哀哀而號。曰。嗚呼。中國人無政治思想。斯固然矣。雖然。吾以爲今後之中國。非無思想之爲患。而無能力之爲患。凡百皆然。而政治尤其重要者也。普通之思想。由言論聽受可以得之。實際之思想。由學問講求可以得之。言論聽受者。數月而其效可覩矣。學問講求者。數年而其效可覩矣。故欲進無思想者爲有思想者。其事猶易。欲進無能力者爲有能力者。其事實難。

十年前朝鮮之東學黨。與三十年前日本之尊攘家。何所異。顧何以日本能改革。而朝鮮不能。則朝鮮人之能力劣於日本之爲之也。十九世紀初南美諸國之獨立。與十八世紀末北美合衆國之獨立。何所異。顧何以北美能秩序發達。而南美不能。則南美諸國民之能力劣於北美之爲之也。路易十六時代法國之革命。與查里第一時代英國之革命。何以異。顧何以英人能得完全立憲政體。而法人不能。則法人之能力劣於英人之爲之也。如曰徒恃思想而可以自立也。則古代波斯人之思想力。非有遜於阿剌伯人。中世羅馬人之思想力。非有遜於峩特狄人。即印度人之思想力。據心理學家所論。猶謂其足與英人相頡頏。或乃駕英而上之。（法儒李般之說）顧何以一興一亡之數。竟若彼也。如曰徒恃思想力而可以自立也。則歐美大學中。其黑人之受完全敎育獲博士學士之學位。成法醫理敎之專家。與白人同馳騁於學界者。固不乏人。而猶太種族之著書發論。裒然成巨子者。尤多於鯽魚矣。顧何以黑人之建國。終不可期。而猶太一亡之後。竟萬劫不復也。故思想不足恃。惟能力爲足恃。

我中國自黃帝以來。立國數千年。而至今不能組織一合式有機完全秩序順理發達之政府者。其故安在。一言以蔽之。亦曰無政治能力而已。或曰。吾國民以久困專制政體之故。雖有政治能力。不能發達。斯固然矣。雖然。亦有在專制政體不能及之時。不能及之地。不能及之事。而吾民不克自發揮其政治能力如故也。是乃大可痛者也。何謂專制力所不能及之時。如每朝當鼎革之交。中央政府權力墜地。羣雄並起。若秦末西漢末東漢末唐末元末明末之故事。彼時所謂中央政府者。其鞭箠所及。不能出邦畿千里外。民間若稍自樹立者。一舉而得自由自治之幸福。抑非難也。而拒虎迎狼。莽莽千載也若彼。是其無政治能力之證驗一也。何謂專制力所不能及之地。稽諸我國歷史。其各省地方。固非無脫離中央政府別成一行政區域之時代。春秋戰國不必論矣。後此如秦末之南越。閩越。漢末之蜀吳。唐末之吳越。福建。湖南。蜀。唐迄宋之西夏。皆於中原極棼亂之際。而屹然能自樹立。使其民稍富於自治力者。則別搆成一種政體。以光我歷史。抑非難也。而一丘之貉。又既若此。此猶得曰行政區域雖別。然終爲豪强所脅迫。不能自拔也。若夫自明末以來。數百年間。我民自殖於南洋羣島者。以數百萬計。至今日。即以暹羅一國論。而隸華藉者已百餘萬。新嘉坡。庇能。噶羅巴等處稱是。若此者。我中央政府視爲化外。其權力非直不能及。抑亦不屑加也。顧何以戢戢受羈軛若牛若馬。其甚者。如荷蘭屬法屬之僑民。笞畜刲割。曾羊豕之不若也。抑海峽殖民地諸島，多由我民篳路藍縷，與天氣戰，與野獸戰，與土蠻戰，停辛貯苦，以啓其地。顧不能自建設自約束，而必迎西方之强者以鎮撫我，則又何也？夫前事不必道矣，其在今日，臥榻已屬他人，座間寧容卿輩？吾民不能以政治團體自見於彼地，猶可言也。若夫今日美洲澳洲諸地，吾民散居者亦不下數十萬，其地之法律固自由也，平等也，而吾民又與彼之國民同受治於一法律之下者也。集會言論之自由，一無所禁者也。顧何以英人不滿四千之上海，百廢具舉，純然爲一小政府之形，而華人逾三萬之舊金山，竟終歲干戈相尋，不能組成一稍有力之團體也？是其無政治能力之證驗二也。何謂專制力所不能及之事？夫所謂政治的組織者，非必爲關於政治上之專名也。其在歐美，無論一市一區一村一公司一學校，凡一切公私之結集，無不爲政府之縮影。故欲驗一國民政治能力之强弱者，皆當於此焉察之。夫近代自由政體之發源，史家多以歸諸中世之意大利市府（俾尼士佛羅棱諸市也）。而彼諸市府者，其始皆爲經濟上結集，而後乃變爲政治上結集者也。中國專制之毒雖劇烈，而以中央行政機關不整備之故，其能直接以干涉民間事業者殆稀。若吾民於商務上思結何等之團體，必非政府所懸以爲禁也，而數千年來欲求一如西人之有限公司及商業會議所者，何不一覯也？其尤淺而易見者，若教育事業，近數年來所屢下明詔獎厲者也，專制力即及他事，而斷不至及此事。而試觀庚辛以來迄今日，各省教育之發達，竟何似也？雖有一二，而私立學校之成績，往往視官立者猶不逮焉，而吾民更何顏目以責備政府也？是其無政治能力之證驗三也。吾故曰：今後之中國，非無思想之爲患，而無能力之爲患。

亞里士多德曰：人也者，政治之動物也。然則人類之必有政治能力，其天性矣。至其何以自有而之無，則不出兩途：一曰隱伏而不能發達，二曰發達而旋復摧夷。今試即吾中國人所以致此之原因而析分之，則其第一事卽由於專制政體也專制政體爲直接以摧鋤政治能力之武器此稍有識者所能知矣進化學者論生物之公例謂物體中無論何種官能苟廢置不用之旣久則其本性遂日漸澌滅如彼意大利洞中之盲魚昔本有目因洞居黑闇目無所用故爲今形又如脊椎動物類昔本有腮（人類亦有之）因空氣輕淸腮無所用故爲今形諸如此者不可枚舉經百數十代之遺傳順應其本能之發達毗於一端而他端遂朘縮以至於盡此其例通於生理心理兩部分而皆同者也專制之國其民無可以用政治能力之餘地苟有用之者則必將爲强者所蹂躪使之歸於劣敗之數而不復得傳其種於後者也以故勾者不得出萌者不得達其天賦本能隱伏不出積之旣久遂爲第二之天性就使一旦放任之而其本能之回復固非可以責效於一朝一夕譬諸婦女纏足者纏之旣二三十年雖一旦釋之而不能如常足明甚也（今有持論謂中國人旣無立憲資格卽當以暴動破壞養成之者是無異集纏足婦人驟赤其足卽驅之以競走謂是可以養足力也）以故雖在專制力所不及之時之地之事而其渙然不能自治也如故皆此之由或曰歐西諸國前此之呻吟於專制軛下與我等耳何以其政治能力之摧殘不若我之甚曰專制同而所以專制之性質不同彼蓋以封建專制貴族專制爲主體而我適與之相反者也（其詳迭見於拙著中國專制政體進化史論諸篇）質而言之則彼乃少數之專制而我則一人之專制也少數專制者卽少數人自由而多數人不自由之意也夫由少數人之自由以漸進於多數人之自由其視全體人民悉無自由而驟欲進於自由者其難易固有分矣故泰西之專制常爲政治能力之媒（觀英國大憲章與匈牙利金牛憲法之起原可以證此說之不謬矣他國亦大率類是）而中國之專制全爲政治能力之賊也（此論理甚長精細剖辨俟諸異日）

其第二事則由於家族制度也歐美各國統治之客體以個人爲單位 Unit 中國統治之客體以家族爲單位故歐美之人民直接以隸於國中國之人民間接以隸於國先聖曰國之本在家又曰家齊而後國治蓋在此種

社會之下。誠哉舍家族外無所以爲團也。細察中國過去種種制度。無不以族制爲之精神。言夫教育。則曰父兄之教不肅。而成子弟之學不勞而能。凡庠序學校皆以養國老庶老爲最重之典。故可謂之族制的教育。言夫賦稅。上古井田之制。九家爲井。由井而通而成而終。全以家族爲綱。不俟言矣。卽封建旣廢以後。如漢有戶賦。（以充郡國行政費也。）唐有調。（租庸調三者。租課田。庸課人。調則課戶也。唐制戶籍法最詳。計其貲產定爲九等。每戶有丁中老小黃等名號。）有兩稅。（兩稅不以丁。第戶而以丁從戶也。）明後雖行一條鞭法。然仍有收戶解戶馬戶竈戶陵戶園戶海戶諸名。故泰西料民只計口。而中國則戶口並計。（參觀前號中國史上人口之統計篇）誠以戶也者中國構成團體之一要素也。觀其統計之小節。而立法之根本觀念於茲可徵矣。（掌財賦及民事者謂之戶部。亦根於家族思想也。）故可謂之族制的財政。言夫刑法。則罪人及孥。甚者乃夷三族。此風直至本朝雍乾間猶未能改。故可謂之族制的法律。言夫兵役。則封建時代。丘乘與井田相屬。無論矣。自戰國至李唐。常爲三丁抽一之制。宋後行保甲。每十家籍二丁。皆可謂之族制的軍政。其餘一切制度。大率類是。苟一一細按之。則其立法之源泉。皆有蛛絲馬跡之可尋。（此不能徧舉。他日當著專篇研究之。）要之舍家族相維相繫之外。有司無以爲治也。卽其地方自治之制。有若所謂甲首所謂保正所謂里長所謂社長者。皆無不以一族之耆老充之。舍是則自治團體不能立也。故吾常謂中國有族民資格。而無市民資格。（參觀拙著新大陸游記第百八十六葉）蓋西語所謂市民 Citizen 一名詞。吾中國亘古未嘗有也。市民與族民。其相異之點安在。市民之長尙賢。其任之也以投票選舉。族民之長尙齒。其任之也以年資洊升。投票選舉則物競行。而被選者自必立於有責任之地位。年資洊升者反是。夫是以泰西之自治制度。爲政治能力之濫觴。中國之自治制度。爲政治能力之煬竈也。夫是以在一鄉一族間。尙或秩然有團體之形。一至城市。則有機體之發達。永不可見也。

其第三事。則由於生計問題也。孟子曰。民之爲道也。有恆產者有恆心。無恆產者無恆心。豈不然哉。豈不然哉。地理學家言。完備政團之發生。必在溫帶。蓋熱帶浴天惠太厚。故其民媮窳。而生計不發達。寒帶蒙天行太酷。故其民瘠苦。而生計不發達。生計蹙而欲政治之進。其道無由。蓋人道之所以進步。皆起於有所欲望。而汲汲設法貫達之。欲望之種類甚多。恆應於其社會之程度高下爲等差。必先急其所最急者。乃及其所次急者。更及其所又次急者。如衣食住。最急者也。無之則一日不能自存也。稍進焉。乃更求間接以保生命財產之安全者。則政治之業是已。益進焉。乃更求其軀殼及靈魂之特別愉快者。則奢侈品物及學問之研究。道德之實行是已。凡生計學書開宗明義第一章必論欲望謂是爲根本的觀念也惟諸家之論欲望每分爲必要之欲望度外之欲望等類鄙人竊不謂然夫貧瘠國民之求一粗糲一蓬蓽其必要者也富強國民之講衞生的飲食修潔的道路華美的宮室亦其必要者也野蠻國民之求一驍勇會長以禦猛獸禦外敵其必要者也文明國民之求一完備之政府穩實之權利以謀公私之進步亦其必要者也然則凡欲望皆生於必要而已而其必要之事物愈多則其欲望愈繁而文明之程度愈高此民族進化得失之林也且使於其所最急者。猶終歲勤動不能獲焉。而欲民之有餘裕以謀其所次急者所又次急者。此必不可得之數也。故政治道德學術一切之進步。悉與生計之進步成比例。皆此之由。吾中國數千年生計界之歷史何如。吾中國今日生計界之現狀何如。觀於此。則其政治能力缺乏之根原。從可想矣。正乃孟子所謂救死惟恐不贍者也。故其於最狹義的小我之外。不遑念及大我。於最狹義的現在之外。不遑念及將來。亦奚足怪。難者或曰。若漢之文景間。唐之開元天寶間。本朝之康熙乾隆間。號稱家給人足。比戶可封。今使兩者果爲切密之比例也。則彼時之政治能力。宜若發達。而事實顧相反何也。應之曰。是宜詞之於遺傳之理。彼自祖若宗百數十代。既已汩沒其本能。而欲以數十年之短日月遽還其原。烏可得也。而況乎他種原因之旦旦而伐者。尚不止一端也。而況乎所謂家給人足者。又不過歷史上一美談。而當時實狀。正未必爾爾也。故吾國數千年社會之精力。全銷磨焉以急其所最急者。欲求達下級直接之欲望而猶不給。而欲其進焉以懷間接高級之欲望。且有術焉以自達之安可得耶。安可得耶。

其第四事。則由於喪亂頻仍也。凡有機體之發達。必經自然之順序。歷爾許之歲月。又無他種故障以夭摧之於中途。夫然後繼長增高以底大成。吾有一弟。總角早慧。冠絕羣從。及八歲得怪病。鄉居誤於庸醫。經年病痊。而靈明若失。今謀補救。後效茫茫。吾觀於此而忽有感於吾民族政治能力之喪失。亦類是焉矣。夫其伏於專制之羈軛。困於家族之範圍。役於生計之奴隸。蓋本能之斲喪者。既已十六七矣。而猶或潛滋暗長。萌蘖非無。無如更數十年。必經一次喪亂。輒取其前此所積累之根柢而一掃之。法王路易十四言。朕死之後有大洪水來。而中國歷史家亦往往知陶唐經洪水時代。將黃帝傳來之文明消失大半。曾亦思秦漢以來數千年間。我先民遭洪水厄者。不啻十餘度也。唐人詩曰。『經亂衰翁居破村。村中何事不傷魂。因供寨木無桑柘。爲著鄉兵絕子孫。』又曰。『君不聞漢家山東二百州。千村萬落生荆杞。』此等單語片詞。曾未能寫其慘狀億萬之一。然文明與喪亂俱盡。可概見矣。今之尤國民者。動曰其性卑屈。其心狡詐。其欲望劣下。其團體渙離。曾亦思民之生彼時代處彼境遇者。非卑屈狡詐。何以自全。而「我躬不閱。遑恤我後」之思想。既深入於人人腦識中。復更何心以愛同類而計將來也。泰西史家言法蘭西當大革命時代。全國所產嬰兒。率多癲癇。蓋社會之現象。遺傳於其羣之心理中者如是其可畏也。吾國當喪亂之際。惟彼卑屈狡詐劣下渙離者。流差得避天行淘汰之酷。以遺其種於來禩。夫前輩之國民。既已死絕矣。後輩之國民。自其在胎中。已飽受恐怖憂鬱之教育。及其幼而處家庭。長而入社會。所習見習聞之嘉言懿行。則若何而可以全軀免禍也。若何而可以希寵取容也。就使天下復定之後。上而君相。下而師儒竭全力以養其廉恥，陶其性情，而本能之回復，猶且待諸一二世以後也。乃霸者復陽植之而陰鋤之，使永無發生之期，未及一二世，而前度之喪亂復纍演，再見矣。喪亂之纍演多一次，則毒害之遺傳加一層，如之何其政治能力不澌滅以盡也。嗚呼，非一朝一夕之故，所從來遠矣。

吾既以思想能力兩者相比較，謂能力與思想不相應，爲中國前途最可憂危之事。然則今日談救國者，宜莫如養成國民能力之爲急矣。雖然，國民者其所養之客體也，而必更有其能養之主體。苟不爾者，漫言曰養之養之，其道無由。主體何在，不在强有力之當道，不在大多數之小民，而在既有思想之中等社會，此舉國所同認，無待詞費也。國民所以無能力，則由中等社會之無能力，實有以致之。故本論所研究之範圍，不曰吾輩當從何途始可推能力以度諸人也，曰吾輩當從何途始可積能力以有諸己而已。非有所歆於能力以自私，實則吾輩苟有能力者，則國民有能力，國民苟有能力者，則國家有能力，以此因緣，故養政治能力，必自我輩始。請陳數義，相策督焉。

一曰分業不遷。文明程度之高下，與分業之精粗成比例，此生計學之通義，而社會上一切現象，舉莫能外者也。西人恆言曰：『成功之要素有三，一天才，二機緣，三歷練。』夫天才不能事事而優也，有所長斯有所短，機緣不能事事而應也，有所適斯有所障，歷練不能事事而徧也，有所習斯有所疏，故善任事者，必自審其性之所近，地位之所宜，擇其一焉，日日而肄之，然後庶底於成。今日之中國，其無志國事者，視一切皆如秦越人之肥瘠，斯不必論矣。若乃有志者，見夫大局如此其危急也，應舉之事如此其繁多也，而聲氣相應之人又如此其寥落也，乃抱雄心，厲苦節，欲取一切而悉荷諸區區最少數人之雙肩。試觀數年以來倡政治改革之人，非即倡教育改革之人乎，倡教育改革之人，非即倡實業改革之人乎，倡實業改革之人，非即倡社會改革之人乎，以實業論，則爭路權者此輩人，爭礦權者亦此輩人，提倡其他工商業者亦此輩人也，以教育論，則組織學校者此輩人，編教科書者此輩人，任教授者亦此輩人也，以政治論，則言革命者此輩人，言暗殺者此輩人，言地方自治者亦此輩人也，其他百端，大率類是，夫此諸事者，謂其一當辦而其他可無辦焉，不得也，謂其一當急辦而其他可緩辦焉，不得也，於是志士熱心之極點，恨不得取百事而一時悉舉之，恨不得取百事而一身悉任之，其遇可憐，其志可敬，雖然，謂其能力得緣此而獲進步，非吾所敢言也，若此者，美其名則曰總攬大綱，曰纖悉周備，若語其實際，其淺嘗而已，浮慕而已，孟子曰，人有不爲也，然後可以有爲，夫所謂不爲云者，非必其不可爲者也，可爲之事千萬，則爲之之人亦宜千萬，以一人而欲爲千萬人之所可爲，未見其能有功也，夫志士之欲有所爲也，無論其事或大或小，或徧或局，要之與政府所持主義含反對之性質者也，政府反對，則不可不結國民之同情以爲後援，然國民又大率可與樂成，難與慮始，自其初不肯遽表同情於地位脆弱之志士，勢使然也，故夫任事者，語於本原之地，不可有成敗之見存，固也，然發端伊始，與其徇心之所安而不恤敗，毋寧因勢之所導而必求成，昔人有言，帶鄉兵者，可以勝，不可以敗，今之任事，蓋有類於是矣，事之範圍雖小，苟有一二明效大驗，則可以起社會一般之信用，他日任他事而阻力消其半矣，他人任他事而阻力亦消其半矣，如是相引遞進，夫乃同情衆而能力强，如即近日粵漢鐵路案，發起之者在民間勢力綿薄之數人，漸以動全國之有力者，此爲國民號召政府與外人爭權利之嚆矢，使此事而能始終之，則政府知民力之不可侮，他事且將引爲後援，而吾民亦自信其力之果足以動政府，足以拒外人也，此後有他事，附和自衆，而能力日成，若此事失敗，國人共見夫爭之累歲而結果僅如是也，此後有他事，餒而已，故帶鄉兵者，取小不取大，攻瑕不攻堅，今欲用脆弱之民力，萌茁之民氣，以與千年積威之政府宣戰者，舍此奚以哉，信如是也，則用志不紛，乃凝於神，不倡一事則已。苟其倡之。則必有若干人焉。萃其聰明才力以專向於此一事。雖更有他事出焉。其重大過此數倍者。寧割棄之勿過問何也。非此而此一事必不能就也。曾文正之治軍也。紮硬寨打死仗節節進取得寸進寸。日軍之圍俄於旅順也。以全力陷一壘。乃次及他壘。今日吾黨之大患在壘壘而撼之。欲百壘一時俱下。而終至於無一壘之能下也。其能力所以難進步者一也。今之志士有二蔽。甲曰事多辦不了。奈何。乙曰欲辦事無事可辦奈何。其論若甚相反。而受病乃同一源。人人自謂華拿。家家自況盧孟。實則我所欲辦之事。時或與我之地位不相應。故曰辦不了。事與地位不相應。而於他無所屑焉。不復擇其相應者以自任。故曰無事可辦。任舉一事。皆能言其概。若其層累曲折。批郤導窾。則未或習焉。未或究焉。故既曰辦不了。亦曰無事可辦。夫一國之中不能人人而華拿。而盧孟無待言也。且使一國之中而果人人華拿人人盧孟。則其國尚可以成國乎。吾有以知其必不能矣。嘗數日本之人物。不必西鄉木戶大久保伊藤大隈福澤。乃見重於其社會也。若前島密。所知者郵便耳。若澀澤榮一。所知者銀行會社耳。若井上勝。所知者鐵道耳。若大浦兼武。所知者警察耳。若伊澤修二。所知者音樂耳。若落合直文。所知者國文耳。若石黑忠德。所知者赤十字社耳。若市川團十郎。所知者演劇耳。試問彼諸人者。其功德之在日本。視西鄉輩又何多讓也。乃我國今日之志士。一若非言政治問題。不足云愛國。非投軍人社會。不足稱偉人。既乃不可藉手。則曰社會不我庸也。而因以自放。若此者比比然也。其能力所以難進步者又一也。要而論之。立國之要素多端。缺一焉則國家無以自存。如人體然。分子弱斯全體弱。分子强斯全體强。官支藏府血脈。各自榮養。各自發達。而健全之衛生乃可期。今者中國之人格。譬諸猶初搏土也。我輩居其中。爲重要之一分子者。不務充其官能之所職以自效。而日冀全體之助長。其安能致哉。其安能致哉。吾所謂以分業爲能力之大原者此也。

二曰互相協助。協助有積極消極兩義。積極的協助。以相扶掖爲用。消極的協助。以不相妨礙爲界。明乎此義。則雖盈天下皆吾友焉可也。耗矣哀哉。吾國人之以排擠軋轢爲天性也。昔在晚明。所謂士君子者。先意氣而後國家。訌鬨未已。而敵騎渡河。讀史者至今茹痛焉。還觀夫今日之志士。抑何其復相類也。他勿具論。即如政治問題。所謂立憲革命兩主義之交鬨。吾壹不知其惡感情之何自而生也。其僞託口頭禪以自營北私者。微論矣。即其根於血性。眞懃懃焉盡瘁於此兩主義者。其相仇之跡。且日接而日厲也。推其相仇之故。殆有兩因。其一則謂彼主義成功。而我主義將歸消滅也。其二則謂彼主義光大。而我主義不能進行也。吾以爲由前之說。誠哉然也。中國他日而亡國則已耳。苟不亡者。則結局於此兩主義必取一焉。而其他之一。亦必歸劣敗之數。此所謂消滅者也。雖然。若因此而相仇也。則試問持一主義者。爲欲保存我國耶。抑欲保存我主義耶。如欲保存我主義者。苟其主義不適於國。而不足以救國之亡。則國亡而主義亦安麗也。如欲保存我國者。則此國當由何主義以獲救。今方屬未定之問題。我而自信甲主義可以救此國也。我從而亹亹焉。固不必輕棄以徇人。彼而自信乙主義可以救此國也。彼從而亹亹焉。又何必其輕棄以徇我。若夫機會之既熟。適不適之形成。我與彼必有一焉劣而敗者。固也。而我與彼又必有一焉優而勝者。但使有一優勝。則吾國既已緣此而獲存。國存則我主義雖或消滅。而於吾保國之目的。不已達乎。乃必於始焉而相仇。何爲者。由後之說。其意蓋謂苟吾主義而誠不適。則消滅固無所憾。顧吾今者實信吾主義之最適。而無他主義焉可以媲也。而吾主義之所以不發達。則由有他主義焉持異論於其間。以淆天下之視聽也。吾愛吾國。故不得不愛吾主義。其有不利於吾主義者。吾得行吾主義之自衛權以敵視之。此其說似也。雖然。惜其於利不利之界說。有所未瑩也。天下事固有極相反而適相成者。若君主專制與共和革命。兩極端也。而共和革命。每成就於君主專制極點之時。專制者種種積威。種種陰謀。皆不啻爲革命者作預備之資料。此泰西史上所習聞也。而況乎立憲革命之爭。乃與此異。（立憲革命本不能爲對待之名詞。立憲者雖君統依然。已不得不謂之革命。革命者雖絕君統。然結局亦不過求立憲。故以對舉。實論理學所不許也。今云云者。從普通稱謂耳。）其事本非相反。其效乃眞相成。我而誠欲革命也。當思英國一六四六年何以能革命。非藉倫敦之國會軍乎。美國一七七五年何以能革命。非藉費城之十三州同盟會乎。法國一七九一年何以能革命。非藉巴黎之國民議會乎。夫使所立之憲。而能副國民之願望也。則吾復何求。吾之革命主義。直拋棄焉可耳。（或持極端之排滿主義。謂今之皇室雖使其憲政之完備能如英如日。然以民族之惡感情終不認之。寧以無秩序之漢而亡。不以有能力之滿而存。此自是意氣之言。眞愛國眞言革命者必所不取。）使其不能也。則經此一度之立憲。而民間之表同情於革命者。將益如傳染病瀰漫而不可制。可斷言也。何也。向上之心。人性所同。譬諸處闇室者。終身未睹天日。謂世界除黑闇外。更無他物。則亦安焉。旁觀者語以光華糺縵之象。雖舌敝不能生其歆也。一旦穿壁爲牖戶焉。間日爲導出游焉。則光明線日縈其腦識。復囚梏之。安能受也。故朝廷一紙僞改革之詔書。以視民黨數十萬言之著書。數十百次之演說。其效力往往過之。他勿具論。卽今日持最極端之革命論者。試撫心自問。吾數年前之思想何如。今日何以能有此。則辛丑回鑾以後所謂變科舉開學堂獎游學諸僞改革事業。其間接以助我發達者。豈淺尠也。比例以推。知立憲主義進一步。則革命主義必進一步。我而眞信革命論之可以救國也。則正宜日夕禱祀蘄立憲論之發達。以爲我助力。而其不得不相仇之理由。果何在也。我而誠欲立憲也。當思日本之憲法。非以革命論極盛時始成立乎。意大利之憲法。非以革命論極盛時始成立乎。其他諸有憲法之國。豈有一焉不收功於革命前革命後者。故夫憲法者。上下交讓之結果也。交讓必先以交爭。譬諸兩交戰國。其究必出於和。顧未有不能戰而能和者。不戰之和。屈服而已。即戰後之和。其兩造從和約上所得之利益。又必視其戰鬬力之强弱以爲衡。憲法如和約然。民間對於政府而欲申其願望者。必其戰鬬力可以使政府屈服者也。戰鬬力能使人屈服者。則戰可也。無戰亦可也。今文明國家不憚戰。而莫不修戰備。革命者戰備也。輕言革命。譬猶黷武。黷武非計也。以主立憲故而仇革命。譬猶弛兵。弛兵尤非計也。抑嘗思數年來政府所以屢有僞改革之舉者。其動機果何自乎。豈不以民氣可畏。姑爲一二以塞其望也。惜也人民之戰鬬力。曾不足以生政府之嚴憚也。苟能之。則如十年前俄人之迫還遼東。不戰而屈日本焉可也。比例以推。知革命主義進一步。則立憲主義必進一步。我而眞信立憲論之可以救國也。則正宜日夕禱祀。蘄革命論之發達。以爲我助力。而其不得不相仇之理由。果又何在也。吾之爲此言。非謂欲使言立憲者舍己之所信以從革命。或使言革命者舍己之所信以從立憲也。更非爲模稜之言。與彼兩主義作調人也。吾見夫天地甚大。前途甚寬。實有容此兩主義並行不悖之餘地。各發表其所研究。各預備其所實行。不相非薄。不相師。而豈必爲冷嘲熱罵以快意。爲陰謀傾軋以求勝也。彼諸文明國之有政黨也。各持主義。莫肯相下。顧未有妬他黨之與己並立。而汲汲摧滅之者。不寧惟是。平居抗爭。寸黍不讓。一旦有敵國外患。則相與提攜。而黨界悉置度外矣。何也。內競者其對外之力必不能强。使無公敵臨於其前。則內其黨而外他黨焉可也。苟有公敵。而甲乙兩黨猶自相外。則敵之利耳。而甲乙究皆何利焉。今日之中國。宜合全國上下以對列强者也。藉曰未能。則亦宜合全國民以對政府。立憲革命兩者。其所遵之手段雖異。要其反對於現政府則一而已。政府方以千鈞之力相臨。而所謂立憲者革命者。皆如方抽之萌蘖。勢之强弱。與彼公敵固相萬也。莊生不云乎。魚處於陸。相呴以溼。相濡以沫。且旦而呴焉。昔昔而濡焉。猶懼不蘇。而乃互以摧殘狠藉爲事。相勝豈不甚易。獨敵我者則晏然以臥。竊竊焉以笑耳。吾實見夫數年來民黨能力之所以不進。其被壓抑於政府者不過十之一。其被摧夷於異黨者乃十之九也。是眞可爲長慟者也。一言蔽之。則亦未明消極的協助之義而已。

# 飲冰室專集之五

## 張博望班定遠合傳

### 第一節　世界史上之人物

歐美日本人常言。支那歷史不名譽之歷史也。何以故。以其與異種人相遇輒敗北故。嗚呼。吾恥其言。雖然。吾歷史其果如是而已乎。其亦有一二非常之人非常之事可以雪此言者乎。高山仰止。景行行止。讀張博望班定遠之軼事。吾歷史亦足以豪矣。

古今人物之與世界文明最有關係者何等乎。曰闢新地之豪傑是已。哥倫布士之開亞美利加也。伋頓曲之開澳大利亞也。立溫斯敦之開阿非利加也。皆近世歐洲人種所以漲進之第一原因也。夫以文明國而統治野蠻國之土地。此天演上應享之權利也。以文明國而開通野蠻國之人民。又倫理上應盡之責任也。中國以文明鼻祖聞於天下。而數千年來。懷抱此思想者。僅有一二人。是中國之辱也。雖然。猶有一二人焉。斯亦中國之光也。凡世界之進步。必自諸地之文明相交互相接觸而生矣。彼歐洲所以有今日實自上古時代安息文明埃及文明希臘文明所接構所和合而成也。而支那印度兩文明直至近三四百年。而始與歐西相遇。殆東方諸國所以發達停滯之總因哉。雖然。當二千年前。而我中國豪傑有櫛風沐雨。欲溝而通之者矣。惜乎繼其志者之無人耳。

苟其有之，則黄白兩貴種之揖讓於一堂，又豈俟今日也。地勢之於人事也，海所以爲通，山所以爲阻。上世埃及、希臘、安息之發達，全藉地中海爲之媒介。近世五洲比鄰，其造此大業者，亦自航海來也。而吾中國古代豪傑之通絶域也，乃不於海而於陸，是哥侖布、伋頓曲諸賢猶爲其易，而博望、定遠實爲其難也。泰東發達之緩，實地理缺憾使然，而顧能以人事與天然爭，以造震古鑠今之大業，夫安得不使百世之下聞其風而下拜也。嗟我愛國之同胞乎，盍載舞載蹈，以觀我先民之遠志大略何如矣。

## 第二節　西漢時代華族之實力及匈奴之强盛

我華族自四千年前，孳殖於黄河、揚子江兩流域，各自發達，以趨於統一。至春秋戰國間，而羣力漸充實矣。交通頻數，斯有衝突；衝突劇烈，斯有調和。至秦而大一統之形以成。漢承其業，復休養而生息之者數十載，以至孝武之世，實上古時代一大結束也。而當其時也，穹北之野，有並轡而興者一蠻族焉，曰匈奴。匈奴之起，殆與我唐虞同時，山戎、獫狁、獯鬻，其與黄族小小衝突者，固已千餘年來屢見不一見矣。戰國以還，我族日雄，彼亦日茁，衝突益劇。史記所謂冠帶戰國七，而三國邊於匈奴，於是秦、燕皆築長城以拒胡，趙武靈王變俗胡服，習騎射，延高闕爲塞，凡以爲匈奴備也。時則有兩豪傑焉：曰趙將李牧，曰秦將蒙恬。終李牧之世，匈奴不敢入趙邊；蒙恬卻胡七百餘里，單于頭曼北徙者十有餘年。泱泱哉中國之威，書契以來未曾有也。及秦之亡，海宇鼎沸，而匈奴亦有一大豪傑起，曰冒頓，東滅東胡，虜其民，西擊走月氏，南并樓煩、白羊，悉復蒙恬所奪故地，遂侵燕、代，而南與諸夏爲敵國，華族全體對外之敵國，自兹始矣。

漢興。以高帝之雄才大略。能指揮羣豪。削平海內。而不能逞志於一冒頓。三十萬衆。困於平城白登之圍。七日不食。卒行曖昧反間之計。僅乃得免。及呂后時。乃至遺書嫚辱。謂兩主不樂。無以自娛。願以所有。易其所無。呂后以一國之代表。遜詞卑禮以自解免。爲中國羞甚矣。至孝文時。匈奴侵暴北邊。候騎至雍甘泉。京師大駭。發三將軍屯細柳棘門霸上以爲備。連歲不能罷。事以金帛縣絮百物。屈節和親。乃稍蘇息。此實愛國之士所茹痛積憤疾首而拊心者也。孝武不忍華胄之淩夷。與祖宗之積恥。毅然欲一舉而雪之。於是通西域制匈奴之議起。亞洲各民族之相接觸。其機起於中國與匈奴。而實由我華族自强排外之一雄心來也。揚雄疏云『夫前世豈樂傾無量之費。役無罪之人。快心於狼望之北哉。以爲不壹勞者不久佚。不暫費者不永寧。是以忍百萬之師以摧餓虎之喙。運府庫之財塡盧山之壑。而不悔也。』偉哉此言。此實民族主義之眞精神。而國家所恃以立於物競天擇之域者。而豈後世迂儒退守畏葸疲輭苟且懷抱「無動爲大」之劣根性者。所能夢也。知此大義。審此時勢。則張博望班定遠之人物。與其在數千年歷史上之價值。可以識矣。

# 第三節　張博望之略傳

西漢之所謂西域者。當今世伊犂、新疆、青海、西藏、之地。直至葱嶺以西。越帕米爾高原。包土耳其斯坦、阿富汗斯坦、俾路芝斯坦、波斯、小亞細亞、迄地中海東岸古羅馬屬地之總名也。秦皇雖攘卻戎狄。築長城界中國。而西不過臨洮。冒頓時代匈奴大强。西域諸國皆被服屬。憑藉深厚。爲中國憂。故當時欲弱匈奴。不可不有事西域。而發此議而實行之者。自張博望始。

張博望名騫漢中人也建元中爲郎時匈奴降者言匈奴破月氏王以其頭爲飲器月氏遁而怨匈奴無與共擊之漢方欲事滅胡聞此言欲通使道然道經匈奴地乃能達於是募能使者騫以郎應募使月氏與堂邑氏之奴名甘父者俱出隴西經匈奴匈奴得之傳詣單于單于曰月氏在吾北漢何以得往使吾欲使越漢肯聽我乎留騫十餘年予妻有子然騫持漢節不失也既而與其屬亡向月氏西走數十日至大宛大宛聞漢之饒財欲通不得見騫喜問欲何之騫曰爲漢使月氏而爲匈奴所閉道脫亡惟王使人道送我誠得至反漢漢之賂遺王財物不可勝言大宛以爲然遣騫爲發譯道抵康居傳致大月氏大月氏王已爲胡所殺立其太子爲王既臣大夏而君之地肥饒少寇志安樂又自以遠漢殊無報胡心騫從月氏至大夏竟不能得月氏要領留歲餘還並南山欲從羌中歸復爲匈奴所得留歲餘單于死國內亂騫與胡妻及堂邑父俱亡歸漢拜騫大中大夫堂邑父爲奉使君自騫之出也前後凡三十年跋涉於冰天雪磧之中頓困於酪食毳衣之俗往往數日十數日不得食惟射禽獸以自給初行時與偕者百餘人及歸惟餘二人耳雖其所歷艱險困苦之境史不詳言要之視立溫斯敦之開非洲殆有過之無不及焉矣史稱騫爲人彊力寬大信人蠻夷愛之嗟夫非堅忍磊落不屈不撓之奇男子其孰能排萬難犯萬險以卒達其所志者耶

## 第四節　當時西域之形勢

當戰國之末西曆紀元前三百三十六年頃馬基頓名王亞歷山大起入亞細亞滅波斯征印度建空前絕後一大帝國未幾死於巴比倫其部將士流喀立爲西里亞王凡亞歷山大所征服亞洲之地悉歸統轄所謂條支國者是也其後國

威漸衰其屬地帕德利亞復自立爲一國占阿讃河兩岸之地中國稱爲大夏國賁在秦始皇統一天下之前四年而帕其亞亦背條支自立中國稱爲安息及漢初而安息破大夏國勢大張未幾大月氏東來遂征大夏而王其地

大月氏蓋圖伯特族當漢秦之際奄有河西地其勢强大陵轢匈奴及冒頓單于起屢敗之於是月氏餘衆西走占伊犂之大半南攘塞種而據其地當月氏之盛於河西也其鄰國烏孫屢爲所苦至是烏孫王昆莫藉匈奴力破月氏復建烏孫國月氏遂南移於嬀水之旁臣服大夏建大月氏國時漢武元朔元年也月氏既見逐於烏孫塞種復見逐於月氏遂遠徙於南以略罽賓之地罽賓卽北印度之迦西米兒也

要之當時葱嶺之西大國凡四條支在最西其東爲安息更東爲大月氏大月氏之東南爲罽賓大月氏之北爲大宛當今費爾干地更北爲康居卽今之西比利亞頡里頡思之荒原也康居之東南大宛之東卽烏孫國爲今伊犂烏孫之東南當匈奴之西邊小國棋布凡三十餘其較大者爲疏勒（喀什噶爾附近）于窴（和闐）溫宿（阿克蘇）龜茲（庫車附近）焉耆（喀喇沙爾附近）姑師（吐魯番附近）樓蘭（羅卜淖爾附近）諸國自張博望以前皆服屬於匈奴匈奴置僮僕都尉以統監之

## 第五節　張博望所通西域諸國

時中國人未知有印度也博望既親至大宛、大月氏、大夏、康居而傳聞其旁大國五六具考其地形勢及所有產物歸而報告之且曰臣在大夏時見邛竹杖蜀布問安得此大夏國人曰吾賈人往市之身毒國身毒國在大夏東南可數千里其俗土著與大夏同而卑溼暑熱其民乘象以戰其國臨大水焉以騫度之大夏去漢萬二千里居西南。今身毒又居大夏東南數千里。有蜀物。此其去蜀不遠矣。天子既聞大宛及大夏安息之屬皆大國。多奇物。土著。頗與中國同俗。而兵弱。貴漢財物。其北則大月氏康居之屬。兵強。可以賂遺設利朝也。誠得而以義屬之。則廣地萬里。重九譯致殊俗。威德徧四海。天子欣然以騫言爲然。既而騫從大將軍衞青擊匈奴。以熟諳地形。知水草所在處。軍得以不乏。迺受封爲博望侯。騫因獻結烏孫斷匈奴右臂之策。乃拜騫中郎將。使實行之。並西招大夏之屬爲外臣。乃將三百人馬各二匹。牛羊以萬數。齎金幣帛直數千鉅萬。道可便遣之旁國。騫既至烏孫。致賜諭指。未能得其決。騫卽分遣副使使大宛、康居、月氏、大夏。烏孫發譯道送騫。與烏孫使數十人馬數十匹報謝。因令窺漢。知其廣大。騫還。拜爲大行。歲餘騫卒。後歲餘其所遣副使通大夏之屬皆頗與其人俱來。於是西北諸國始通於漢矣。然騫鑿空。諸後使者皆稱博望侯。以爲質於外國。外國由是信之。

計騫所通西域諸國如下。

| 國名 | 距中國里程 | 今地 | 張博望所經營 |
|---|---|---|---|
| 大宛 | 去長安萬二千五百五十里 | 俄屬土耳其斯坦 | 博望初使大月氏道經之詳察其土俗歸爲伐宛之基 |
| 康居 | 去長安萬二千三百里 | 同上 | 博望使大月氏時由大宛道此 |
| 月氏 | 去長安萬一千六百里 | 同上 | 博望爲漢使欲與盟攻匈奴未得要領 |
| 大夏 | …… | 阿富汗斯坦附近 | 時已爲月氏所服屬博望親至其地後爲通印度之嚆矢 |
| 烏孫 | 去長安萬八千九百餘里 | 伊犂天山北路 | 博望始建議結烏孫以斷匈奴右臂後卒成功 |
| 烏弋山離 | 去長安萬二千二百里 | 阿富汗斯坦與波斯交界地 | 博望始知其國後遣其部使通之 |

| | | | |
|---|---|---|---|
| 安息 | 去長安萬一千六百里 | 波斯及俾路芝斯坦 | 同上 |
| 罽賓 | 去長安萬二千二百里 | 北印度 | 同上 |
| 奄蔡 | ………… | 俄羅斯 | 同上 |
| 身毒 | ………… | 印度 | 博望始聞其地未能通 |

## 第六節　張博望功業之關繫

博望通西域之役，其功在漢種者有三。

(一)殺匈奴猾夏之勢　自文景以來，匈奴役屬西域，結黨南羌，地廣勢强，蒸蒸南下，候騎每至甘泉，屯防及於細柳，非有以挫之，則小之為劉淵石勒之横行河朔，大之為金源蒙古之蹂躪神州，左衽之痛，豈俟數百年千年之後哉。其時漢欲制匈奴，則伐謀伐交之策，遠交近攻之形，不可不注意於西域。張博望首倡通月氏，結烏孫之議，卒以斷匈奴右臂，隔絕南羌，斬其羽翼，及孝武末世，遂至匈奴遠遁，而幕南無王庭，元成以後，卒俯首帖耳，稱藩屬於我大國。此數千年歷史上最大之名譽也，而發之成之者，實自張博望，自今以往，如有能繼博望之精神以對於外種者乎，則世界之歷史，安見為阿利安種人所專有也。

(二)開亞歐交通之機　秦漢之間，東西民族皆已成熟漲進，務伸權力於域外，羅馬帝國將興，而阿利安族文明，將馳驟於地中海之東西岸，顧不能越葱嶺以求通於我國。據近世史家所考據，西域人呼希臘人曰伊耶安 Iaon，即耶宛 Yavan 之轉音，故大宛國者，即大希臘國之一部也，蓋此地早為帕德利亞之希臘人所蔓延，史記載其俗與泰西古代多相類。其蒲萄苜蓿等名物，即希臘語Botrus, Medikai等之譯音。蓋中國希臘兩文明種之相接實起於是。是黃種人與阿利安種交通之起源也。又史稱烏孫本塞地也。大月氏西破走塞王，塞王南越懸度，大月氏居其地。塞種者，即今日西人所謂沁謨種Semitic古代巴比倫人猶太人之所屬也。是黃種人與沁謨人交通之起源也。而溝而通之者，實始博望。博望實世界史開幕一大偉人也。

(三)完中國一統之業　當時滇黔諸國，皆未內屬。漢武初雖嘗從事西南夷，然以費多罷之。其後感博望蜀布邛杖之言，卒再興作，使王然于、柏始昌、呂越人等十餘輩往求身毒國，遂開滇池，達交阯，卒使數千年爲國屏藩。雖其事不專成於博望，而創始之功，實博望尸之。博望之有造於漢種者何如也。

## 第七節　班定遠之出現及其時勢

班定遠名超，字仲升，扶風平陵人，生於後漢建武間。父彪爲徐令，兄固以文學聞。超少有大志，輕細節，然居常執勤苦，不恥勞辱，有口辯而涉獵書傳。幼隨兄至洛陽，傭書於官以養母，久勞苦，嘗輟業投筆歎曰：大丈夫無他志略，猶當效傅介子、張騫，立功異域，以取封侯，安能久事筆研間乎。久之，被除爲蘭臺令史，復坐事免官。永平十六年，奉車都尉竇固出擊匈奴，以超爲假司馬，將兵別擊伊吾，今哈密戰於蒲類海，今天山南路之巴爾庫勒多斬首虜而還。超之投身於軍事界外交界，實自茲始。

初，漢武既通西域，斷匈奴右臂，虜勢寖衰。元成間，遂以五單于爭立，南向稽顙於我，求爲藩屬以自庇，中國國威震於域外者，莫此爲盛。既而新莽篡竊，輕侮遠夷，匈奴大怨，東連烏桓鮮卑，西誘西域諸國，頻犯北塞。光武既定天下。厭干戈不之討也。匈奴益驕。往往侵山陝邊鄙。爲士民患苦。未幾其國內亂。分爲南北。南匈奴通款內附。如元成間故事。乃居之於黃河南。而北匈奴方極盛。反覆無常。漸臣服西域諸國。脅以寇河西郡縣。邊警歲至。城門晝閉。於時漢與西域絕。既六十五年矣。其形勢恰如武帝時。漢廷亦知西域不定。則匈奴之患終不可得弭。於是乎一世之人傑班定遠。始得所藉手。以輝祖國名譽於天壤。

## 第八節　班定遠所定西域諸國

古今東西之豪傑。其勳名烜赫。駭耀於歷史上者。不一其人。不一其途。若以冒險無畏之精神。百折不撓之魄力。孤身去祖國數萬里外。攖四面之敵。而指揮若定。以建大功者。吾於英吉利滅印度之役。得兩人焉。曰克雷飛。曰哈士丁斯。克雷飛初爲東印度公司之書記。後被舉爲將。統英兵九百。士兵千五百。乘敵不意。攻孟加拉。走其王。據其地。英之有力於印實自茲役始。克雷飛死。哈士丁斯襲其任。專以機謀捭闔定大業。善撫納印人。善攜離印人。嗾其相鬪。因躡其後以收其利。今英之有印度。皆此二傑之力爲之也。吾讀其傳記。愕焉。眙焉。崇拜焉。歌舞焉。竊歎吾祖國安得有若而人者。以爲國史光也。吾讀後漢書。吾乃知我二千年前之先民。有以一身而兼克哈二傑之所長。且其地位更危。其憑藉更薄。而所成就。竟與彼等相埒者。於戲。斯眞千古之快男兒。斯眞世界之大英雄。斯何人。斯則班侯是已。今請案侯一生所經歷。以地爲經。以年爲緯。而略敘之。

（一）鄯善　超之立功。始於鄯善。時所部僅三十六人耳。初超既從竇固擊匈奴有功。遂命以假司馬使西域。至鄯善。王廣禮敬甚備。後忽更疏懈。超謂其官屬曰。甯覺廣禮意薄乎。此必有北虜使來。狐疑未知所從也。明者睹未萌。況已著耶。乃召侍胡詐之曰。匈奴使來數日。今安在。侍胡惶恐。具服其狀。超乃閉侍胡。悉會其所謂三十六人者。與共酣飲。因激怒之曰。卿曹與我俱在絕域。欲立大功以報國家。今虜使到裁數日。而王廣禮敬卽廢。如令鄯善收吾屬送匈奴。骸骨長爲豺狼食矣。爲之奈何。官屬皆曰。死生從司馬。超曰。不入虎穴。不得虎子。於是乃約以初夜。將吏士往襲虜營。順風縱火。前後鼓噪。虜衆驚亂。超手格殺三人。吏兵斬其使及從士三十餘級。餘衆百許人悉燒死。翌晨召王廣。以虜使首示之。一國震怖。超曉告撫慰。遂納子爲質。鄯善定。

(二)于闐　鄯善者漢通西域第一孔道也。既定。則可以深入無狠顧憂。超報捷至京師。朝廷嘉其功。遂以爲軍司馬。欲益其兵。超辭焉。獨與本所從三十六人俱。時于闐王廣德新攻破莎車。雄霸南道。而匈奴遣使監護其國。超既西。先至于闐。廣德禮意甚疏。且其俗信巫。巫請超所乘馬以祠神。超佯許之。巫至。斬其首以送廣德。因辭讓之。廣德素聞超在鄯善誅滅虜使。大惶恐。卽攻殺匈奴使者而降超。重賜其王以下。因鎭撫焉。

(三)疏勒　班定遠之人格。可以爲國民模範者。不徒在其活潑進取也。而尤在其堅忍沈毅。於疏勒一役見之矣。時疏勒王兜題。本龜茲人。龜茲倚匈奴威以淩疏勒。逐故王而王其地。超深察夫民族主義之關係。知疏勒人不甘爲龜茲役也。十七年(永平)春。從間道至疏勒。遣吏往降兜題。勅之曰。兜題本非疏勒種。國人必不用命。若不卽降。便可執之。吏如命行事。超乃悉召疏勒將吏。說以龜茲無道之狀。因立其故王兄子忠爲王。國人大悅。皆請殺兜題。超不聽。欲示以威信。釋而遣之。疏勒由是與龜茲結怨。十八年。明帝崩。焉耆以中國大喪。攻沒都護陳睦。超孤立無援。而龜茲姑墨數發兵攻疏勒。超嬰守孤城。士吏單少。賭萬死以爭國威。卒不少挫。章帝卽位。恐超單危。不能自立。下詔徵還。超發疏勒。舉國憂恐。其都尉黎弇至自刎以乞留。超至于闐。王侯以下皆號泣抱馬脚不使東。超亦欲遂本志。乃更還疏勒。疏勒兩城自超去後。復降龜茲。超至。捕斬反者。而疏勒始復安。至是而超以三十六人用區區疏勒當數國之衝以嬰守者。既五年矣。嗚呼。自非天人安得有此

超之用疏勒也。以其居西域之中。立於四面大敵之衝。不定之而不足以示威信也。然疏勒初非欲爲漢用也。懾於超之威與謀耳。非能爲漢用。而超必用之。則其眼光之鋭遠。魄力之偉大。非尋常人所能及也。自茲役以後。而疏勒之反叛尚三次。其一。則建初四年。其都尉番辰結莎車以叛。超與徐幹擊破之。斬首千餘級也。其二。則元和元年疏勒王忠爲莎車所誘反。超乃更立其府丞成大爲疏勒王。攻忠積半歲不能下。後定康居。而忠始降也。其三。則章和元年忠復說康居王借兵謀復國。詐降於超。超僞許而密勒兵縛斬之也。蓋自超始至疏勒以至大定。中間凡十四年。超經營西域。其勢力之根據地。皆在於是。而心力抑已瘁矣。日人詩所謂『每經一難一倍來』。吾於定遠之在疏勒見之矣。

(四)尉頭　超被徵還時。尉頭與疏勒連兵叛漢。超復至。擊破之。殺六百餘人。尉頭定。

(五)姑墨　姑墨亦龜茲屬國也。屢從龜茲攻疏勒。建初三年。超發疏勒康居于闐拘彌兵一萬餘。攻姑墨石城。破之。斬首七百級。姑墨大衰。

自此役以前。班定遠所從漢兵。仍僅前此之三十六人耳。而手定者已五國。嚮從者已十國。(益以拘彌莎車月氏烏孫康居也。見建初三年超所上請兵疏中)。超因此遂欲平諸戎爲國名譽。乃上疏陳「以夷狄攻夷狄之法」以爲若平龜茲。則西域未服者僅百之一耳。則匈奴右臂可復斷。而中國邊患可永弭。書奏。帝知其功可成。五年(建初)。以徐幹爲假司馬。將義勇千人就超。超由是益有所藉以行其志。

(六)烏孫　超欲進攻龜茲。以烏孫兵强。宜因其力。乃上言。烏孫大國。控弦十萬。故武帝妻以公主。至孝宣卒得其用。今可遣使招慰。與共合力。帝納之。八年（建初）拜超爲將兵長史。假鼓吹幢麾。遂定烏孫。

(七)莎車　元和元年。超發疏勒于闐兵擊莎車。莎車陰賂疏勒王忠叛。未克。章和元年。超斬王忠。疏勒大定。二年。乃益發于闐諸國兵二萬五千人。復擊莎車。而龜茲王遣左將軍發溫宿姑墨尉頭兵合五萬人救之。超以衆寡不敵。乃與于闐王佯遁。龜茲王以萬騎溫宿王以八千騎邀之。超知二虜已出。密召諸部勒兵。雞鳴馳赴莎車營。胡大驚亂。追斬五千餘級。大獲其馬畜財物。莎車遂降。龜茲等因各退散。自是威震西域。

(八)月氏　初月氏嘗助漢擊車師有功。是歲貢奉珍寶符拔獅子。因求漢公主。超拒還其使。由是怨恨。永元二年。月氏遣其副王謝將兵七萬攻超。超衆少。皆大恐。超誓軍士曰。月氏兵雖多。然數千里踰葱嶺來。非有運輸。何足憂耶。但當收穀堅守。彼飢窮自降。不過數十日決矣。謝遂前攻超。不下。抄掠無所得。超度其糧將盡。必從龜茲求救。乃遣兵數百於東界要之。謝果遣騎齎金銀珠玉以賂龜茲。超伏兵遮擊。盡殺之。持其使首以示謝。謝大驚。遣使請罪。願得生歸。超縱遣之。月氏由是大震。

(九)龜茲　當時西域諸國。最倔强者爲龜茲。龜茲所以敢與漢爲難者。一由倚匈奴之聲援。二由恃諸小國之從屬也。超既定諸國。龜茲通匈奴之路已絕。復無爪牙以相營衞。永元三年。龜茲遂率姑墨溫宿以降。乃以超爲都護。徐幹爲長史。超脅龜茲廢其王尤利多。而立漢廷侍子白霸爲龜茲王。超自駐節龜茲它乾城。而使徐幹別屯疏勒。至是西域諸國。唯焉耆危須尉犂以前曾攻沒都尉陳睦（永元十八年事）懷二心。其餘悉定。

(十)焉耆及危須尉犂　六年秋。超遂發龜茲鄯善等八國兵合七萬人。及吏士賈客千四百人討焉耆。兵到尉犂界遣使曉譬之曰都護來者爲鎭撫三國耳卽欲改過向善宜遣大人來迎當賞賜王侯以下焉耆王廣遣其左將北鞬支奉牛酒迎超賜而遣之焉耆國有葦橋之險廣乃絕橋不欲令漢軍入國超更從他道厲渡七月晦至焉耆去城二十里正營大澤中廣出不意大恐乃欲悉驅其人共入山保焉耆左侯元孟先嘗質京師密遣使以事告超超卽斬之示不信用乃期大會諸國王因揚言當重加賞賜於是焉耆王廣、犂尉王汎及北鞬支等三十人相率詣超而其國相及危須王等不至坐定超怒詰廣數其罪遂叱吏士收廣汎等於陳睦故城斬之傳首京師所以雪國恥伸士憤也更立元孟爲焉耆王超留焉耆半歲慰撫之於是西域五十餘國悉皆納貢內屬

## 第九節　班定遠功業之結果

漢之通西域凡以弱匈奴也匈奴與漢不兩盛而皆以西域爲重前漢有然後漢亦有然自超旣定西域北匈奴之勢頓衰諸國乘之南匈奴伐其前丁零寇其後鮮卑擊其左西域犄其右北虜憊困故和帝永元元年漢遂率大軍北伐降其二十餘萬人至燕然山泐石而還三年遂復再舉大破之單于率其餘衆遠遁於今裏海之北岸北匈奴之地遂空其衆之留故土者皆臣服鮮卑自是以往匈奴不復能爲吾患矣（晉之劉淵劉曜不過受漢人卵育乘機竊發與民間起亂者相類耳非復能用其國以與吾抗也）故掃除周秦以來千餘年之劇患一洒祖國之國恥論者或以歸功於衛青霍去病竇憲諸人而不知其皆賴張班之謀勇以坐收其成者也故黃族之威震於域外者以漢爲最而博望始之定遠成之二傑者實我民族帝國主義絕好模範之人格也

定遠功業之成專在以夷狄攻夷狄此實治野蠻國之不二法門也英之滅印度也政府未嘗動一旅之兵議會

未嘗籌一銖之餉惟賦印度之財以養印度之兵用印度之兵以墟印度之國定遠之定西域其先例也定遠建初三年上疏云『臣見莎車疏勒田地肥廣草牧饒衍不比敦煌鄯善間也兵可不費中國而糧食自足』至永元七年封超爲定遠侯詔書亦曰『超安集于闐以西踰葱嶺迄縣度出入二十二年莫不賓從改立其王而綏其人不動中國不煩戎士得遠夷之和同異俗之心而致天誅蠲宿恥以報將士之讎』信哉定遠之能踐其言而漢廷亦能審其功矣今日西國之東方政策即以班定遠前此之所以待西域者待我而惜乎我國中若定遠其人者竟曠千載而不復一遇也

是時羅馬方强用兵於西亞細亞屢破安息中國日擴而西羅馬日擴而東上古世界兩大文明幾相接觸後漢書西域傳所謂大秦即羅馬也超既定西域迨永元九年（西域全定後四年）又使部將甘英使大秦抵條支臨大海欲度而安息西界船人謂英曰海水廣大往來者逢善風三月乃得度若逢遲風亦有二歲者故入海人皆齎三歲糧海中善使人思土戀慕數有死亡者英聞之乃止（按泰西文明傳播廣遠者皆由海岸線多使然此地理學者之公言也古代希臘羅馬人慣於航海冒險活潑中國人則探險於陸地之豪傑雖屢有其人而海上不少概見焉此次甘英之不能通羅馬實由不習海性使然耳惜哉）是時超年且七十矣其妹曹大家上書謂其『衰老被病頭髮無黑兩手不仁耳目不聰明扶杖乃能行』（語見本傳）蓋去卒前僅五年耳（超以永元十四年八月還洛陽九月卒年七十一凡在西域者三十一年）使假以歲年予以精力吾恐超之所成就當不止此或竟能躬赴大秦之役布我黃帝子孫之聲明文物於歐土爲全世界留一更大之紀念未可知也嗚呼人傑矣哉

## 第十節　結論

新史氏曰。今日阿利安民族所以殖民徧於大地。赫然爲全世界之主人翁者。遵何道乎。亦曰其人有冒險進取之精神而已。若哥侖布。若麥折倫。若伋頓鄺。若立溫斯敦。皆以匹夫而闢一洲之基。開千古之利。彼中人道其往事。馨香之尸祝之。千數百歲不衰。一若今日之樂利。半出於彼諸賢之賜者。吁、誠哉其然矣。然吾竊嘗求此等人物於我祖國。則如張博望班定遠者。亦何多讓焉。何多讓焉。而後世崇拜之步趨之之人。何其稀也。抑吾爲張班傳。而忽有一最大之問題。橫湧於吾腦。夫博望定遠諸先輩。其遠識其毅力。不讓於泰西諸賢。彰彰明甚也。卽秦漢唐淸諸君主。好邊功闢疆土。其兵力所及。威稜所播。亦不讓於近世所謂帝國主義諸大邦。又彰彰明甚也。然而「全世界主人翁」之名譽。顧在彼而不在我。不寧惟是。彼得一地。而一地卽永爲其所有。我得一地。曾不足以保持之。至於再世。不寧惟是。彼多得一地。而母國日以繁榮。我多得一地。而宗邦反日加騷累。若是者何也。彼之主動力在國民。我之主動力自君主。闢地同。而所以闢地之目的不同。夫是以毫釐差而千里謬也。吾聞地學家言。拉丁條頓兩族性質之相異也。曰『拉丁民族之殖民地好裝飾。條頓民族之殖民地貴營業。拉丁民族之殖民地。由政府派軍隊以開之。條頓民族之殖民地。由人民集公司以拓之。拉丁民族因得殖民地。而勞費以爲國病。條頓民族因得殖民地。而豐富以爲國榮。以故拉丁民族。或放棄其殖民地。而無所惜。條頓民族。常保持其殖民地。而不憚勞。』夫彼兩族者。同爲阿利安族。同事殖民之業。而因其所向之鵠所用之方略互異。其結果乃至大異若此。雖然。拉丁人之所以弱於條頓人者。彼則民之自殖。而此則政府之殖其民耳。而反諸爲民闢地之本意。尚非有所大謬。若中國前事。則正與彼等所執之主義。成反比例者也。中國數千年來襲用之名詞。只有所謂「屬國」者。更無所謂「殖民地」者。夫闢地而以殖民。則雖勞費矣。而後此有倍蓰什伯之利益以爲之償。

故國不病而事可以久而不然者民未有不勞國未有不瘁者也爾來歐美民族之各競於帝國主義也彼其內力充實而膨脹於外爲生存競爭之公例所迫有不得已者存也中國不然人主好大喜功快一時之意氣以爲名高耳故往往不顧其民力之如何動罄之以從事於外卽如漢武者豈非不世之雄主哉彼其憤於匈奴之嫚辱侵暴賭全力以雪之此民族排外之思想固亦嘗有不得已者存及其末流乃不啻絞內地居庶之脂膏以奉事小夷利害之顛倒甚矣漢書張騫傳云『騫之使烏孫也天子使齎牛羊萬數金幣直數千鉅萬而後此求宛馬者相望於道一輩大者數百人小者百餘人所齎操大倣博望侯時』云云故漢武以開邊之故舉文景數十年來官民之蓄積而盡空之益以桑孔心計猶且不足卒至元元愁歎海內騷然嘻何其悖乎吾聞羣學家言曰凡兩羣之相交通相鬩奪也未有不起於爭自存蓋我勝彼而可以吸彼之利爲我有故不惜一時之苦痛以易之云爾未聞有自損而啗彼以利以爲快者也戰敗固損而戰勝亦損是以自損爲相爭之究竟目的如之何其可也又漢武之通西域其亦有類於是焉矣然此猶可曰以匈奴鉅患之故今欲制彼不可不以小損易大害也而後此匈奴既衰之後邊釁且復不戢則又何也甘露以後單于入朝賞賜累巨萬發車騎萬六千以送之轉倉儲數萬斛以給之每單于朝一次則北方之民失業失食轉於溝壑者不可勝數永元間司徒袁安上疏云『漢故事供給南單于費歲直一億九十餘萬西域歲七千四百八十餘萬』（時北匈奴請款論者或謂宜以待南單于之禮待之故袁安引此統計）嗚呼幾何其不胥中國而空之也不寧惟是東漢之初南單于內附乃居之於河南空吾民釣遊耕鑿之地揖外族以使入其後部族數十萬孳乳寖多布滿畿輔桓帝時又從還許及魏武始憂之以其既在內地人衆猥多懼必爲寇乃分其衆爲五部居太原祁縣太陵諸地晉武時塞外匈奴歸化者踵至悉授土居之與吾民雜居於是平

陽西河太原新興上黨樂平諸郡悉雜腥羶矣後此江統雖爲徙戎論終不見納卒至劉淵石勒起於肘腋戎狄迭有中夏者數百年爾後霸者始終蹈其覆轍而不悟雖以唐太宗之賢明猶劃神州以宅索虜寵異胡將卒召河朔之變蓋數千年來帝者對外之政略莫不皆然此誠古今萬國之所未聞千種萬種不可思議之現象也夫以古代亞歷山大該撒等之力征天下雖非能如今日之民族帝國主義者專拓之以爲民藪也然要未嘗有疲國力以供奉外酋虛國土以容納異族者矣而中國胡乃若此無他霸者快一己自大之私意鶩一時皮相之虛榮耳以彼一念故而此最壯快最名譽之美舉反被誤用之以毒天下不見夫乾隆間故事乎數次大舉攻緬甸不下乃不惜重賂其酋使貢象數匹以博十全老人之一頭銜要而論之皆不惟其實惟其名耳惟然則雖屬國徧天下而於我國民曾無絲毫之益而反蒙莫大之累故歷朝好勤遠略之主所以得地而不能守開邊而輒致亂者皆此之由夫拉丁民族所闢之地固猶有殖民也徒以重虛榮輕實益之故其新地猶且爲母國累而況乎不殖一民於境外而反自空其地徠敵國之民而殖之者耶然則迂儒鄙生之齗齗焉以遠征外競爲大戒者蓋亦有詞矣而此等議論既習於人心則如張博望班定遠其人者遂益不爲世所重而國民進取冒險之精神且日摧滅以至於盡吾甚惜以博望定遠之人格之事業可以爲我黃族男兒之好模範者乃竟爲一二霸者倒行逆施之政略所點污也

雖然我國民亦有罪焉矣夫誰使汝不擇地以自殖而惟俯首帖耳一任霸者之振箠以驅縶之也吾聞數百年前英人之不堪虐政者相率渡航新世界遂開今日之美國夫彼豈必視其政府之方針而始進行也論者謂今日五大洲無復可以容我民族膨脹之餘地其然耶豈其然耶勿徵諸遠卽張班二傑所留紀念之一大地猶足

以當歐洲一强國而有餘也。抑吾又聞南洋新嘉坡檳榔嶼諸地。其刈蓬蒿戰土蠻而奠定之者。實惟我黃帝子孫。然則張班之芳躅。固未必遽絕於今日。而無自治之力以承其後。雖自得之。而終不免以餌條頓民族。而自爲其奴隸。若是乎則雖有一二博望定遠其人者。又安足貴耶。又安足貴耶。

# 飲冰室專集之六

黃帝以後第一偉人

## 趙武靈王傳

(一)敍論　痛哉恥哉中國民族之外競史也。自商周以來四千餘年。北方賤種世世爲中國患。而我與彼遇劣敗者九而優勝者不及一。其稍足爲歷史之光者。一曰趙武靈二曰秦始三曰漢武四曰宋武（劉裕）如斯而已如斯而已。而四役之中其最足爲吾儕子孫矜式者。惟趙武靈。

(二)當時本族之形勢。　黃帝以後。我族孳乳寖多。分布於中原。而其勢不相統合。雖夏后殷周之盛。其元后與羣后皆南面分土而治。有不純臣之義。所謂大一統者。不過一虛名已耳。及春秋以降。五霸迭興。兼幷盛行。降及戰國。繼以七雄。凡歷四五百年。逮嬴秦興而中國始統於一。五霸七雄者。實我古代史之帝國主義過渡時代也。而其勢愈摶愈劇。如重學公例所謂物墜空中愈距地近而其速率愈增。七雄時代者實短兵相接決勝負於一髮之時機也。

羣學公例。惟內方充實。乃能宣洩於外。亦惟外競劇烈。而內力乃以益充。故我民族活潑進取之氣象。惟七雄時代爲最盛。皆此之由。

(三)當時外族之形勢。　北國之先。其所自出。不可深考。史家或以爲亦神祖黃帝之支裔。雖然既竄於異域。與母國殊其語言。殊其風俗。殊其宗教。則已不得謂之爲同一民族。自周以來所謂山戎獫狁者已世爲中國患驪山之變爲歷史上第一次之國恥。此後雖齊晉繼霸。並力外攘。而聲威所訖。綦微末矣。卒乃白狄赤狄。盤踞中原。爲患心腹。終春秋之世。吾族苦之。然彼族發達甚緩。且散漫不相統紀。猶甚於我。以故主客之勢。猶不相敵。降至戰國。而控弦之種。漸加强盛。所謂匈奴一種屬者。始崛起於北方。史記所謂冠帶之國七。而三國邊於匈奴。卽秦趙燕是也。故三國皆築長城以爲防。至是而匈奴與中國。殆有不兩立之勢。

(四)趙之地位。　自晉悼公和諸戎。後戎翟皆朝於晉。不相侵犯。故中國不病。而狄亦得安堵以自强。至周安王時。晉卿趙襄子帥師踰句注。兼戎取代。以攘諸胡。此亦畏偪不得不爾也。而趙與胡之交涉。自茲益繁。三卿分晉。趙有代句注以北。而魏有西河上郡。皆與狄界邊。其後秦滅義渠。魏西河上郡入於秦。自此三晉之中。惟趙邊胡。而其所當之衝。視秦燕爲更劇。趙不創胡。胡必弱趙。趙之憂患在是。趙之所以盛强亦在是。

(五)武靈王伐胡之預備。

(戰國策)武靈王平晝閒居。肥義侍坐。曰。王慮世事之變。權甲兵之用。念簡襄之跡。計胡狄之利乎。王曰。嗣立不忘先德。君之道也。錯質務明主之長。臣之論也。(中略)今吾欲繼襄王之業。啓胡翟之鄉。而卒世不見也。敵弱者用力少而功多。可以無盡百姓之勞。而享往古之勳。夫有高世之功者。必負遺俗之累。有獨智之慮者。必被庶人之怨。今吾將胡服騎射以敎百姓。而世必議寡人矣。肥義曰。臣聞之。疑事無功。疑行無名。今王既定負遺俗之累。殆無顧天下之議矣。夫論至德者不和於俗。成大功者不謀於衆。愚者暗於成事。智者見於未萌。王其遂行之。王曰。寡人非疑胡服也。吾恐天下笑之。狂夫之樂。智者哀焉。愚者所笑。賢者戚焉。世有順我者。則胡服之功未可知也。雖驅世以笑我。胡地中山。我必有之。王遂胡服。

欲使外競有力。非舉其國而爲軍國民不可。七雄中實行軍國主義者。惟秦與趙。趙之有武靈。肥義。猶秦之有孝公商鞅也。而秦之主動力在臣。趙之主動力在君。商君者秦之俾斯麥。而武靈王者趙之大彼得也。王之變胡服也。凡以爲習騎射之地也。以騎射敎百姓。所謂舉國民而皆兵之也。

（六）輿論之反抗及王之英斷。

（戰國策）王使王孫緤告公子成曰。寡人胡服。且將以朝。亦欲叔之服之也。家聽於親。國聽於君。古今之公行也。今寡人作敎易服。而叔不服。恐天下之議之也。夫制國有常。而利民爲本。從政有經。而令行爲上。故明德在於論賤。行政在於信貴。今胡服之意。非以養欲而樂志也。事有所出。功有所止。事成功立。然後德可見也。且寡人聞之。事利國者行無邪。因貴戚者名不累。故寡人願慕公叔之義。以成胡服之功。使緤謁之叔。請服焉。公子成再拜曰。臣固聞王之胡服也。不佞寢疾。不能趨走。是以不先進。王今命之。臣固敢竭其愚忠。臣聞之。中國者聰明睿智之所居也。（中略）遠方之所觀赴也。蠻夷之所義行也。今王釋此而襲遠方之服。變古之敎。易古之道。逆人之心。畔學者。離中國。臣願大王圖之。使者報王。王曰。吾固聞叔之病也。卽之公叔成家。自請之曰。夫服者所以便用也。禮者所以便事也。是以聖人觀其鄉而順宜。因其事而制禮。所以利其民而厚其國也。（中略）是故聖人苟可以利民。不一其用。果可以便事。不同其禮。儒者一師而禮異。中國同俗而敎離。又況山谷之便乎。（中略）窮鄉多異。曲學多辨。不知而不疑。異於己而不非者。公於求善也。今卿之所言者俗也。吾之所言者所以制俗也。今吾國東有河薄洛之水。與齊中山同之。而無舟楫之用。自常山以至代上黨。東有燕東胡之境。西有樓煩秦韓之邊。而無騎射之備。故寡人且聚舟楫之用求水居之民以守河薄洛之水變服騎射以備燕東胡樓煩秦韓之邊且昔者簡主不塞晉陽以及上黨而襄主兼戎取代以攘諸胡此愚智之所明也先時中山負齊之强侵掠吾地係累吾民引水圍鄗非社稷之神靈卽鄗幾不守先王忿之其怨未能報也今騎射之服近可以備上黨之形遠可以報中山之怨而叔也順中國之俗以逆簡襄之意惡變服之名而忘國事之恥非寡人所望於子公子成再拜稽首曰臣愚不達於王之議敢道世俗之聞今欲繼簡襄之意以順先王之志臣敢不聽令再拜乃賜胡服

凡改革之業最難其利在後愚者弗見知者卽或見之而疑慮其成若夫目前之不便則萬衆所共睹也故非智勇兩備者其不挫躓於中途希矣武靈王之大計畫非徒在陸軍也而猶在水師一面廣舟檝之利一面採騎射之長此其政策之全體也彼所以語公子成者於國勢敵情洞見無餘蘊矣而水居之民可以用因騎射之民勢必用創因尙易而創斯難其必汲汲易胡服也固以謀騎射之便利抑亦借此以壹舉國之觀聽而定民志也日本變法時之易服亦猶此意而已故以騎射爲其目的而以胡服爲其手段彼其目的已非庸衆所得喻況於手段其駭必更倍蓰矣王固知之而必厲行之此所謂智勇俱備者也商鞅爲輿論所反對而以威力屈之武靈爲輿論所反對而以理勢服之雖其所處地位各不同而武靈之手段固高鞅一籌矣法行自貴近始此兩君所同認也乃鞅則罰太子而刑師傅武靈則先施於公叔而禮下之公叔變而舉國皆變其政略豈不亦遠耶史復載趙文趙造周紹趙燕與王爭辯胡服其論甚詳周紹之言曰『舉國未通於王之胡服』觀此亦可見當時全國輿論譁囂之一班也文繁不復具引

當時反對論非徒在胡服也而並在騎射試以史文證之

(戰國策)王破原陽。以爲騎邑。牛贊諫曰。國有固籍。兵有常經。變籍則亂。失經則弱。今王破原陽以爲騎邑。是變籍而棄經也。且習其兵者輕其敵。便其用者易其難。今民便其用而王變之。是損君而弱國也。故利不百者不變俗。功不什者不易器。今王破卒散兵以奉騎射。臣恐攻獲之利。不如其所失之費也。王曰。古今異利。遠近易用。故賢人觀時而不觀于時。制兵而不制于兵。子知官府之籍。不知器械之利。知甲兵之用。不知陰陽之宜。故兵不當於用。何兵之不可易。教不便於事。何俗之不可變。今重甲循兵。不可以踰險。仁義道德。不可以來朝。吾聞信不棄功。智不遺時。今子以官府之籍。亂寡人之事。非子所知。牛贊再拜稽首曰。臣敢不聽令乎。遂胡服率騎入胡。出於遺遺之門。踰九限之固。絕五徑之險。至胡中。辟地千里。

(七)武靈王之成功。　王以其遠大之政策。英鷙之材略。冒萬險。犯萬難。以實行軍國民主義。卒能使貴族服其教。黎元化其俗。十年之間。四征八討。使趙爲當時一等國。揚我民俗聲威於域外。前乎此者。爲山甫方叔之所不能及。後乎此者。爲蒙恬衛青之所不能幾。本族歷史名譽之紀念。以此爲最。今据史記略次其年表如下。

武靈王卽位八年。五國相王。趙獨否。曰。無其實。敢處其名乎。令國人謂己曰君。

十七年。王出九門。爲野臺。以望齊中山之境。

十九年正月。大朝信宮。召肥義與議天下。五日而畢。遂下令易胡服。改兵制。習騎射。

同年。北略中山之地。至於房子。遂之代。北至無窮之門。西至河。登黃華之上。

二十年。王略中山地。至寧葭。西略胡地。至榆中。林胡王獻馬。歸使樓緩之秦。仇液之韓。王賁之楚。富丁之魏。趙爵之齊。代相趙固主胡。致其兵。

二十一年。攻中山。趙袑爲右軍。許鈞爲左軍。公子章爲中軍。王幷將之。牛翦將車騎。合軍曲陽。攻取丹丘華陽鴟之塞。王軍取鄗石邑封龍東垣。中山獻四邑請和。王許之。罷兵。

二十三年。復攻中山。

二十四年。牛贊胡服率騎入胡。出於遺遺之門。踰九限之固。絕五徑之險。至胡中。辟地千里。

二十六年。復攻中山。攘地北至燕代。西至雲中九原。

二十七年。五月。大朝於東宮。傳國。立王子何爲王。是爲惠文王。武靈王自號主父。惠文王二年。主父行新地。遂出代西。遇樓煩王於西河。而致其兵。

三年。主父滅中山。遷其王於膚施。起靈壽。北地方從代道大通。還歸。行賞。大赦。置酒。酺五日。

吾述武靈王之偉業。有欲求讀者注意深察者一事。曰王之兵力所加。皆在異種而非同種是也。王所侵略者。曰中山。曰林胡。曰樓煩。樓煩在今代州北三十里。卽匈奴所居地。林胡在今陝西榆林鎭東北四百五十里。種以胡名。此兩者之爲異族。衆所共知也。若中山。卽春秋時之鮮虞。爲白狄別種。春秋末最强。晉屢伐之不得志。武靈王以十餘年全國之兵力。僅乃滅之。於是今保定大同宣化諸地。始隸內版。使無趙武靈王。則冒頓平城之禍。或不待漢高之時。而已見於中國。蓋未可知耳。唐人詩云『若使龍城飛將在。不教胡馬度陰山。』弔古撫今。感慨係之矣。

武靈王舉動之尤奇特者。則棄萬乘之尊。而自從事於戰陣是也。

（史記趙世家）武靈王自號爲主父。欲令子主治國。而身胡服。將士大夫西北略胡地。而欲從雲中九原。直南襲秦。於是詐自爲使者入秦。秦昭王不知。已而怪其狀甚偉。非人臣之度。使人逐之。而主父馳已脱關矣。審問之乃主父也。秦人大驚。主父所以入秦者。欲自略地形。因觀秦王之爲人也。

於戲。此等舉動。豈不壯哉。豈不偉哉。使主父而永其年。則一統之業。其將不在秦而在趙。而白登之金。繒甘泉之烽火。或遂不至爲我國史汚也。而乃亢龍有悔。遺恨於沙丘。鸜鵒能言。齎志於爵鷇。大業之就。雖曰人事。豈非天命耶。嗚呼。

八）結論　國史氏曰。論者或以爲國民之性質。全由地理上遺傳上所限定。謂吾國民之文弱。其天性也。嘻。何爲其然。觀於武靈王時代之趙國。雖泰西之斯巴達。何以尚之。夫非猶是吾輩之祖宗也歟。朔方健兒。好身手。昔何勇鋭。今何愚。故知黎民於變。放勳所以光被。遐不作人。周王所以壽考。齊桓好紫。一國易服。豐沛之間。羣兒椎埋。一二英雄。以右武精神鼓舞。而左右之。舉國靡然。今猶昔耳。嗚呼。使武靈王而在今日者。德皇維廉。第二瞠乎後哉。武靈王卒後二十餘年。而趙將有李牧。

# 附　李牧傳

（史記李牧傳）李牧。趙北邊良將也。常居代雁門。備匈奴。以便宜置吏。市租皆輸入幕府。爲士卒費。日擊數牛饗士。習騎射。謹烽火。多間諜。厚遇戰士。爲約曰。匈奴卽入盜。急入收保。有敢捕虜者斬。匈奴每入。烽火謹。輒入收保。不敢戰。如是者數歲。亦不亡失。然匈奴以李牧爲怯。雖趙邊兵亦以爲吾將怯。趙王讓李牧。李牧如故。趙王怒。召之。使他人代將。歲餘。匈奴每來出戰。出戰數失利。失亡多。邊不得田畜。復請李牧。牧杜門不出。固稱疾。趙王乃復强起使將兵。牧曰王必用臣。臣如前。乃敢奉令。王許之。李牧至。如故約。匈奴數歲無所得。終以爲怯。邊士日得賞賜而不用。皆願一戰。於是乃具選車得三百乘。選騎得萬三千四百金之士五萬人。彀者（索隱云謂能射者也）十萬人。悉勒習戰。大縱畜牧。人民滿野。匈奴小入。佯北不勝。以數千人委之。單于聞之。大率衆來入。李牧多爲奇陳。張左右翼擊之。大破殺匈奴十餘萬騎。滅襜襤。破東胡。降林胡。單于奔走。其後十餘歲。匈奴不敢近趙邊城（史記馮唐傳）當是之時。趙幾霸。其後會趙王遷立。其母倡也。乃用郭開讒。卒誅李牧。令顏聚代之。是以兵破。士北。爲秦所禽滅。

國史氏曰。古稱兵法有守如處子。出如脫兎者。豈李牧之謂耶。漢文時。匈奴數爲邊患。苦烽騎至候甘泉。景帝乃納晁錯納粟拜爵徙民實邊以屯爲兵之議。而匈奴勢乃少殺。殆今世所謂武裝的平和非耶。未幾而孝武卒用其力。命將出師。逐北千里。致漠南無王庭。呼韓邪以後。而冒頓之裔。且俛首歸命於我大邦矣。漢世孝文孝景孝武三代之境遇之軍略。李牧以一身備之。茂陵之聞而拊髀也。宜哉。抑李牧之人格。武靈王之教育所產出也。李牧之功業。武靈王之經營所留貽也。一夫善射。百夫決拾。英雄之澤。數世未斬。盛矣夫。

# 飲冰室專集之七

## 明季第一重要人物袁崇煥傳

### 第一節　發端

有人焉。一言一動。一進一退。一生一死。而其影響直及於全國者。斯可謂一國之人物也已矣。吾粵崎嶇嶺表。數千年來。與中原之關係甚淺薄。於歷史上求足以當一國之人物者。渺不可覩。其在有唐。六祖慧能大弘禪宗。作佛敎之結束。其在有明。白沙陳子。昌明心學。導陽明之先河。若此者。於一國之思想界。蓋占一位置焉矣。若夫以一身之言動進退生死。關係國家之安危民族之隆替者。於古未始有之。有之。則袁督師其人也。

明史之傳督師也。一則曰。『我大淸舉兵所向無不摧破。罔敢議戰守。議戰守自崇煥始。』再則曰。『自崇煥死。邊事益無人。明亡徵決矣。』嗚呼。何其言之之有餘痛耶。吾聞萬季野明史稿。爲督師立傳。凡二巨冊。（見魏默深古微堂外集）度其於督師之雄材偉略。遠猷碩畫。必能纖悉詳盡。又督師當時所以對待敵軍。及敵之所以委曲行反間者。一切重要關目。必能甄載無遺。惜乎官修之本。忌諱滋多。原稿今雖流傳人間。而鄙人弇陋。未獲鈔讀。以此率爾論述。能無恧焉。雖然。以數千年來歷史上一大異動。重以鄉先正之記念。蒙雖不文。烏可以已。作袁督師傳。

### 第二節　袁督師之時代

滿洲之初起東裔。自其始非必有併吞中原之大志也。而明季之君庸帥愎將疲卒孱。實有以啓之。故欲知當時明清遞嬗之歷史。當分三方面觀察焉。

一曰北京政府。　當時北京政府之權力有四。一曰帝。二曰內監。三曰閣臣。四曰本兵。袁督師時代之政府。其帝則熹宗之昏弱而無能也。懷宗之卞急而善疑寡斷也。其內監則與魏忠賢相終始也。其閣臣則皆闒冗伴食之輩也。而制閫外將帥之命者。尤在本兵。明末本兵之權至重也。今將天啓以來任兵部尙書者列表如下。

| | |
|---|---|
| 萬曆四十四年至四十八年 | 黃嘉善 |
| 天啓元年 | 王象乾・張鶴鳴・ |
| 二年 | 鶴鳴・孫承宗・董漢儒・ |
| 三年 | 漢儒・趙彥・ |
| 四年 | 彥 |
| 五年 | 高第・彥・王永光 |
| 六年 | 永光・馮嘉會 |
| 七年 | 嘉會・王之臣・霍維華・崔呈秀・閻鳴泰 |
| 崇禎元年 | 鳴泰・王在晉・王洽 |
| 二年 | 洽・申用懋 |
| 三年 | 梁廷棟・ |
| 四年 | 廷棟・熊明遇・ |
| 五年 | 明遇・張鳳翼・ |
| 六年至八年 | 鳳翼 |
| 九年 | 鳳翼・楊嗣昌・ |
| 十年至十一年 | 嗣昌 |
| 十二年 | 嗣昌・傅宗龍 |
| 十三年至十四年 | 陳新甲・ |
| 十五年 | 新甲・張國維 |
| 十六年 | 國維・馮元飇・張縉彥 |
| 十七年 | 縉彥 |

（表之說明）崇禎二年以後之本兵。於袁督師無關。並列之者。為末節敍督師逝後之時局須資參考也。

凡與東事最有關係者添・符於其旁

二曰東北邊將。邊將之任免。政府主之。而邊將之得人失入。大局係之。豈惟袁督師。卽如熊廷弼孫承宗之流。使能久於其位。東事之敗壞。尚不至此極也。今將當時任東北兵事之將帥列一表。次乃論其功罪

| 人 | 官 | 年 | 摘要 |
|---|---|---|---|
| 楊鎬 | 巡撫遼東 | 萬曆三十八年 | 旋罷 |
| 楊鎬 | 經・略・遼・東・ | 萬曆四十六年至四十七年 | 四十七年三月師出塞敗逮治罪 |
| 熊廷弼 | 宣慰遼東・經・略・遼・東・ | 萬曆四十七年至天啓元年 | 四十七年三月代楊鎬四十八年八月罷 |
| 袁・應・泰・ | 經・略・遼・東・ | 天啓元年 | 代熊廷弼其年三月淸兵入遼瀋死之 |
| 薛國用 | 經略遼東 | 同 | |
| 王・化・貞・ | 巡・撫・廣・寧・ | 天啓元年至二年 | 化貞以元年五月廷弼以六月受任其明年淸兵 |
| 熊・廷・弼・ | 經・略・遼・東・ | 同 | 取西平堡化貞棄廣寧與廷弼走入關俱被逮 |
| 王・在・晉・ | 經・略・遼・東・ | 天啓二年 | 其年八月告歸孫承宗代之 |
| 王象乾 | 薊遼總督 | 同 | |
| 孫・承・宗・ | 經・略・薊・遼・ | 天啓二年至五年 | 五年十月爲魏忠賢排去高第代之 |
| 袁・崇・煥・ | 監・關，外・軍・ | 天啓二年至六年 | 時實官出僉事進按察使 |
| 高・第・ | 經・略・遼・東・ | 天啓五年至六年 | 六年七月以不救寧遠罷黜 |

| | | | |
|---|---|---|---|
| 王之臣 | 經略遼東 | 天啓六年 | 尋罷經略不置 |
| 袁崇煥 | 巡撫遼東 | 天啓六年至七年 | 至是罷經略不置以關內外專任崇煥 |
| 王之臣 | 巡撫遼東 | 天啓七年至崇禎元年 | |
| 袁崇煥 | 督師薊遼 | 崇禎元年至二年 | |

三曰滿洲之勢力。滿洲之勢力與明邊將之賢否爲消長。今列一略表與前表參觀。而大勢可知矣。

萬曆四十四年　清太祖始改元天命

四十六年　始伐明克撫順

四十七年　明以兵二十四萬伐清不克

天啓元年　清攻克瀋陽

二年　清攻克西平堡

六年　清兵大舉西渡遼河攻寧遠不克其年清太祖崩

七年　明清議和不成清來攻不克

崇禎元年　復議和不成

二年　清大舉入寇

合觀三表。然後當日之時局可得而論次焉。萬曆四十六年以前。清兵方有事於扈倫四國。(哈達、葉赫、烏拉、輝發也)未有窺中原之志也。及天命建元。(四十四年)四國已服其三。惟葉赫恃明援不下。欲圖之則狼顧恐明之議其後也。故四十六年以七大慽誓天伐明是爲明清交兵之始其年雖克撫順然未嘗守也時楊鎬始爲經略鎬鎮朝鮮者十餘年喪師數次本無軍略朝廷以其諳遼事故畀以重任而大學士方從哲兵部尚書黃嘉善等日促鎬進兵御史王象恆力言非策引哥舒翰出潼關爲戒不能用也乃集瀋陽兵二十四萬分四路深入襲清都清太祖以五萬人拒之并力破其一路閱五日而三路皆破鎬遂以喪師逮罪是爲清軍第一次得志則楊鎬之溺職與部臣之調度乖方爲之也於是乃起熊廷弼代鎬廷弼者前於三十六年巡按遼東興屯田察軍實遼人所神明視也時遼瀋大震諸城堡軍民盡竄數百里無人迹中外謂必無遼廷弼兼程冒雪徧閱形勢招流移繕守具簡士馬肅軍令主固守不浪戰集兵十八萬分布靉陽清河撫順柴河三岔鎮江諸口小警自禦大警互援更選精銳爲游徼乘間收零騎擾耕牧以俟竂會清人憚之爲之按兵不出者歲餘而明臣忌廷弼者爭劾其不戰廷弼遂不安其位憤憤抗疏乞罷斥（疏云今朝堂議論全不知兵冬春之際敵以冰雪稍緩閧然言師老財匱馬上促戰及軍敗始愀然不敢復言比臣收拾甫定而愀然者又復閧然責戰矣自有遼難以來用文將用武吏何非臺省所建白何嘗有一效疆場事當聽疆吏自爲之何用拾帖括語徒亂人意一不從輒怫然怒哉）以袁應泰代之應泰吏事敏練然非將才會蒙古諸部大饑多入塞乞食應泰言不急收之且爲敵有招降數萬分處遼瀋二城降者多占民居婦女遼人大怨而清又陰撫之於是降人與遼人皆爲敵耳目敵覘廷弼之既去也乃於天啓元年引兵七萬攻瀋陽明軍以萬餘衆拒敵殊死戰史家謂遼左用兵以來第一血戰云然遂不支遼陽隨陷應泰與巡按御史張銓死焉坐是遼河以東堡寨營驛及海蓋金復耀諸州大小七十餘城俱陷是爲清軍第二次得志則政府妒嫉廷弼而袁應泰用違其才之爲之也遼瀋既失朝廷大震乃盡謫前劾廷弼諸臣而起廷弼於家乃建三方布置策廣寧登萊各設巡撫而經略駐山海關節制三方初廷弼之未至也廣寧巡撫王化貞先部署軍事沿遼河置六營又分戍西平鎮武柳

河盤山諸要害。及廷弼至。言今日但宜固守廣寧。若駐兵河上。兵分則力弱。敵輕騎潛渡。破其一營。則諸營皆潰。河上止宜游徼兵。更番出入。示敵不測。而大兵悉屯廣寧。深濠高壘以俟。此實一時制勝第一義也。化貞素騃不知兵。與廷弼議不合。徒爲大言。謂用毛文龍。用降將李永等。用蒙古插漢助兵四十萬。可以一舉蕩平。盡撤營壘城濠。不復設備。廷弼既屢與齟齬。乃相互劾。而兵部尙書張鶴鳴袒化貞。無言不從。化貞擁兵十四萬於廣寧。而廷弼關上無一卒。號稱經略。乃一匹夫。十月冰合。清兵復將渡河。邊民爭竄。鶴鳴方集廷議。以經撫不和。欲去廷弼。專任化貞。而淸兵已圍西平矣。化貞稗將孫得功陰通敵。譌言敵騎已薄廣寧。化貞不知所爲。踉蹌棄城單騎走。遇廷弼大凌河。乃相與盡焚積聚。護難民數十萬入關。廷弼數年來之心血全空。比淸兵至廣寧。化貞竄已二日矣。錦州大小凌河松山杏山右屯前屯四十餘城堡皆陷。時天啓二年正月也。是爲淸軍第三次得志。則鶴鳴化貞相狼狽以厄廷弼。罪不容於死也。然且化貞以輕罪末減。而廷弼被戮。傳首九邊。田產籍沒。家屬爲奴。明之政府。殆不可與處矣。至是而袁督師乃受命於敗軍之際。始漸預兵事。

## 第三節　袁督師之履歷及監軍時代

督師名崇煥。字元素。廣東東莞縣人。萬曆四十七年成進士。授邵武縣知縣。史稱其少年慷慨負膽略。好談兵。遇老校退卒。輒與論塞上事。曉其阨塞情形。以邊才自許。云天啓二年正月。朝覲在都。御史侯恂請破格用之。遂擢兵部職方司主事。無何。廣寧師潰。王化貞失事之役即 廷議守山海關。崇煥卽單騎出閱關內外。部中失袁主事。訝之。家人亦莫知所往。已還朝。具言關上形勢。曰予我軍馬錢穀。我一人足守此。廷臣益稱其才。遂超擢僉事。監關外軍。蓋廷臣監軍。明制然也。乃發帑金二十萬。俾招募。時關外地悉爲哈喇慎諸部所據。崇煥乃駐守關內。未幾。諸部受款。經略王在晉命崇煥移駐中前所。監參將周守廉游擊左輔軍。經理前屯衞事。尋令赴前屯安置遼人之失業者。崇煥卽夜行荆棘虎豹中。以四鼓入城。將士莫不壯其膽。以是在晉亦深倚重之。題爲寧前兵備僉事。守關外以捍關內。此袁督師畢生之方略。而亦兵家一定之形勢也。時王在晉以兵部尚書代熊廷弼。無遠略。徒作偷安計。以故崇煥不能盡其才。至是在晉議於距關八里築重城。崇煥力爭。以爲非策。爭不得。奏記首輔葉向高。亦不省。會在晉與薊督王象乾爭論不決。而十三山難民十餘萬。久困不能出。乃使大學士孫承宗行邊。崇煥自請將五千人駐寧遠。以壯十三山勢。別遣驍將救之。寧遠去山二百里。便則進據錦州。否則退守寧遠。奈何委十萬人置度外。承宗以謀象乾。象乾以關上軍方喪氣。議發插部護關者三千人往。承宗以爲然。告在晉。在晉竟不能救。衆遂沒。脫歸者僅六千人。嗚呼。崇煥一言之用否。十餘萬人之性命係之。此旣可爲一長歎者也。承宗旣駁八里重城議。集諸將謀所守。閻鳴泰主覺華。崇煥主寧遠。在晉及張應吾邢慎言皆持不可。承宗竟主崇煥議。已而承宗代在晉督師。崇煥之政略。乃得實行。時關以外寧遠以西諸城堡。悉爲蒙古所據。聲言助守邊。崇煥議盡驅之邊外。毋倚以爲累。九月。承宗乃使崇煥與副將滿桂屯軍寧遠。是爲袁督師領兵之始。

## 第四節　袁督師之守寧遠

寧遠在山海關外二百餘里。面遼東灣。與桃花島相對。今者榆營鐵路所經過之一要驛也。初承宗令祖大壽築寧遠城。大壽度中朝不能遠守。築僅十一。且疏薄不中程。三年九月。崇煥至。乃定規制。高三丈二尺。雉高六尺。址廣三丈上二丈四尺。使大壽與參將高見賀謙分督之。明年工成。遂屹然爲關外一重鎭。崇煥與將卒共甘苦。撫民庶如父兄。人人皆樂爲盡力。由是商旅輻輳。流移駢集。遠近望爲樂土。旋遭父憂。奪情視事。時尙官僉事也。天啓四年九月。偕大將馬世龍王世欽。率水陸馬步兵萬二千東巡廣寧。歷十三山。按十三山即大凌河出海處也。抵右屯。遂由水道泛三岔河而還。按三岔河入遼河匯遼河入海即今之營口也。督師此行殆由遼東灣航海返鎭。尋以五防敘勞。進兵備副使。再進右參政。崇煥之東巡也。相度地勢。策畫戰守。爲恢復之計。時承宗委任甚專。言聽計從。五年夏。種種準備既具。崇煥乃說承宗。遣諸將分戍錦州松山杏山右屯及大小凌河諸要害。擴地復二百里。幾盡復遼河以西舊疆。而寧遠且爲內地。循此以進。則敵軍欲越雷池一步。蓋其難哉。故自承宗崇煥之戮力。而敵軍戢伏。不敢犯明邊者四年。

古未有奸臣在內。而名將得立功於外者。斯言諒哉。時魏閹之勢炙手可熱。其黨日排承宗。遂至不安其位。以高第代。第恇怯柔媚之小人也。既至。謂關外不可守。令盡撤錦右諸城守具。移將士於關內。崇煥諫曰。兵法有進無退。諸城已復。安可輕撤。錦右動搖。則寧前震驚。關門亦失保障。今但擇良將守之。必無他慮。第不聽。且欲並撤寧前二城。崇煥曰。我寧前道也。官此當死此。我必不去。第無以難。乃撤錦州右屯大小凌河及松山杏山塔山守具。盡驅屯兵入關。委棄米粟十餘萬。死亡載途。哭聲震野。民怨而軍益不振。崇煥憤悒。三抗疏乞終制。不許。十二月。進按察使。視事如故。然數年心血。委於一旦。敵志始驕矣。

淸軍知經略之易與也。又窺崇煥之無援也。天啓六年正月。大舉渡遼河。擣寧遠。兵十三萬。號二十萬。越城五里。橫山海關大路而軍。邊將皆震恐無人色。崇煥乃偕大將滿桂副將左輔朱梅參將祖大壽何可剛等集將士誓死守。更刺血爲書。激以忠義。爲之下拜。其書語多觸犯本朝。故明史闕焉。而將士誦書。咸涕泣不可仰。慷慨請與將軍共生死。蓋至誠之感人深矣。於是盡焚城外民居。攜守具入城。堅壁清野以待。令同知程維楧詰奸。通判金啓倧具守卒食。辟道上行人。檄前屯守將趙率教山海守將楊麒。凡遇寧遠將卒逃至者悉斬。人心始定。是時我軍僅萬餘人。而敵之强且十二三倍。經略第總兵麒並擁兵關上。不救。中朝聞警。兵部尚書王永光大集廷臣議戰守。無善策。盈廷皇皇。謂必無寧遠。越十日。崇煥以捷聞。朝野上下。罔不失色撟舌。額手以相慶者。先是清軍進攻。戴楯穴城。矢石雨下不能退。城垣圮丈許。崇煥身先士卒。輦石塞缺口。身被再創。部將勸自重。崇煥厲聲曰『區區寧遠。中國存亡係之。寧遠不守。則數年以後。父母兄弟皆左衽矣。偷息以生。復何樂也。』自裂戰袍裹左臂傷處。戰益力。將卒憤厲。奮爭先。相翼蔽。城復合。嗚呼。若於吾先民中求完備之軍人資格者。袁督師當之矣。明日復攻。崇煥乃令閩卒發巨炮。一發決血渠數里。傷數百人。凡三日三攻三卻。圍遂解。崇煥復開壘襲擊。追北三十餘里。清軍大亂。死者逾萬人。乃分兵略覺華島。寧遠軍雖以城初完。方繕守備。不克救。然敵之鋭氣大挫故明史大書曰『我大清舉兵。所向無不摧破。諸將罔敢議戰守。議戰守自崇煥始。』嗚呼。豈敵之果强。毋亦我之太弱而已。清太祖自起兵征尼堪外蘭以來。未嘗一遇勍敵。至是爲崇煥所破。悒悒不自得。不數月而殂落矣。

## 第五節　袁督師之初督師

捷報聞。擢崇煥右僉都御史。璽書奬厲。桂等進秩有差。初高第鎮關門。盡反承宗所爲。務折辱諸將。諸將咸解體。至是坐失援褫職去。三月復設遼東巡撫。以崇煥任之。魏忠賢遣其黨劉應坤紀用等出鎮。崇煥抗疏諫。不省。旋敍功加兵部右侍郎。賚銀幣。世廕錦衣千戶。時代高第者爲兵部尚書王之臣。之臣亦庸才。與崇煥不相協。中朝乃命之臣專督關內。以關外屬崇煥。崇煥知廷臣忌己也。上書曰。

陛下以關內外分責二臣。用遼人守遼土。且守且戰。且築且屯。屯種所入。可漸減海運。大要堅壁清野以爲體。乘間擊瑕以爲用。戰雖不足。守則有餘。守既有餘。戰無不足。顧勇猛圖敵。敵必讎。奮迅立功。衆必忌。任勞則必召怨。蒙罪始可有功。怨不深則勞不著。罪不大則功不成。謗書盈篋。毀言日至。從古已然。惟聖明與廷臣終始之。

蓋崇煥保守進取之大計畫。皆略具於是。而此後死於敵之間。死於朝廷之疑。皆若先見之矣。書上。優旨褒答。其冬崇煥復巡歷錦州大小凌河。議大興屯田。漸復高第所棄舊土。蓋當時滿洲游牧水草之性。志不過鹵獲得土而不居。如廷弼承宗崇煥等之政策。實足以自固其圉。而無啓戎心。措珠厓之棄。視爲固然。一誤再誤。數年而繕之。一旦而墮之。復數年而後再繕之。復一旦而墮之。今日崇煥所擲心血以欲易之地。皆其數年前擲心血而既得之者也。嗚呼。明之日蹙。其有以自召矣。於是崇煥益上書言遼左之壞。雖由人心不固。亦緣失有形之險。無以固人心。兵不利野戰。祗有憑堅城用大炮一策。今山海四城既新。當更修松山諸城。班軍四萬人。缺一不可。帝報從之。

## 第六節　袁督師之和議及寧錦之捷

以和爲守。以守爲戰。此袁督師對滿洲之大政策也。李牧之所以破虜。羊祜之所以沼吳。名將之最上戰略。往往在此點。於是清太祖方殂落。崇煥乃遣都司傅有爵田成等同李喇嘛往弔喪。賀新君。且覘虛實焉。清太宗遣方吉納溫克什迭之還。且來報聘。崇煥乃復書申和議。書云再辱書教知漸息兵戈以休養部落即此一念好生天自鑒之將來所以佑汗而昌大之者倘無量也此往事七宗汗家抱爲長恨者不佞寧忍聽之漠漠但追思往事窮究根因我之邊境細人與汗家之部落口舌爭競致起禍端作孽之人卽逭人刑難逃天怒不佞不必枚舉而汗亦所必知也今欲一一辨晰恐難問之九原不佞非但欲我國家忘之且欲汗共忘之也然汗家十年苦戰皆爲此七宗不佞可無一言乎今南關北關安在遼河東西死者寧止十人仳離者寧止一老女遼瀋界內之人民已不能保寧問田禾此極慘極痛之事我國家所難消受而汗家之雪怨固已滿志快心者也今若修好則城池地方作何退出官生男婦作何迭還是在汗之仁明慈惠敬天愛人耳天道無私人情忌滿是非曲直原自昭然各有良心偏私不得一念殺機起世上無窮劫運一念生機開天後來許多吉祥不佞又願汗熟思之來書中所開諸物以我國家之財用廣大亦寧靳此然往牒不載多取違天又汗所當酌裁也方以一介往來又稱兵於朝鮮何故我文武官屬遂疑汗之言不由中也兵未回卽撤回已回勿再往以明汗之盛德息止刀兵將前後事情講析明白往來書札無取動氣之言恐不便奏聞朝廷惟汗堅意修好再通信使則凜簡書以料理邊情有邊疆之臣在寧或虛汗美意壅於上聞乎○據開國方略補錄太宗復書詞甚倨。然方欲有事朝鮮。懼崇煥躡其後。和議遂粗定。

七年正月。朝議以崇煥與王之臣不相能。召之臣還。罷經略不設。以關內外專屬崇煥。與鎮守中官應坤用並便宜從事。崇煥銳意恢復。乃乘清軍之出。遣將繕錦州中左大凌三城。而再使之持書議和。會朝鮮及毛文龍同告急。朝命崇煥發兵援。崇煥以水師援文龍。又遣左輔趙率教朱梅等九將將精卒九千先後逼三岔河。案卽在田莊臺營口之間今正日俄陸戰之燒點也爲牽制之勢。會朝鮮降。乃還。

初崇煥議和。中朝不及知。及奏報。優旨許之。後以爲非計。頻旨戒諭。崇煥持益力。而朝鮮及文龍被兵。言官因謂和議所致。四月。崇煥上書云。

關外四城雖延袤二百里。北負山。南阻海。廣四十里爾。今屯兵六萬。商民數十萬。地隘人稠。安所得食。錦州中左大凌三城修築必不可已。業移商民廣開屯種。倘城不完而敵至。勢必撤還。是棄垂成功也。故乘敵有事江東。姑以和之說緩之。敵知。則三城已完。戰守又在關門四百里外。金湯益固矣。

崇煥議和之眞相。蓋在於是。其時淸太宗復移書相詰。有『今將軍遣使議和。又修葺城垣。潛圖侵逼。』等語。蓋崇煥議和之故。敵軍知之。而明之君臣懵焉。明之爲明。殆難言哉。奏上。帝優旨報聞。然非其意也。後崇煥莫須有之獄。遂伏於是。

時率敎駐錦州。護版築。朝命尤世祿來代。又以左輔爲前鋒總兵官。駐大凌河。世祿未至。輔未入大凌。五月十一日。淸兵直抵錦州。四面合圍。率敎偕中官用嬰城守。而遣使議和。欲緩師以待救。使三返。不決。圍益急。崇煥以寧遠兵不可動。選精騎四千。令世祿大壽將。繞出淸軍後決戰。別遣水師東出。相牽制。且請發薊鎭宣大兵東護關門。朝廷已命山海滿桂移前屯。三屯孫祖壽移山海。宣府黑雲龍移一片石。薊遼總督閻鳴泰移關城。又發昌平天津保定兵馳赴上關。檄山西河南山東守臣整兵聽調。世祿等將行。淸軍已於二十八日分兵趨寧遠。崇煥與副使畢自肅督將士登陴守。列營濠內。用炮距擊。而桂世祿大壽大戰城外。士多死。桂身被數矢。淸軍亦旋引去。益兵攻錦州。以溽暑不能克。士卒多損傷。六月五日亦引還。因毀大小凌河二城。時稱寧錦大捷。是爲明軍對淸軍第二次血戰。皆袁督師節制調遣之成效也。惜大小凌防守未完。而敵軍奄至。未免有虧簣之憾。觀此益信以和爲守。以守爲戰之政策。之不容已矣。使督師能久其位。而行其志。則成就亦安止此。

時魏忠賢方專權。炙手可熱。中外爭頌功德。崇煥不附。銜之滋甚。敍寧錦戰捷功。文武增秩賜廕者數百。忠賢子亦封伯。而崇煥止增一秩。猶以爲未足。復使其黨劾罷之。七月。崇煥遂予告歸。

## 第七節　袁督師之再督師

熹宗崩。懷宗即位。忠賢伏誅。削諸冒功者。廷臣爭請召崇煥。其年十一月。擢右都御史。視兵部添注左侍郎事。崇禎元年四月。命以兵部尚書兼右副都御史督師薊遼兼督登萊天津軍務。所司敦促上道。七月。崇煥入都。先奏陳兵事。帝召見平臺。慰勞甚至。咨以方略。對曰。方略已具疏中。臣受陛下特眷。願假以便宜。計五年全遼可復。帝曰。復遼。朕不吝封侯賞。卿努力解天下倒懸。卿子孫亦受其福。崇煥頓首謝。且曰。陛下既委臣。臣安敢辭難。但五年內。戶部轉軍餉。工部給器械。吏部用人。兵部調兵選將。須中外事事相應。方克有濟。帝爲飭四部臣如其言。崇煥又言。以臣之力。制全遼有餘。調衆口不足。一出國門。便成萬里。忌能妬功。夫豈無人。即不以權力掣臣肘。亦能以意見亂臣謀。帝起立傾聽。諭之曰。卿無疑慮。朕自有主持。大學士劉鴻訓等請收還王之臣滿桂尚方劍。以賜崇煥。假之便宜。帝悉從之。賜崇煥酒饌而出。

崇煥以前此熊廷弼孫承宗皆爲人排搆。不得竟其志。乃再上疏曰。

恢復之計。不外臣昔年以遼人守遼土。以遼土養遼人。守爲正著。戰爲奇著。和爲旁著之說。法在漸不在驟。在實不在虛。此臣與諸邊臣所能爲。至用人之人。與爲人用之人。皆至尊司其鑰。何以任而勿貳。信而勿疑。蓋馭邊臣與廷臣異。軍中可驚可疑者殊多。但當論成敗之大局。不必摘一言一行之微瑕。事任既重。爲怨實多。諸有利於封疆者。皆不利於此身者也。況圖敵之急。敵亦從而間之。是以爲邊臣甚難。陛下愛臣知臣。臣何必過疑懼。但中有所危。不敢不告。

嗚呼。督師此言。字字血語。語淚矣。明所以亡者不一端。而朝廷不能見信於其臣。則亡徵之尤劇而不可藥者也。不然。以磊落颯爽之袁督師。而何以自危至是。而明之所以待督師者。後此乃皆不幸而言中焉。嗚呼。雖曰天命豈非人事哉。書上。帝優詔答之。賜蟒玉銀幣。疏辭蟒玉不受。

是月。川湖兵戍寧遠者以缺餉四月大譟。餘十三營起應之。縛繫巡撫畢自肅。總兵官朱梅。通判張世榮。推官蘇涵淳於譙樓上。自肅傷重。兵備副使郭廣初至。躬翼自肅。括撫賞及朋樁二萬金以散。不厭。貸商民足五萬。乃解。自肅疏引罪。走中左所。自經死。崇煥以八月初抵關。聞變。馳與廣密謀。宥首惡張正朝。張思順。令捕十五人戮之市。斬知謀中軍吳國琦。責參將彭簪古。黜都司左良玉等四人。發正朝思順前鋒立功。世榮涵淳以貪虐致變。亦斥之。獨都司程大樂一營不從變。特爲奬勵。一方乃靖。

時關外大將四五人。事多掣肘。後定設二人。以梅鎮寧遠。大壽仍駐錦州。至是梅將解任。崇煥請合寧錦爲一鎮。大壽仍駐錦州。加中軍副將何可剛都督僉事。代梅駐寧遠。而移薊鎮率教於關門。關內外止設二大將。因極稱三人之才。謂臣自期五年。專藉此三人。當與臣相終始。屆期不效。臣手戮三人。而身歸死於司敗。帝可之。崇煥遂留鎮寧遠。自肅既死。崇煥請停巡撫。及登萊巡撫孫國楨免。崇煥又請罷不設。帝亦報可。哈剌慎三十六家向受撫賞。後爲插漢所迫。且歲饑。有叛志。崇煥召至於邊。親撫慰。皆聽命。二年閏四月。敍春秋兩防功。加太子太保。賜蟒衣銀幣。廕錦衣千戶。

## 第八節　袁督師之殺毛文龍

殺毛文龍一事。袁督師冤獄之近因。而其爲功爲罪。又當時輿論所最嚚嚚者也。文龍之應誅與否。讀明史本傳自明。而督師此等舉動。非有霹靂手段者不能學也。今錄本傳全文如下。

毛文龍者。浙江仁和人。以都司援朝鮮。逗留遼東。遼東失。自海道遁回。乘虛擊殺清鎭江守將。報巡撫王化貞而不及經略熊廷弼。兩人隙始開。用事者方主化貞。遂授文龍總兵。累加至左都督。掛將軍印。賜尚方劍。設軍鎭皮島。如內地。皮島亦謂之東江。在登萊大海中。綿亙八十里。不生艸木。遠南岸。近北岸。北岸海面八十里。卽抵清界。其東北海則朝鮮也。島上兵本河東民。自天啓元年河東失。民多逃島中。文龍籠絡其民。爲分布哨船。聯接登州。以爲犄角計。中朝是之。島事由此起。四年五月。文龍遣將沿鴨綠江。越長白山。侵清國東偏。爲守將擊敗。衆盡殲。八月。遣兵從義州城西渡江。入島中屯田。大清守將覺。潛師襲擊。斬五百餘級。島中糧悉被焚。五年六月。遣兵襲耀州之官屯寨。敗歸。六年五月。遣兵襲鞍山驛。喪其卒千餘。越數日。又遣兵襲撒爾河。攻城南。爲清守將所却。七年正月。清兵征朝鮮。并規剿文龍。三月。清兵克義州。分兵夜擣文龍於鐵山。文龍敗。遁歸島中。時清惡文龍躡後。故致討朝鮮。以其助文龍爲兵端。顧文龍所居東江。形勢雖足牽制。其人本無大略。往輒敗衂。而歲糜餉無算。且惟務廣招商賈。販易禁物。名濟朝鮮。實闌出塞。無事則鬻參販布爲業。有事亦罕得其用。工科給事中潘士聞劾文龍糜餉殺降。尚寶卿董茂忠請撤文龍。治兵關寧。兵部議不可。而崇煥心弗善也。嘗疏請遣部臣理餉。文龍惡文臣監制。抗疏駁之。崇煥不悅。及文龍來謁。接以賓禮。文龍又不讓。崇煥謀益決。至是。遂以閱兵爲名。泛海抵雙島。文龍來會。崇煥與相燕飲。每至夜分。文龍不覺也。崇煥議更營制。設監司。文龍怫然。崇煥以歸鄉動之。文龍曰。向有此意。但惟我知東事。東事畢。朝鮮衰弱。可襲而有也。崇煥亦不悅。以六月五日邀文龍觀將士射。先設幄山上。令參將謝尙政等伏甲士幄外。文龍至。其部卒不得入。崇煥曰。予詰朝行。公當海外重寄。受予一拜。交拜畢。登山。崇煥問從官姓名。多毛姓。文龍曰。此皆予孫。崇煥笑。因曰。爾等積勞海外。月米止一斛。言之痛心。亦受予一拜。爲國家盡力。衆皆頓首謝。崇煥因詰文龍違令數事。文龍抗辯。崇煥厲色叱之。命去冠帶縶縛。文龍猶倔强。崇煥曰。爾有十二斬罪。知之乎。祖制大將在外必命文臣監。爾專制一方。軍馬錢糧不受核。一當斬。人臣之罪。莫大欺君。爾奏報盡欺罔。殺降人難民冒功。二當斬。人臣無將。將則必誅。爾奏有牧馬登州取南京如反掌語。大逆不道。三當斬。每歲餉銀數十萬。不以給兵。月止散米三斗有半。侵盜軍糧。四當斬。擅開馬市於皮島。私通外番。五當斬。部將數千人悉冒己姓。副將以下濫給札付千。走卒輿夫盡金緋。六當斬。自寧遠還。剽掠商船。自爲盜賊。七當斬。强取民間子女。不知紀極。部下效尤。人不安室。八當斬。驅難民遠竊人參。不從則餓死。島上白骨如莽。九當斬。輦金京師。拜魏忠賢爲父。塑冕旒像於島中。十當斬。鐵山之敗。喪師無算。掩敗爲功。十一當斬。開鎭八年。不能復寸土。觀望養敵。十二當斬。數畢。文龍喪魂魄。不能言。但叩頭乞免。崇煥召諭其部將曰。文龍罪狀當斬否。皆惶怖唯唯。中有稱文龍數年勞苦者。崇煥叱之曰。文龍一布衣。爾官極品。滿門封廕。足酬勞。何悖逆如是。乃頓首請旨曰。臣今誅文龍以肅軍。諸將中有若文龍者。悉誅。臣不能成功。皇上亦以誅文龍者誅臣。遂取尙方劍斬之帳前。乃出諭其將士曰。誅止文龍。餘無罪。當是時。文龍麾下健校悍卒數萬。憚崇煥威。無一敢動者。於是命官斂文龍。明日具牲醴拜奠曰。昨斬爾。朝廷大法。今祭爾。僚友私情。爲下淚。乃分其卒二萬八千爲四協。以文龍子承祚副將陳繼盛參將徐敷奏遊擊劉興祚主之。收文龍敕印尙方劍。令繼盛代掌。犒軍士。檄撫諸島。盡除文龍虐政。還鎭。以其狀上聞。末言文龍大將。非臣得擅誅。謹席藁待罪。時崇禎二年五月也。帝驟聞意殊駭。念既死。且方倚崇煥。乃優旨褒答。俄傳諭暴文龍罪以安崇煥心。其爪牙伏京師者。令所司捕。崇煥上言。文龍一匹夫。不法至此。以海外易爲亂也。其衆合老稚四萬七千。妄稱十萬。且民多兵不能二萬。妄設將領千。今不宜更置帥。卽以繼盛攝之。於計便。帝報可。崇煥雖誅文龍。慮其部下爲變。增餉銀至十八萬。然島弁失主帥心。漸攜。益不可用。其後致有叛去者。崇煥言東江一鎭。牽制所必資。今定兩協馬軍十營步軍五。歲餉銀四十二萬。米十三萬六千。帝頗以兵減餉增爲疑。以崇煥故。特如其請。崇煥在遼。與率教大壽可剛定兵制。漸及登萊天津。及定東江兵制。合四鎭兵十五萬三千有奇。馬八萬一千有奇。歲費度支四百八十餘萬。減舊一百二十餘萬。帝嘉獎之。

程本直漩聲記（本書始末詳下節）評文龍之案曰『自武登撫相與爭而去。其欲得而甘心於文龍者。非一日也。非一人也。辱白簡挂彈章。可數百計也。是左右諸大夫皆曰可殺。國人皆曰可殺也。其不殺也。非不殺也。不能殺也。不敢殺也。是以崇煥一殺之而通國快然。』觀此則當時輿論之所存。可以見矣。夫以舉國不能殺不敢殺之人。而督師毅然去之。若縛一雞而探一轂也。指揮若定。聲色不驚。嗚呼。非天下之大勇。其孰能與於斯。自文龍之死。其部將孔有德耿仲明尙可喜。次第叛。後卒爲滿洲倀。掃定西南。或以是爲袁督師實有以致之。雖然。吾以爲此亦存乎其人耳。文龍不死。安知其不執梃爲諸降王長。而督師死後。其最得力之部將祖大壽。雖降而旋反正。而何可剛被執不屈。義烈炳千古。則又何說焉。彼不徒感激主將之私恩。而服從主將之公義者。蓋有素也。

## 第九節　袁督師之冤獄

子胥湛而吳沼。鄂王僇而宋夷。古來豪傑以一身生死繫一國存亡者。歷史上前例。往往不乏。若袁督師者。其重要之一人哉。先是半年前。崇煥上疏通籌全局。略言臣身在遼。遼無足慮。惟薊門單弱。敵所竊窺。請嚴飭前督峻防圉禦。爲今日急著。時督薊者爲劉策。巽懦不知兵事。崇煥一疏不省。復再疏之。三疏之。得旨下部科會議。遷延不行。是年十月。（崇禎二年）清兵十餘萬人。以蒙古兵爲嚮導。大舉入犯。憚崇煥之威。乃改道入龍井關大安口喜峯口。所向披靡。如行無人境界。如崇煥言。崇煥於十月二十八日聞警。卽檄調諸遼將祖大壽何可剛等入衞。所歷撫寧永平遷安豐潤玉田諸地。逐路置防。逐城設守。戴星犯雪。於十一月初十日馳至薊州。欲背捍神州。面拒敵衆。十二十三等日。與敵兵相持於馬昇橋諸要隘。清軍不意袁軍驟至。相視駭眙。乃宵遯疾趨而西。直犯京師。崇煥心焚血注。憤不顧死。士不傳餐。馬不再秣。由間道飛抵郊外。兩晝夜疾行三百餘里。先清軍至三日。清軍初遇崇煥救薊。意欲避堅攻瑕。乃越薊西。蟠踞潞中。將中斷京師。使與崇煥首尾不相應。一面結營困潞。一面張勢撼京。謂潞困而京可不俟攻也。不知崇煥之舍薊而躡其後也。不知崇煥且舍潞而繞其外也。不知崇煥業據京而出其前也。時崇煥軍營於廣渠門外。敵軍初在高密店。遇偵咸大失色。詫以爲袁督師之兵從天而降。二十日轉戰於廣渠門。自辰達申。卻敵十餘里。追北至運河。清將阿巴泰阿濟格思格德爾之軍皆潰。太宗及諸貝勒相語。謂十五年來。未嘗有此勍敵。於是不復逼京師。惟出沒於海子采囿之間以觀變。先是崇煥以兼程赴援。僅以馬兵五千從。其步兵不能兼進。以九千而當十餘萬之大敵。勢力太相懸絕。故朝議雖日促戰。而崇煥猶持重不發。卽廣渠門之役。猶非其志也。而盈廷乃以逍遙城下。擁兵縱敵。呶呶爲崇煥罪。計步兵全軍十二月初三四日間可至。而初一日遂有逮崇煥之旨。

先是崇煥至薊。奏報達帝。甚喜。溫旨褒勉。發帑重犒將士。及兼道入衞。帝立召見。深加慰勞。咨以戰守策。賜御饌及貂裘。倚重甚至。時清軍新挫。畏崇煥如虎。諸貝勒有請攻城者。太宗託以不欲損將卒。二十七日乃退駐南海子。適前獲明太監二人，以副將高鴻中、參將鮑承先、甯完我、巴克什、達海、監守之。至是鴻中、承先遵太宗所授密計，坐近二太監，故作耳語云：今日撤兵，乃上計也。頃見上單騎向敵，敵有二人來見上，語良久乃去。意袁巡撫有密約，此事可立就矣。時楊太監者佯臥竊聽，悉記其言。三十日，命縱楊太監歸，具以所竊聽者上聞，獄遂起。

十二月初一日，崇煥再被召對，逮縛下詔獄。大壽在旁，戰栗失措，出即擁兵叛歸。帝取崇煥獄中手書往召。大壽乃歸命。（余大成剖肝錄云：（前略）上欲得煥手書，遣閣部九卿皆往獄所道意。煥曰：壽所以聽煥者，督師也。今罪人耳，豈尚能得之於壽哉。衆人開譬百端，終不可。且言未奉明詔，不敢以纍臣與國事。石衲（案此大成自謂也）因大言謂崇煥曰：公孤忠請纓，隻手擎遼，生死惟命，捐之久矣。天下之人莫不服公之義，而諒公之心。臣子之義，生殺惟君，苟利於國，不惜髮膚，且死於敵與死於法孰得耶？公其圖之。煥曰：公言是也。因手草蠟書，語極誠懇，至則壽去錦州一日矣。馳騎追及，即遙道來意。軍有數放箭者，騎云：奉督師命來，非追兵也。壽命立馬待之，騎出書，壽下馬捧泣，一軍盡哭，遂踊躍即日入關，收復永平、遵化一帶。）時輔臣溫體仁、毛文龍鄉人也，銜崇煥殺文龍，每思有以報之。適兵部尚書梁廷棟嘗與崇煥共事於遼，亦有私隙。二人從中持其事。崇煥由是得罪。又崇煥嘗與大學士錢龍錫友善，龍錫故主定逆案者，魏忠賢遺黨高捷、袁宏勛、史𡎺輩謀興大獄，爲逆黨報仇，見崇煥下吏，遂以擅主和議、專戮大帥二事爲兩人罪。捷首疏力攻，𡎺、宏勛繼之。又前者東江歲餉百萬，大半入權宦橐中，自崇煥斬文龍，盡失其賂，咸相銜刺。至是清軍犯京師，中官勳戚在圍城中，思旦夕解圍，咎崇煥不即戰。會總兵滿桂，初與煥共守寧遠，丙寅之役，首主棄城，爲煥所叱，至是入援，令其部曲大掠近郊，皆僞稱袁兵，以鼓衆怨。後因敗入甕城，浸潤中官，乘機譖之。合此諸原因，故崇煥遂不得不死。於是輔臣周延儒、成基命、吏部尚書王永光各疏救，不報。總兵祖大壽以官階贈廕請贖，不報。兵科給事中錢家修請以身代，不報。布衣程本直詣闕抗呼冤，與錢龍錫同論死。御史羅萬壽以申辯崇煥非叛逆，削職下獄。凡崇煥在獄中半年，餘關外將吏士民日詣督輔孫承宗所號哭雪冤，願以身代者未嘗絕。承宗知內旨已定，不敢上聞。於是崇煥遂死。會審之日風霾晝閉白日無光。崇禎三年。八月十六日。遂棄市。兄弟妻子。流三千里。籍其家。崇煥無子。家亦無餘貲。天下冤之。

明史本傳於督師冤獄記載甚略。本節据錢家修程本直之辯冤疏。及本直所著漩聲記。余大成所著剖肝錄。及皇朝開國方略等書。大率皆當時目擊徵實之談也。　著者附識

## 第十節　袁督師死後之東北邊事

督師下獄之明日。命大同總兵滿桂爲武經略。督步騎四萬陣永定門外。嚴濠柵。環以槍炮十重。清兵宵進。效明兵甲裳旗幟。黎明乘不意衝突入其營。滿桂戰死。生禽總兵黑雲龍麻登雲等。帝以庶吉士金聲之薦。擢游僧申甫爲總兵。造戰車。又擢庶吉士劉之綸爲兵部侍郎。募義兵。皆以倉卒未訓練敗死。舉城皇皇。不可終日。會祖大壽何可剛得督師手書。引兵還救。初清軍料崇煥下獄後大壽輩非叛作賊。卽降從彼。至是見遼兵還爲明戰守。乃遽爲議和書。分置永定門德勝門外。移軍略薊而還。蓋督師一紙書。猶足以卻敵也如此。

清軍旣還。沿途侵略。明年正月。克永平。克遷安。克灤州。遂班師。留貝勒濟爾哈朗統兵萬人守永平各城。三月。復命二貝勒阿敏益兵五千助鎭守。時明帝已復起孫承宗鎭關門。而祖大壽統各路援軍相爲犄角。五月。遂連復灤州遷安遵化永平諸城。清軍殆盡覆。六月。阿敏逃還瀋陽。太宗震怒。議罪幽禁。皆祖大壽力也。皆袁督師教也。崇禎四年。清軍復攻大凌河。時孫承宗率由袁督師政策。已復關內四城。復理關外舊疆。欲幷力先城大凌河爲屏蔽。巡撫邱禾嘉違其節制。中央政府復掣肘。遂敗衄。十一月。廷臣復劾罷承宗。而明益不可爲矣。今將此後明

清之交涉復列一略表。

崇禎七年　清兵四路來侵。一從尚方堡之宣府趨應州至大同。一由龍門口入會於宣府。一由獨石口入會於應州。一由得勝堡入歷大同趨朔州。

八　年　清多鐸攻錦州。多爾袞由朔州毀武寧關入略代忻應惇。斬俘七萬餘。

九　年　清阿濟格等分路逾獨石口入居庸。克昌平偪燕京。過保定克十二城。五十六戰皆捷。俘人畜十八萬。督師張鳳翼宣大總督梁廷棟皆按兵不敢戰。

十一年　清多爾袞岳託兩路來侵。一沿山一沿運河。山河之間六道並進。督師盧象昇拒戰於慶都。死之。清兵遂蹂躪眞定廣平順德大名至山東臨清州渡運河。破濟南。克城五十。俘人口四十六萬有奇。

十二年　春清太宗親攻錦州中後所。圍杏山。九月略錦州寧遠。擾其秋穫。

十三年　遣兵屯義州城南。偪明關外諸城。擾其春耕。寧遠總兵金鳳戰死。

十四年　清多爾袞豪格攻錦州。圍之經年。餉道斷絕。祖大壽死守。

十五年　二月松山副將夏承德應敵。清軍遂入城。薊遼總督洪承疇生降。錦州亦陷。十月清阿爾泰等復來侵。直抵山東兗州。克府三州十八縣六十七。俘人民三十六萬。

十七年　三月以流寇內逼。盡棄關外四城。召寧遠總兵吳三桂統兵入關衞京師。途中聞燕京陷。適清多爾袞率師將收關外地。並經略中原。三桂迎降。清兵遂長驅入。明亡。

當十四五年間松山杏山之役。清太宗諭諸將以大軍屢入塞。不能得尺寸地。皆由山海關阻隔。而欲取關非先取關外四城不可云云。以故傾舉國之兵。竭兩年之力。以必克爲期。及寧錦陷。而明清之興亡決矣。凡此皆袁督師所逆料之而經營之於二十年前者也。祖氏兄弟（大壽大弼大樂）以督師裨將。遵其方略。猶能爲睢陽之守者歲餘。非洪承疇之降。錦州固未易下也。嗚呼。使袁督師而在也。雷池一步。敵其能飛渡耶。督師始終一貫之方略。曰守關外以捍關內。而此後明卒以棄關外而亡。甲申之事。督師其知之矣。抑督師以擅主和議爲寃獄之一口實。而明亡以後。史家追惟覆轍。乃知當時竭天下兵餉大半以事關東。爲直接引起中原盜賊之原因。卒至東西交閧。馴卽於亡。使循督師以和爲守以守爲戰之策。則有餘力以靖內難。然後休養國力。從容以抵制外寇。亦何至自壞長城。引虎入衞也耶。嗚呼。人之云亡。邦國殄瘁。斯之謂矣。崇禎十五六年間。山海關內外。僅千里間。有督臣四（關外總督關內總督昌平總督保定總督）巡撫六（一寧遠二永平三順天四密雲五天津六保定）兵總八（寧遠山海中協西協昌平通州天津保定）事權愈分。大局愈壞。如可贖兮人百其身。專閫十數。能贖一袁督師乎。痛哉。

## 第十一節　結論

程更生（名本直。以布衣爲袁督師訟寃數四。卒與俱死者。自言嘗三求見袁公而不予見。予非爲私情死。不過爲公義死。且謂顧死之後。有好事者瘞其骨於袁公墓側。題其上曰（一對癡心人。兩條潑胆漢）則目瞑九原矣云云。此亦一奇士。崇拜袁督師者。宜並崇拜之）之爲袁督師訟也。曰『客亦聞敵人自發難以來。亦有攻而不下戰而不克者否。曰未也。客亦知乎有寧遠丙寅之圍。而後中國知所以守。有錦州丁卯之功。而後中國知所以戰否也。曰然也。（中略）今日灤之復。遵之復。永之復也。誰兵也。遼兵也。誰馬也。遼馬也。自崇煥未莅遼以前。遼亦有是兵有是馬焉否也。』又曰『崇煥十載邊臣。屢經戰守。獨提一旅。挺出嚴關。迄今山海而外。一里之草萊。崇煥手闢之也。一城之壘。一堡之堞。崇煥手築之也。試問自有遼事以來。誰不望敵於數百里而逃。棄城於數十里而遯。敢與敵人晝地而守。對壘而戰。翻使此敵望而逃。棄而遁者。舍崇煥其誰與歸』。嗚呼。此豈阿好之言哉。使督師以前而有督師其人者。則滿洲軍將不能越遼河一步。使督師以後而有督師其人者。則滿洲軍猶不能越榆關一步。故袁督師一日不去。則滿洲萬不能得志於中國。清軍之處心積慮以謀督師宜也。而獨怪乎明之朝廷自壞長城爲敵復仇。以快羣小一日之意見。而與之俱盡。天下古今寃獄雖多。語其關係之重大。殊未有袁督師若者也。嗚呼。豈惟前代。今日之國難。急於明季數倍。而舉國中欲求一如袁督師其人者。顧可得耶。顧可得耶。但使龍城飛將在。不教胡馬度陰山。讀袁督師傳。二百年前事。其猶昨日也。

程氏又評袁督師之爲人曰『舉世皆巧人。而袁公一大癡漢也。唯其癡。故舉世是愛者錢。袁公不知愛也。唯其癡。故舉世最惜者死。袁公不知惜也。於是乎舉世所不敢任之勞怨。袁公直任之而弗辭也。於是乎舉世所不得不避之嫌疑。袁公直不避之而獨行也。而且舉世所不能耐之飢寒。袁公直耐之以爲士卒先也。而且舉世所不肯破之體貌。袁公力破之以與諸將吏推心而置腹也。（中略）予謂掀翻兩直隸。踏遍一十三省。求其渾身擔荷。徹裏承當如袁公者。正恐不可再得也。』嗚呼。讀此言也。則袁督之爲人。雖百世以下。猶如見之矣。余大成氏復記袁督師之論曰『予何人哉。十年以來。父母不得以爲子。妻孥不得以爲夫。手足不得以爲兄弟。交遊不得以爲朋友。予何人哉。直謂之曰大明國裏一亡命之徒可也。』嗚呼。吾儕昔讀加富爾傳。稱彼無妻。以意大利爲妻。稍有熱血者。聞之罔不感歎焉。若袁督師者。豈所謂無家而以中國爲家者耶。鄕人有傳錄督師遺詩者。有云。慷慨同仇日。間關百戰時。功高明主眷。心苦後人知。（南還別陳翼所總戎）又云。欲知肺腑同生死。何用安危問去留。杖策必因圖雪恥。橫戈原不爲封侯。邊中送別又云。榮華我已知莊夢。忠憤人將謂杞憂。偕諸將游海島嗚呼。若袁督師者。眞千古軍人之模範哉。眞千古軍人之模範哉。

# 飲冰室專集之八

## 中國殖民八大偉人傳

一民族所崇拜之人物。各有其類。觀其類而其民族之精神可見也。吾友觀雲嘗著一論。題曰「幾多古人之復活」。吾眲眲思焉。我先民之畸行雄略。受壓於疇昔奄奄齪齪之時代精神以下枉死者何限。撥潛闡幽。非後起者之責而誰責也。作中國殖民八大偉人傳。

（一）三佛齊國王梁道明。　王廣東南海人也。三佛齊在蘇門答臘島之南端。與爪哇島西端相接。今爲荷蘭屬地。自梁天監唐天祐宋太平興國間。屢通中國。洪武中葉。爪哇來侵。舊王朝亡。國大亂。時閩粵人旅於佛者已千數。王乃號召部勒之。保國之北境。與爪哇相距。爪哇終不能有也。不十年。閩粵軍民泛海從之者數萬人。永樂三年。明成祖以行人譚勝受與王同邑。命偕千戶楊信等齎勅招之。王乃與其臣鄭伯可入朝貢方物。有陳祖義者。亦粵人。本海盜。王撫之。使爲舊港頭目。而祖義盜行未改。鄭和從好望角迴航歸國。祖義謀要之。事洩被戮。自此與上國絕。據明史

（二）三佛齊國王張璉。　王廣東饒平人也。本劇盜。明嘉靖末作亂。蹂躪廣東江西福建三省。勢極猖獗。合三省會剿。調兵二十餘萬。凡三年乃平之。官軍報捷。謂已獲渠魁就戮。萬曆五年。有商人詣舊港者。問其王。則璉也。蓋敗後潛逃。復以力據有此國云。舊港卽三佛齊。爪哇滅佛時更此名。故外至者兩稱之。自梁王距張王。凡百餘

年。張氏果取諸梁氏歟。抑梁張之間更有他姓歟。不可考也。據明史及明通鑑

（三）婆羅國王某。　王福建人。佚其姓名。明萬曆間始王此地。即今之婆羅洲也。或言鄭和使婆羅。有閩人從之。因留居焉。後嗣遂據有其國。有金印一。篆文上作獸形。言永樂朝所賜。民間嫁娶。必請此印印背上以爲榮。後佛郎機舉兵來擊。王率國人走入山谷中。放藥水流出。毒殺其人無算。王得返國。佛郎機遂犯呂宋。據明史○案此所謂佛郎機者實西班牙。明史誤也。

（四）爪哇順塔國王某。　王廣東人。佚其姓名。國於爪哇島北端之海濱。有地方三百餘里。最饒富。中華及諸蕃商舶輻輳焉。永樂九年自遣使貢方物。據明史

（五）暹羅國王鄭昭。　王廣東潮州人也。隨父流寓暹羅。仕焉。位至宰相。暹羅與緬甸密邇。世爲仇讎。前明永曆中李定國嘗遣部將江國泰約暹攻緬。共分其地。會吳三桂弒永曆。事乃寢。以是緬人益憾暹。乾隆三十六年。緬王孟駁遂攻暹。滅之。前王遺族悉殲焉。王時已罷相。居南部。年五十餘矣。國變後乃臥薪嘗膽。陰結國人。圖光復。乾隆四十三年。遂起義。與緬人三戰三破之。盡復故地。暹民戴爲王。明年。復大舉征緬。破之。時緬方與中國交兵。前此一切餉源。半取諸暹。至是益窘蹙。乾隆征緬之役。所以卒獲奏凱者。王犄角之功最高云。乾隆五十年薨。傳位於其壻華策格里。華氏者。暹羅士人。王早年之養子。而復以女妻之者也。以驍勇著。建國時戰功第一。王無子。故襲位焉。五十一年。遣使北京告喪。表文稱鄭華。即華策格里。以子壻襲先王姓。而以本名之首字譯音爲名也。於是冊封華爲暹羅國王。傳至今未替焉。中國倫理重父系不重母系。春秋書莒人滅鄫。謂以甥繼舅也。故近人皆稱現今暹羅王統爲非鄭氏後。人多知暹今王爲華策格里之後。因其不復姓鄭。故謂鄭氏已斬。不知華策格里即鄭華也。吾以西史參合中史。校其年代及事實。乃知之。雖然。

今英皇愛華德第七。非前皇維廉第四之子也。而史家猶謂之爲亨諾華朝王統。不曰易姓。然則謂暹羅今日非鄭氏王統。安可得也。（鄭華之後昭昭甚明。鄭華爲鄭昭子則見於官書也）嗚呼。孰知我黃帝子孫在祖國。雖無復寸土。而猶有作蠻夷大長於海外。傳百餘歲而未艾者耶。太史公作越世家稱禹之明德遠矣。吾觀於鄭王。吾不知悲喜之何從也。（據魏源著聖武記日本北村三郎著暹羅史久保得二著東洋歷史大辭典）

（六）戴燕國王吳元盛。　王廣東嘉應人也。戴燕在婆羅洲。乾隆末。王與土蠻戰。破之。王焉。事蹟無考。（據口碑）

（七）昆甸國王羅大。　王廣東嘉應人也。昆甸亦在婆羅洲。乾嘉間。王與土蠻戰。破之。王焉。事蹟無考。（據口碑）

（八）英屬海峽殖民地開闢者葉來。　葉君廣東嘉應人也。初嘉慶二十四年。英人始以貲購新嘉坡一港於柔佛。是爲英國在南洋海峽初得勢力之始。然僅列廛海岸。未敢深入也。時我華人以采錫之利。相率營礦業於今新嘉坡檳榔嶼一帶。廛聚者日衆。與土蠻時有衝突。嘉慶末。柔佛王下令逐華人。時葉君之族在柔佛者三百人。乃議與之抗戰。推君爲統帥。初戰勝之。知其必將報復也。乃更遣子弟歸嘉應。購軍械。募義勇。葉氏舉族萬餘人皆渡海助戰。而鄰近村落應之者亦多。他邑之流寓其地者皆從。凡血戰八年。卒定柔佛全境。已而檳榔嶼復與土蠻衝突。乞援於君。君復提師助之。三年遂定檳榔。凡所得者皆蠻王地。與英人通商口岸不相屬也。而英勢駸駸東漸。旭日方升。怵我軍威。如鯁在喉。以威相恫喝。以利相誘脅。彼有强大之政府以盾其後。而我方嚴海禁。出疆者以海賊論。安望其一爲援手也。君知不可敵。不得已。乃以領土主權歸諸英。而僅自保其土地所有權。納租稅於英政府。至今葉氏猶爲彼中望族云。其後同治末。葉粵人有至沙剌我國屬之吉隴鎮采礦者。沙王阻焉。光緒元年。粵人與戰。大勝之。俘其王。主動者姓名不可考。蓋亦籍嘉應云。沙剌我本自主部落。至是英人乘華人

之勝。遽置吏於吉隴。盡奪故王地。以法部勒我華人。華人亦安焉。（據口碑）

（附）菲律賓寓俠潘和五。　和五閩人也。閩鄰菲律賓。元明之交。吾民負販其地者已數萬。置田園長子孫焉。西班牙既據菲。慮華人衆爲變。多逐之歸。留者悉被侵辱。永樂二十一年。班酋郎雷氏侵滿刺加。役華人助戰。和五爲其哨官。班人日酣臥。令華人操舟。稍怠輒鞭撻。有至死者。和五曰。叛死。箠死。等死耳。否亦戰死。曷若刺殺此酋以救死。勝則揚帆歸。不勝。死未晚也。衆然之。乃夜刺殺郎雷。持其首大呼。諸蠻驚亂。不知所爲。悉被刃。或落水死。乃盡收其金寶甲仗。駕舟歸。（據明史○原文西班牙作佛郎機。菲律賓作呂宋。滿刺加作美洛居。今爲更正）

新史氏曰。我國有不世出之英雄鄭延平。憑藉無置錐之地。而能奪四萬方里之臺灣於當時炙手可熱之荷蘭人之手。傳子孫三世。延將斬之明祀四十餘年。而卒後迄今數世紀。稱道者絕希焉。直至最近數年間。其人物之價值。始漸發見。然則梁道明等八人。不見稱於後世。又何怪焉。日本有一山田長政。不過曾爲暹羅相耳。而日人尸祝之。歌舞之。記其行誼。繪其戰蹟。被以詩歌。演以說部。不可勝述。謂得一人足以光國史也。以之比我鄭昭何如。以之比我梁道明葉來何如。嗚呼。以吾所述八君子者。以泰西史上人物校之。非摩西則哥侖布立溫斯敦也。否則亦克雷武維廉濱也。而試問四萬萬國民中。能言八君子之事業者幾人。豈惟事業。卽姓氏亦莫或聞知也。吾偶讀明史外國傳。見三佛齊婆羅爪哇之四王。吾驚喜欷歔。不知所云。始歎吾國有此偉大之人物。乃葬埋諸沈沈蠹簡之中。而其間二人者。乃至並不得以姓氏表見於後世也。吾滋憤。吾滋懼。吾滋慚。乃急益以所聞最近百年間四君子之事。著是篇焉。雖然。吾傳八人。而寥寥不及二千言。吾不敢於所有資料之外。鋪張焉以誣先民。而前史之成文。與故老之口碑。乃於此區區者之外。而莫余畀。使我對於前賢滿胸膜拜之誠。竟不克自獻也。是乃深可悲也。葉氏之事去今未遠鄉人當尚有能言之者若賜郵教豈勝大願『鬱鬱澗底松。離離山上苗。以彼徑寸莖。蔭此百尺條。世胄躡高位。英俊沈下僚。地勢使之然。由來非一朝』豈惟利達。卽名譽其亦如是也。夫名譽何足以爲古人輕重。然國民失其崇拜英雄之性。而國遂不可問。國民誤其崇拜英雄之途。而國遂更不可問。八君子之見擯於中國歷史。其毋乃卽中國民族見擯於今日生存競爭界之表徵也。吾述此吾有餘痛焉耳。潘和五不足語於殖民事業。抑其義俠智勇。有足多者焉。冀附於八君子後傳之。

新史氏又曰。吾草此傳已。吾於時代精神一感情之外。更有三種感情縈於吾腦。一曰海事思想與國民元氣之關係也。九人之中（並潘和五）粵人七而閩人二也。自今以往。吾國若猶有能擴張其帝國主義以對外之一日。則彼兩省人其猶可用也。而其他沿海諸省乃至腹地諸省。亦何遽多讓。在養之而已。以今日美國海權之發達。其所用者又豈專在兩洋岸也。二曰殖民事業與政府獎厲之關係也。列强殖民。莫不以政府之力直接間接獎厲之。我國則如秦越人之相視肥瘠。甚或極諸其所往焉。夫是以雖有健者。終以援絕而敗也。近數十年美澳非洲諸華僑之慘狀。其惡因皆坐是也。三曰政治能力與國際競爭之關係也。我先民前此不藉政府之力。尚能手闢諸國或傳諸子孫。及一旦與文明强有力之國相遇。遂不得不帖服於其統治之下。葉氏之不王。以其所遇之敵異於昔所云也。匪曰天命。人事爲之也。嗚呼。海以南百數十國。其民口之大部分皆黃帝子孫。以地勢論。以歷史論。實天然我族之殖民地也。而今也託居彼宇者。僅得自比於牛馬。嗚呼。誰之罪歟。誰之罪歟。雖然。黃帝手定之山河今且蹙蹙不自保。而海以南更何論哉。

# 飲冰室專集之九

## 祖國大航海家鄭和傳

西紀一千五六百年之交。全歐沿岸諸民族。各以航海業相競。時則有葡之王子亨利 Don Henry 獻身海事。既發大西洋附近砵仙圖羣島 Port Santo。挨莎士羣島 Azores。加拿里羣島 Canary（一三九四至一四六三年）未幾哥侖布遂航大西洋。發見西印度羣島。前後四度。遂啓亞美利加大陸。（一四四〇至一五〇六年）同時葡人維哥達嘉馬 Vasco Da Gama 沿亞非利加南岸。逾好望角。達印度。迴航以歸歐洲。（一四八六至一四九七年）越十餘年。而葡人麥折倫 Magellan 横渡太平洋。啓菲律賓羣島。繞世界一周。（一五一九至一五二二年）自是新舊兩陸。東西兩洋。交通大開。全球比鄰。備哉燦爛。有史以來最光燄之時代也。而我泰東大帝國。與彼並時而興者。有一海上之巨人鄭和在。

我國大陸國也。又其地廣漠。足以資移殖。人民無取騁於域外。故海運業自昔不甚發達。顧沿海諸省。二千年前。既往往有涉海自殖者。史稱會稽海外有東鯷。又有夷州及澶州。秦始皇時。方士徐福將童男女數千人止焉。其地卽今日本之長崎一帶是也。辰韓舊國。亦名秦韓。蓋秦時人民苦苛法者遷焉。其地卽今朝鮮之慶尚道。（釜山浦所在）與日本相望者也。凡此陳跡。皆爲吾航業發達已古之證。其後兩漢六朝。南海航路漸闢。我商船有達亞丁灣及米梭必達迷亞者。蓋與波斯人阿剌伯人代興云。（詳見拙著世界史上廣東之位置）唐宋以還。遠略漸替。我航業不振者垂數百年。及明代而國民膨脹力。別向於一方面。

亞洲東南一大部分，卽所謂印度支那及南洋羣島者，實中國民族唯一之尾閭也，又將來我中國民族唯一之勢力圈也。以今日論，其政治上之實力，白種人尸之，其生計上之實力，未或能與吾競也。今略取吾民自殖於彼地者，表其人數及其比較如下。

| 地名 | | 人口總數 | 中國人 | 參考 |
|---|---|---|---|---|
| 暹羅 | | 六、三二〇、〇〇〇 | 一、三〇〇、〇〇〇 | 純粹中國人百三十萬，尚有與土民雜婚者約八十萬 |
| 法屬越南 | | 七、八〇〇、〇〇〇 | 二六〇、〇〇〇 | |
| 英屬 | 海峽殖民地　新加坡 | 二二八、五五五 | ?　一二〇、〇〇〇 | 現在每年渡航者約四五萬人，進步正未有艾 |
| | 海峽殖民地　檳榔嶼 | 二四八、二〇七 | ?　一〇〇、〇〇〇 | |
| | 海峽殖民地　滿剌加及其他 | 九五、四八七 | ?　九〇、〇〇〇 | |
| | 馬來保護國 | 六七八、五九五 | ?　一一〇、〇〇〇 | |
| | 緬甸 | 一〇、四九〇、〇〇〇 | ?　一四〇、〇〇〇 | |
| 美屬菲律賓羣島 | | 七、〇〇〇、〇〇〇 | 四三〇、〇〇〇 | 與土人雜婚者尚多不在此數 |
| 荷屬 | 爪哇及馬德拉島 | 二八、七四六、六三八 | 七六〇、〇〇〇 | 與土人雜婚者甚多不在此數 |
| | 蘇門答剌 | 三、一六八、三一二 | ?　九〇〇、〇〇〇 | |
| | 其他諸島 | 一一、〇〇〇、〇〇〇 | ?　五〇〇、〇〇〇 | |

右表所列。雖未可稱確實之統計。然大端固不甚謬。卽吾民自殖於彼者。當不下五百四五十萬人。加以與土人種雜婚者。當及七百萬人。其間若羣島之礦業。暹羅越南緬甸之農業。羣島及暹羅之森林業。乃至全部之商業工業。其在我國人手者。十而八九。故此諸地於實際上。蓋吾外府也。吾國以何因緣而能致此。推原功首。吾思鄭和。

鄭和。雲南人。世所稱三保太監者也。初事明成祖於燕邸。從起兵。有功。累擢太監。成祖之在位。當西紀千四百三年至千四百二十四年。正葡萄牙王子亨利獎勵航海時代。亨利生一三九四年。卒一四六三年。而西史所稱新紀元之過渡也。成祖以雄才大略。承高帝之後。天下初定。國力大充。乃思揚威德於域外。此其與漢孝武唐太宗之時代正相類。成祖旣北定韃靼。耀兵於烏梁海以西。西闢烏斯藏。以法號羈縻其酋。南戡越南。夷爲郡縣。陸運之盛。幾追漢唐。乃更進而樹威於新國。鄭和之業。其主動者。實絕世英主明成祖其人也。

舊史稱成祖疑惠帝亡海外。欲蹤跡之。且欲耀兵異域。示中國富强。於是有命和航海之舉。但其動機安屬。勿具論。吾徵諸史文。於鄭君首塗之前。有深當注意者二事。

一曰其目的在通歐西也。本傳云。命和及其儕王景弘等通使西洋。又云。俗傳三保太監下西洋。爲明初盛事。據此則此行本志。非南渡而西征也。蓋自馬可波羅入仕以來。歐人讀其書而知中國有文明。始汲汲謀東航。此印度新航路之所由發見也。彼此皆未克達最終之目的地。而今日東西通道之鍵鑰。實胎孕於是。

二曰航海利器之發達也。　本傳云。造大舶。修四十四丈。廣十八丈者六十二。容士卒二萬七千八百餘人。吾讀此文。而歎我大國民之氣魄。洵非他族所能幾也。考現在世界最大商船。稱美國大北公司之「彌奈梭達」今年始開航日本議和全權小村氏乘之以赴美者也長六百三十英尺。廣七十三英尺。全世界色然驚之。謂大莫與京矣。英尺當我工部尺九寸八五七七。明尺當今工部尺。尺有一寸一二。然則鄭和所乘船。其袤殆與彌奈梭達等。其幅則倍彼有餘。以今日之美國。僅能造如彌奈梭達者二。以當時之中國。既能造倍彌奈梭達者六十二。雖曰專制君主有萬能力。而國民氣象之偉大。亦眞不可思議矣。其時蒸氣機關未經發明。乃能運用如此龎碩之艨艟。淩越萬里。則駕駛術亦必有過人者。

哥侖布航海凡四次。伋頓廓航海凡五次。而鄭和航海則七次。今表其年代。

| | （首塗時） | （迴航時） | （西紀） | （所歷地） |
|---|---|---|---|---|
| 第一次 | 永樂三年六月 | 永樂五年九月 | 一四〇五……七年 | 起蘇州經福建逾占城三佛齊 |
| 第二次 | 〃六年九月 | 〃九年六月 | 一四〇八……一一年 | 至印度錫蘭島 |
| 第三次 | 〃十年十一月 | 〃十三年七月 | 一四一二……一五年 | 歷蘇門答剌滿剌加等十九國 |
| 第四次 | 〃十四年冬 | 〃十七年七月 | 一四一三……一九年 | |
| 第五次 | 〃十九年春 | 〃二十年八月 | 一四二一……二二年 | |
| 第六次 | 〃廿二年正月 | 〃同年　月 | 一四二四………年 | |
| 第七次 | 宣德五年六月 | 宣德八年七月 | 一四三〇……三三年 | 忽魯謨斯十七國 |

據右表所示。則鄭和爲海上生活者垂三十年。殆無歲不在驚濤駭浪之中。其間稍得息肩者。則成祖崩殂後六年間耳。迨宣宗中葉。復舉壯圖。闢地最遠。而和亦既老矣。其經略海外之事實。史文闕如。不能具詳。但紀其俘三

佛齊王錫蘭王定蘇門答剌之亂。其武功之偉。可見一斑。又史言自和死後。凡將命海表者。莫不盛稱和以夸外番。此則張博望之在西域、何以加諸。

其時紀行之作有二書。

（一）　瀛涯勝覽。　馬歡著。　永樂十四年出版　紀載十九國

（二）　星槎勝覽。　費信著。　正統元年出版　紀載四十國

馬費二氏皆回敎徒。以能解亞剌伯語言被命爲通譯。故紀行文皆成於其手。馬著出版先。故國名少而紀載較詳。費著出版後。故國名多而紀載微簡。今參考兩書。釋以今地。以稽當時聲威之所被焉。

（一）馬來半島以東諸國。　凡十五

（二）滿剌加諸國。　凡四

（三）蘇門答剌諸國。　凡七

（四）印度諸國。　凡六

（五）亞剌伯諸國。　凡五

（六）亞非利加諸國。　凡三

（一）馬來半島以東諸國。

（1）占城。(Chamba or Champa) 漢林邑地。唐時或稱占不勞。改稱占婆。今越南下交趾部西貢市所在之地。其時爲一獨立國。不屬交趾。

(2)靈山。　星槎所記云與占城山地連接。其地今難確指。西人腓立氏謂今之伽南港(Can-nauh)格蘭尼威氏謂爲今之那的里加山(Nuitracan)未知孰是。要之在下交趾也。

(3)眞臘(Camboja)　今之柬埔寨爲法蘭西保護國者也。當時其國領有暹羅之一部分。西與我雲南接壤。

(4)崑崙(Pu'lo Condore)　下交趾極南之一島。如我國之有瓊州島。然至今越南人仍呼爲崑崙山。西人則稱蒲盧康得羅。蓋馬可波羅紀行之舊名云。馬來語之蒲盧。卽Island(島)之義也。今法人往往竄越國事犯於此。

(5)賓童龍國。(Cape Padur̃an)　今柬埔寨海岸之一岬角也。

(6)暹羅國(Siam)　自明。

(7)彭坑。(Panang)　星槎云在暹羅之西。卽今馬來半島之南端。瀕東海岸與新加坡接壤者也。

(8)東西竺(Singapore)　明史外國傳柔佛條下云『柔佛近彭亨永樂中鄭和遍歷西洋無柔佛名。或言和曾徑東西竺山今此山正在其地。疑卽東西竺』今案柔佛卽今之新加坡。在馬來半島之極南端。當時名以東西竺者。殆猶哥侖布命北美新地爲西印度羣島歟。

(9)龍牙門(Strait of Linggi)　馬來半島與蘇門答剌島中間之一小島。在海峽間。今大學堂審定地圖所稱龍加島者是也。

(10)交爛山(Billiton Island)　大學堂地圖所稱比利敦島者也。在爪哇海中。位蘇門答剌島與婆羅洲之交。元時史弼征爪哇。曾駐兵焉。

(11)假里丁。(Carimata Island) 大學堂地圖所稱卡里馬塔羣島是也。在婆羅之西南。與蘇門答剌相對。元史史弼傳有假里馬答其位置正如星槎所記星槎之馬里可決爲里馬之譌

(12)麻逸凍(Pulo Bintang) 星槎記在交爛山之西南洋海中。其地今難確指。格蘭尼威氏以巽他羣島中之邊丹當之。今從焉。

(13)爪哇(Java) 自明。

(14)重迦羅。(Madura) 大學堂地圖所稱馬都拉島者是也。在爪哇海中。與蘇拉巴雅港相對。

(15)吉里地悶。 其地今難確指。星槎云在重迦羅之東。產檀香。按佛理嶼一名檀香嶼。(Sandalwood)或當屬此地。其地在爪哇海與班達海之間也。

(二)滿剌加諸國。

(1)滿剌加國。(Malacca) 今官書或稱麻六甲。爲英屬地。在馬來半島南端西岸。

(2)亞魯(Arulslands) 大學堂地圖譯爲亞羅。在蘇門答剌島北岸。臨滿剌加海峽。

(3)九州山。(Pulo Sambilon) 滿剌加海峽中九島嶼。九州之名。乃譯義而非譯音。馬來語之(Pulo)此云島也。其(S mbilon)此云九也。

(三)蘇門答剌諸國。

(1)舊港亦名浡淋邦。(Paleambang) 明史稱三佛齊。六朝時稱干陀利。今荷屬蘇門答剌島之東北部一大都會。大學堂地圖所譯爲巴鄰旁者是也。

（2）蘇門答剌國（Sumatra）　今以爲全島總名。但據瀛涯星槎所記。則僅爲其島西部之專名。卽今之亞齊（Achin）一隅之地也。

（3）南浡里（Lambri）　其地今難確指。馬可波羅紀行有廉浡里國者。當卽其地。蓋蘇門答剌島之西北部。亞齊之西鄰也。Lam 譯南。蓋廈門音。

（4）那孤兒（一名花面王國）　其地今難確指。殆亞齊之一部。

（5）黎代　其地今難確指。殆亞齊之一部。

（6）龍涎嶼（Pulo Way）　距亞齊東北十三里一小島也。

（7）翠藍嶼（Andaman Island）　大學堂地圖所稱安達曼羣島是也。由馬來半島航印度。此其中站。今爲印度屬地。隸英版。瀛涯記其地在大海中。山有三四。星槎記在龍涎嶼西北五晝夜程。其必爲安達無疑。翠藍者狀風景以命名。非譯音也。

（四）印度諸國。

（1）榜葛剌（Bengal）　卽通行官書所譯之孟加拉。今印度首府加拉吉大所在地也。

（2）柯枝（Cochin）　大學堂地圖作可陳。此譯柯者。廈門音也。其地在印度半島之西南端。臨亞剌伯海。

（3）大小葛蘭（Quicon）　大學堂地圖作固蘭。星槎記其地與都樵欄相近。都樵欄卽（Trivandrum）亦印度第二等大都會也。

（4）古里國（Calicut）　瀛涯記其位置云。西瀕海。南距柯枝國。北距狠奴兒國。遠東七百里許距坎巴夷案柯枝卽可陳坎巴夷卽。Cambay。大學堂地圖譯康木拜 然則其地必今之哥里卡德。孟買省瀕海一小都會也。

（5）錫蘭（Ceylon） 印度南端之大島古稱師子國。今西航必經之地。

（6）溜山洋國。（Maldive Island） 大學堂地圖譯爲麻代父羣島。錫蘭島西偏南之多數珊瑚島也。瀛涯言有八大溜。星槎言有三萬八千小溜。其爲無數小嶼甚明。與馬可波羅紀行麻代父條下記事正同。

（五）阿剌伯諸國。

（1）佐香兒星槎祖法兒瀛涯。（Djeffer） 阿剌伯海南岸一市。

（2）阿丹國。（Aden） 舊譯雅典亦譯亞丁。阿剌伯最南端一半島。西航必經之要津也。今爲英屬地。屬印度孟買省行政區域。

（3）忽魯謨斯（Hormuz or Ormuz） 波斯灣內三大島之一。今爲波斯領土。

（4）天方（Arabia or Mecca） 卽阿剌伯。亦名麥加。

（5）剌撒。 其地今難確指。蓋在米稜必達迷亞附近。

（六）阿非利加沿岸諸國。

（1）木骨都東（Magedexa or Magadoxo） 大學堂地圖所譯馬加多朔者是也。在阿非利加東海岸。臨印度洋。

（2）卜剌哇。（Barava） 大學堂地圖譯巴拉瓦。在木骨都東迤南。

（3）竹步。（Juba） 大學堂地圖譯周巴。在卜剌哇迤南。

以上所列凡四十國皆見於瀛涯勝覽星槎勝覽者今略推定其航路線如下。

(一)航中國南海至印度支那半島之南端(西貢)

(二)航暹羅灣(即曼谷灣)之東岸至曼谷(今暹京)

(三)航暹羅灣西岸循馬來半島南下至新加坡

(四)繞航蘇門答剌島一周。

(五)繞航爪哇羣島一周。

(六)航孟加拉灣經安達曼羣島至東印度(加拉吉大)

(七)循孟加拉灣東岸南航至錫蘭繞錫蘭島一周。

(八)循阿剌伯海東岸北航至西印度(孟買)

(九)由孟買循波斯灣東岸北航至泰格里士河河口(今德屬小亞細亞)

(十)循波斯灣西岸南航復沿阿剌伯海西岸一周至亞丁。

(十一)越亞丁灣循紅海東岸北航至麥加。

(十二)循紅海西岸南航出亞丁灣復循亞非利加東部海岸南航經摩森比克海峽。(亦作莫三鼻給海峽)掠馬達加斯加島之南端迴航。

此鄭和航路之大略也。據上所列。似詳於西而略於東。其足跡未及馬來西亞羣島之半。而爪哇海以東。未嘗至焉。然考明史外國傳雞籠條下言鄭和惡其人。家貽一銅鈴。是臺灣島和所曾履也。又文萊條下言鄭和往使有閩人從焉。因留居。後人因據其國而王之。是婆羅洲和所曾履也。西洋朝貢典錄。稱呂宋於永樂八年。隨中官鄭和來朝。是菲律賓羣島亦和所曾履也。瀛涯星槎皆不能記載者。殆馬費二氏皆以能操阿剌伯語從事通譯。其在馬來半島以西。爲阿剌伯語通行地。故二氏能紀之。其以東則無取於二子之載筆歟。準此以談。則亞細亞之海岸線。和所經行者。十而八九矣。嘻。盛哉。

新史氏曰。班定遠既定西域。使甘英航海求大秦。而安息人(波斯)遮之不得達。謬言海上之奇新殊險。英遂氣沮。於是東西文明相接觸之一機會坐失。讀史者有無窮之憾焉。謂大陸人民。不習海事。性或然也。及觀鄭君。則全世界歷史上所號稱航海偉人。能與並肩者。何其寡也。鄭君之初航海。當哥侖布發見亞美利加以前六十餘年。當維嘉達哥馬發見印度新航路以前七十餘年。顧何以哥氏維氏之績。能使全世界劃然開一新紀元。而鄭君之烈。隨鄭君之沒以俱逝。我國民雖稍食其賜。亦幾希焉。則哥侖布以後。有無量數之哥侖布。維嘉達哥馬以後。有無量數之維嘉達哥馬。而我則鄭和以後。竟無第二之鄭和。噫嘻。是豈鄭君之罪也。

新史氏又曰。天下事失敗者不必論。其成功者亦不必與其所希望之性質相緣。或過或不及。而總不離本希望之性質近是。此佛說所謂造業也。哥氏之航海。爲覓印度也。印度不得達。而開新大陸。是過其希望者也。維氏之航海。爲覓支那也。支那不得達。而僅通印度。是不及其希望者也。要之其希望之性質。咸以母國人滿。欲求新地以自殖。故其所希望之定點雖不達。而其最初最大之目的固已達。若我國之馳域外觀者。其希望之性質安在。則雄主之野心。欲博懷柔遠人萬國來同等虛譽。聊以自娛耳。故其所成就者。亦適應於此希望而止。何也。其性質則然也。故鄭和之所成就。在明成祖既已躊躇滿志者。然則此後雖有無量數之鄭和。亦若是則已耳。嗚呼。此我族之所以久爲人下也。吾昔爲張博望班定遠傳。既言之有餘慨矣。

新史氏又曰。論人不可有階級之見存。刑餘界中。前有司馬遷。後有鄭和。皆國史之光也。